KB107712

식민사학과 한국 근대사

저자 **하 지 연** 河智妍, Ha Ji Yeon

이화여자대학교 인문대학 사학과를 졸업하고 동대학원에서 석사학위(1995)와 박사학위(2006)를 받았다. 1995년부터 서울 마포고등학교에서 역사과 교사로 재직 중이며, 2002년부터 이화여대에서 '한국 근현대사의 이해', '한국사의 새로운 이해', '한국 근대사의 전개', '한국의 역사와 문화' 등의 강의를 맡고 있다. 이화사학연구소 연구원(2004~현재), 2011년 역사교육과정개발추진위원회 위원, 2011년 역사교육과정개발정책연구위원회 위원 등으로 활동하기도 했다.

저서로는 《일제하 식민지 지주제 연구》, 《식민지 근대화론에 대한 비판적 성찰》(공저), 《한국 근현대 대외관계사의 재조명》(공저), 《개화기 서울 사람들 – 우리 역사속의 사람들 1》(공저), 《황성신문 기사색인집》 1·2권(공저), 《북한 이주민을 위한 한국사》(공저) 등이 있다.

연구논문으로는 〈'한국병합'에 대한 재한일본 언론의 동향 – 잡지 《朝鮮》을 중심으로〉, 〈일제의 한국강점에 대한 일본 언론의 동향 – 일본 잡지 《太陽》·《日本及日本人》·《中央公論》을 중심으로〉, 〈日本人 會社地主의 植民地 農業經營 – 三菱재벌의 東山農事株式會社 사례를 중심으로〉, 〈韓末·日帝 强占期 日本人 會社地主의 農業經營 硏究〉, 〈식민지 지주제와 石川縣農業株式會社〉, 〈韓末 翰西 南宮檍의 정치·언론 활동 연구〉 등 다수가 있다.

식민사학과 한국 근대사 우리 역사를 왜곡한 일본 지식인들

초판 제1쇄 발행 2015. 2. 25.
초판 제2쇄 발행 2016. 11. 3.

지은이   하 지 연
펴낸이   김 경 희
펴낸곳   (주)지식산업사
          본사 ● 413-120, 경기도 파주시 광인사길 53
                전화 (031)955-4226~7 팩스 (031)955-4228
          서울사무소 ● 110-040, 서울시 종로구 자하문로6길 18-7
                전화 (02)734-1978 팩스 (02)720-7900
한글문패 지식산업사
영문문패 www.jisik.co.kr
전자우편 jsp@jisik.co.kr
등록번호 1-363
등록날짜 1969. 5. 8.

책값은 뒤표지에 있습니다.

ⓒ 하지연, 2015
ISBN 978-89-423-1180-4 (93910)

이 책을 읽고 저자에게 문의하고자 하는 이는
지식산업사 전자우편으로 연락바랍니다.

식민사학과 한국 근대사

우리 역사를 왜곡한 일본 지식인들

하지연 지음

들어가는 말

한국 근대 경제사를 전공하던 필자는 식민지 지주제에 관한 박사학위 논문을 준비하다가 기쿠치 겐조菊池謙讓(1870~1953)의 《조선제국기朝鮮諸國記》(대륙통신사, 1925)를 접하게 되었다. 학위논문 주제로 시부사와 에이이치澁澤榮一계열의 조선흥업주식회사朝鮮興業株式會社의 한말부터 일제 강점기 전 시기에 걸친 식민지 지주제 경영을 택하여 자료를 모으고 분석하다보니, 마침 기쿠치가 조선의 각지를 다니면서 곳곳마다 상세하게 인구, 농업 및 공업 등의 산업구조, 지역을 대표하는 일본인들, 기타 지역적 특성을 소개한 《조선제국기》가 당시를 읽어 낼 수 있는 매우 유용한 사료였음을 알았다. 기쿠치는 재한 일본 언론인이면서 대륙통신사라는 출판사도 경영하고 있었다.

그런데 이 책에 그려진 조선의 모습은 일본인의 시각에서 그려진 '조선멸시관', 내지 '조선망국론'에 바탕을 둔 지극히 식민주의 색채가 강한 왜곡된 모습이었다. 당시 필자는 기쿠치의 굴절된 조선관이나 왜곡된 서술에 대해 언젠가 집중적으로 분석·비판해 보겠다는 마음은 굴뚝같았으나, 학위논문의 완성에 매달려 그때는 다만 그의 책에서 1920년대 조선의 지역적 특성, 수치적 사실 관계나 재한 일본인 지주 및 농장에 관한 모습을 주로 읽고 있었다. 그러면서 한편으로는 언젠가는 이 기쿠치라는 인물과 그의 다른 저술에 대해 본격적으로 그 면모를 파헤쳐 보겠다고 마음을 먹었다.

그러다가 마침 2007년 동북아역사재단의 '2007년 한일 역사현안 및 왜곡관련 연구지원 사업'에 기쿠치 겐조를 주제로 하여 연구 지원을 받게 되었다.

기쿠치는 1893년부터 1945년 일제의 패망으로 귀국선을 타고 일본으로 돌아가기까지 자그마치 52년간을 조선에서 활동한 극우 일본 언론인이자 재야 사학자였다. 이른바 '조선통'인 그가 저술한 한국사, 더욱이 한국 근대사는 정통 역사학을 전공한 학자의 저술이 아니었고, 또한 그가 대학에서 강의를 했던 학자가 아니었음에도, 지극히 통속적이고 자극적인 저술 경향과 야사 위주의 쉬운 서술로 대중 전파력이 매우 강했다. 따라서 정통 학계에 미친 그의 영향력을 단언할 수는 없지만, 일반인의 왜곡된 역사 인식에 끼친 기쿠치의 파급력은 단연코 강단사학자 못지않게 컸고, 또 심각했다.

기쿠치의 저술 분석과 그의 행적들, 즉 을미사변 행동대원으로서 가담이라던가, 통감부와 총독부 시정施政에 직접 참여한 식민통치 협조 활동, 고종·순종실록 편찬위원으로서의 활동 등을 살펴보면서 필자는 식민지 시기 어설픈 비전문가에 의한 3류 소설 같은 왜곡된 한국 근대사가 마치 정설처럼 회자되고, 굳어져 버린 상황, 그리고 일제 통치 당국이 전폭적으로 후원한 식민통치를 정당화려는 '조선 망국론'의 이미지 메이킹 과정을 읽어낼 수 있었다.

기쿠치와 같은 통속적인 재야 사학자의 글이 그토록 강력한 영향력을 미치면서 한국 근대사의 왜곡에 심각한 폐해를 끼쳤다면 과연 최고의 학제인 대학 강단에서 정통 역사학을 강의하며 후학을 양성해 내었던 경성제국대학의 교수들의 경우는 식민사학에서 그 파급력이 어떠했을까 궁금했다. 그들은 경성제대에서 일제의 침략을 정당화하려는 식민사학에 '실증사학'이라는 근대 학문의 방법론으로 학문적 권위를 부여하고, 이를 확대·심화시켰다는 점에서 그 폐해는 기쿠치와 같은 재야 사학자의 어설픈 한국사 연구와는 차원이 달랐다. 이에 식민지 권력으로부터 근대 학문의 권위를 부여받은 경성제대의 일본인 역사학자들의 한국 근대사 왜곡 실태도 면밀하게 파악해 보고자 차츰 필자의 관심은 강단사학 쪽으로 옮겨갔다.

먼저 오다 쇼고小田省吾(1871~1953)는 도쿄제국대학 문과에 진학하여 일본 최고 학부에서 정통 역사학 전공 코스를 밟았다. 그는 1908년 대한제국 학부 서기관으로 고빙되어 학부 편집국 사무관으로 경성에 부임한 이래, 식민지 시기에도 계속해서 교육행정 및 역사편수 관련 사업에 깊이 관여하였다. 또한 1924년 경성제국대학 교수가 되고나서 1932년 정년퇴임을 할 때까지 식민지 조선의 최고 교육기관에서 한국사를 강의하고 후학을 양성했던 인물이다. 따라서 그의 경력을 짚어가는 과정만으로도 조선총독부에 따른 식민사학의 정책 수립 및 집대성 과정을 한눈에 파악할 수 있을 정도이다. 그는 1925년 조선사편수회 위원이 되었고, 이후 이왕직李王職의 위탁을 받아 고종 및 순종실록의 편찬에도 참여했다.

오다의 저술 가운데《조선사대계 최근세사》를 통해 그의 근대사 인식을 살펴보면서 기쿠치와 같은 재야의 비전문 역사가들과 조선 역사 및 조선에 대한 멸시관, 망국사관 등에서 큰 차이가 없음을 알 수 있었다. 또한 일본의 한국 강제병합과 식민지 지배에 대한 정당성 주장과 역사적 합리화 작업이라는 면에서, 그가 오늘날 일본의 우익 교과서와도 동일한 역사 인식을 갖고 있다는 점은 많은 시사점을 준다. 일본의 왜곡된 역사 인식은 장기 지속성을 갖고 일관되게 유지되어 오고 있는 것이다.

그것은 이른바 실증주의 사학의 대표적 학자로 평가되면서 한국인 학자들에게서조차 '양심적인 학자'였다고 평가받는 다보하시 기요시田保橋潔(1897~1945)의 경우에서도 여전히 확인되는 역사 인식이다. 다보하시의 역사 인식은 양심적인 것이 아니라 다만 '아카데미즘적'이었던 것뿐이다. 필자는 다보하시의 이른바 '아카데미즘적' 역사학을 '실증實證'이 아닌 '실증失證'이라고 평가하고 싶다. 오히려 그의 표면적 아카데미즘 연구 방법으로 말미암아 사료 선별의 자의성이나 사료 해석의 주관적 편협성은 다보하시의 대표적 연구 성과인 《근대일선관계의 연구近代日鮮關係の研究》(上·下, 1940)가 출간된 지 70여 년이 지나도록 그 사료적 가치와 다보하시의 방대한 사료 섭렵 능력에 가려져 있었던 것이 사실이다.

식민지 시기 다른 일본인 역사학자들에 견주어 그 누구보다도 아카데미즘에 충실했던 다보하시는 기본 사료에 충실한 연구 성과물을 내 놓았고, 따라서 이는 마침내 군국 일본이 조선 침략사를 논리적으로 합리화 하는 과정이었다고 할 것이다.

한편, 이들 일본인 식민 역사학자들이 공통적으로 갖고 있는 기본적인 조선에 대한 인식, 즉 조선 멸시관이나 망국론, 혹은 식민지 합리화론, 식민지 시혜론 등, 그러한 왜곡된 역사 인식의 근원과 뿌리, 그리고 그 학문적 경향은 어디서 왔는가에 대한 궁금증에서 일본 근대 식민학의 대가인 니토베 이나조新渡戸稲造(1862~1933)에 주목해 보았다.

니토베는 일본 식민학의 비조로 불리고 있고, '일본적 오리엔탈리즘'을 대표하는 학자이다. 일본의 구舊 5천 엔권 지폐에 그의 초상이 올라갔을 정도로 일본 근대사에서 교육자이자 사상가로서 큰 위상을 차지했던 인물이다. 그러나 그는 조선과 대만에 대한 멸시관을 학문의 이름으로 정당화시켰다. 그의 이론은 〈말라죽은 나라 조선〉 등의 글에서 분명히 드러난다. 더욱이 그는 일본의 침략 행위를 '비문명국에 대한 문명국의 시혜'로 인식했으며, '조선 반도는 일본의 심장을 겨눈 칼날과 같다. 조선이 우리의 통치 아래 들어온 것은 우리나라 안전의 조건이라고 할 수 있다.'고 하는 근거 없는 역사지리 결정론에 따라 침략 정당화론을 주장하기도 했다. 그런데 니토베의 이러한 식민주의 인식은 2011년 검정을 통과한 일본 중학교 역사교과서 (지유샤, 自由社)에도 그대로 반영되어 있다.

> 일본정부는 일본의 안전과 만주의 권익을 방위하기 위하여, 한국의 안정이 필요하다고 생각하였다. 일러 전쟁 후, 일본은 한국 통감부를 설치하여 보호국으로 하고, 근대화를 진전시켰다. ……

제국주의 침략의 역사를 걸으며 이웃 국가를 식민지화하고 세계를 공포와 불행의 역사로 몰아넣었던 과거를 반성하기는커녕, 그 침략행위에 대한 정당성 주장과 자기 합리화를 당시에도, 또 지금까지도 여전히 되풀이하고 있는 이웃 일본의 모습을, 100여 년 전 정치·군사적 침략의 배후에서 이를 학문적으로 정립하고 논리화시켰던 우익 지식인들의 왜곡된 역사 인식 속에서 찾아보았다.

현재 한국과 중국, 일본에서 보이고 있는 지나친 민족주의나 우경화 움직임에 대하여, 동아시아 각국 서로의 갈등만을 초래할 뿐이고 결코 바람직한 발전적 관계수립에 도움이 될 수 없다는 지적이 나오고 있다. 결국 한·중·일 삼국의 민족주의는 표면적으로 보면 서로 용납되지 않는 대립관계로 보이나, 실제로는 '적대적 공범 관계'라는 것이다. 상대방을 서로 자극하고, 갈등을 거대하게 키우는 상황이 현재 재현되고 있음을 확인할 수 있다. 이에 따라 학계의 일면에서는 '국사학'의 해체에 대한 목소리도 높은 것이 사실이다. 그러나 역사적으로 가해자의 반성과 진정성을 담은 사과가 없는 상황에서 피해자의 용서와 수용이 가능한지는 조금 더 냉철하게 짚어 볼 문제이다. 지나친 민족주의가 결국 분쟁과 갈등을 가져온다는 역사적 교훈을 모르는 바가 아니다. 그러나 독일의 진정성 담긴 사과와 과거 청산의 의지가 오늘날 프랑스와 독일의 공동 교과서 개발을 탄생시켰고, 이스라엘과 독일의 매끄러운 발전적 관계를, 그리고 오히려 독일에 더 긍정적인 국제적 지지와 신뢰를 끌어낼 수 있었던 것을 본다면, 동아시아를 비롯한 국제사회에서 줄기차게, 그리고 오로지 그 자신만 침략전쟁의 잘못을 인정하지 않고, 고노담화河野談話(1993)마저도 검증이라는 명분으로 부정하려는 현재의 일본이 선택해야 할 바람직한 역사 인식의 태도가 과연 어떠한 것인지는 분명하리라고 생각된다.

이 책은 여러 분들의 도움을 받아 나올 수 있었다. 여기에 담긴 글들은 처음부터 한 권의 책으로 간행하고자 한 것은 아니었으나, 필자가 꾸준히 '식민주의' 내지 '식민사학', '식민학자'에 대한 관심을 갖고 몇 년간 써온 글들이기에 언젠가는 하나로 엮어 보고자 늘 염두에 두고 있었던 것들이다. 그러나 직장 생활과 가정 생활, 강의, 논문 집필 등 어느 것 하나 제대로 하지 못하는 상황에서 비록 이미 발표했던 연구논문들이기는 하나 이를 하나의 주제로 다시 모아 수정·보완을 거쳐 저술서로 간행한다는 것은 그저 마음만 있을 뿐인 일이었다. 그런 필자를 늘 한결같이 응원해 주시고, 자신감을 불어넣어 주신 존경하는 스승 이배용 한국학중앙연구원 원장님의 격려가 큰 힘이 되었다. 더욱이 지도교수이셨던 이배용 선생님의 논문 〈개화기 명성황후 민비의 정치적 역할〉(《국사관논총》 제66집, 국사편찬위원회, 1995)은, 필자가 이 책의 제1장에서 다룬 기쿠치 겐조의 문화적 식민관을 비판할 때 명성황후와 한국 근대사를 바라보는 객관적 시야를 열어준 우리 근대사 학계의 대표적 연구 성과였다. 또한 항상 변함없는 사랑으로 든든한 버팀목이 되어주시는 아버지와 어머니, 사랑하는 남편과 든든하고 착한 두 아들 현준, 원준에게도 진심으로 감사한다.

마침 보잘 것 없는 글을 읽어 보시고 선뜻 지식산업사에서 간행을 허락해 주신 김경희 사장님과 강숙자 이사님의 도움으로 소중한 기회를 얻을 수 있었다. 아울러 서투른 글의 표현 하나하나까지 꼼꼼하게 고쳐가며 읽기 쉽고 보기 좋게 다듬어 주신 전민영 선생님과 고정용 선생님의 노고에도 진심으로 감사드린다.

2015년 2월
하 지 연

수록된 글의 본래 제목과 게재지

1. 〈韓末·日帝 강점기 菊池謙讓의 문화적 식민 활동과 한국관〉, 《동북아역사논총》 21호, 동북아역사재단, 2008.

2. 〈오다 쇼고(小田省吾)의 한국근대사 연구와 식민사학〉, 《한국근현대사연구》 63, 한국근현대사연구회, 2012.

3. 〈다보하시 기요시(田保橋潔)의 《근대일선관계의 연구》와 한국근대사 인식〉, 《숭실사학》 31, 숭실사학회, 2013.

4. 〈니토베 이나조(新渡戸稲造, 1862~1933)의 식민주의와 조선인식〉, 《이화사학연구》 43, 이화사학연구소, 2011.

차 례

제2장 오다 쇼고小田省吾의 한국 근대사 연구와 식민사학

제3장 다보하시 기요시田保橋潔의 《근대일선관계의 연구》와 한국 근대사 인식

제4장 니토베 이나조新渡戸稲造의 식민주의와 조선 인식

제1장

기쿠치 겐조菊池謙讓(1870~1953)의 식민 활동과 한국 근대사 인식

1. 머리말

1876년 한국을 강제 개항한 일본은 관료와 전문 학자 또는 언론인 등을 파견하여 온갖 사정을 조사하게 했고, 재한在韓 일본 언론의 창설과 운영을 지원했다. 그 결과 이들이 자세하게 소개하고 분석한 전문 서적과 각종 보고서는, 일본 정부의 한국 침략과 식민지 정책의 기초 자료를 제공했을 뿐만 아니라 재한 일본인, 그리고 장차 한국으로 이민 또는 사업을 계획한 일본인들에게는 매우 구체적이고 유용한 자료였다.

이른바 '조선통'으로 불리는 한국 내 일본 지식인들의 조사 활동, 그리고 이들이 한국에서 발간한 각종 신문과 잡지들은 메이지明治시대 일본 정부와 일반 일본인들의 대한인식對韓認識의 바탕을 형성하였고, 대부분 일본 정부의 침략 의지를 반영한 부정적이고 왜곡된 한국 인식을 만들어 냈다. 이러한 재한 일본 지식인 가운데 대표적 인물로는 아오야기 고타로青柳岡太郎, 시가 시게타카志賀重昻, 시노부 준페이信夫淳平, 샤쿠오 슌조釋尾旭邦, 시데하라 타이라幣原坦 등이 있다. 이들 대부분은 일제의 한국 식민지화와 대륙 팽창을 강도 높게 부르짖던 이른바 '극우 낭인浪人'들이었고, 당시 일본에서도 상당히 고등교육을 받은 지식인이었다. 그들은 대부분 일본 정부의 촉탁이자 극우 보수적 성향의 인사들로, 청일전쟁을 전후한 시기부터 본격적으로 한국에 건너와 언론·문화계에서 활동하기 시작했다. 이들의 활동은 일제의 한국에 대한 정치·군사적 침략의 방향과 방법을 제시했고, 또한 침탈 과정과 결과에 대한 정당성을 주었으며, 식민지 통치의 합리화와 항구적 정착을 위한, 그야말로 '문화적 식민 활동'이었다. 이 글에서 '문화적 식민 활동'이라고 함은, 일본의 한국 침략 과정과 식민통치에 대한 정치·사회·문화적 협조뿐만 아니라, 한국 안의 일본인과 일본의 일반인들이 이른바 '대중적 제국주의'를 조성하는 활동을 포괄적으로 표현한 것이다.[1]

이들은 일본 정부의 관료로서 가시적이고 공식적으로 일제의 한국 침탈을 수행한 계열은 아니었다. 즉 일본 정부의 밀명과 촉탁을 받아, 개항 이후 일제의 침략정책의 충실한 선봉이자 보조자로서 활동했다. 다만 그 표면적인 모습이 지식인, 언론인, 학자 등의 민간인이었기 때문에, 이들의 일본 정부와의 음성적인 관계와 식민 활동에서 차지한 비중과 역할은 크게 드러나지 않았다. 그러나 최근, 이른바 '낭인'의 활동에 대한 연구 진척과 함께 이들에 관한 연구가 이루어지고 있다.[2]

---

1) 러일전쟁 당시 일본에서는 일본 정부의 제국주의적 정책과는 별도로 일본 대중들로부터 엄청난 제국주의적 정서가 폭발하였다. 1905년 9월 포츠머드 조약에 대한 대중적 반발로 확대된 정서는 '무적 일본군'에 대한 환상과 '아시아의 지도자로서의 일본'이라는 국수주의적 팽창주의를 강하게 뒷받침하였다(피터 듀우스 지음·김용덕 옮김, 《일본근대사》, 지식산업사, 1983, 146~148쪽).

2) 한국 내 일본 지식인, 언론인 등에 대해서는 다음의 연구를 참조.
高崎宗司, 《植民地朝鮮の日本人》, 岩波書店, 2002; 최혜주, 〈시데하라(幣原坦)의 顧問活動과 한국사연구〉, 《국사관논총》 79, 국사편찬위원회, 1998; 〈시데하라(幣原坦)의 식민지 조선 경영론에 관한 연구〉, 《역사학보》 160, 역사학회, 1998; 〈메이지 시대의 한일관계 인식과 일선동조론〉, 《한국민족운동사연구》 37, 한국민족운동사학회, 2003; 〈일제 강점기 조선연구회의 활동과 조선인식〉, 《한국민족운동사연구》 42, 한국민족운동사학회, 2005; 〈한말 일제하 샤쿠오(釋尾旭邦)의 내한활동과 조선인식〉, 《한민족운동사연구》 45, 한국민족운동사학회, 2005; 〈일제 강점기 아오야기(靑柳岡太郎)의 조선연구와 '內鮮一家'論〉, 《한국민족운동사연구》 49, 한국민족운동사학회, 2006; 〈일본 東洋協會의 식민활동과 조선인식—《東洋時報》를 중심으로—〉, 《한국민족운동사연구》 51, 한국민족운동사학회, 2007; 이규수, 〈일본의 국수주의자, 시가 시게타카(志賀重昻)의 한국인식〉, 《민족문화연구》 45, 고려대학교 민족문화연구원, 2006; 〈야나이하라 타다오(矢內原忠雄)의 식민지 정책론과 조선인식〉, 《대동문화연구》 46, 성균관대 대동문화연구소, 2004.
'낭인'에 관한 연구 성과는 다음 책을 참조.
강창일, 《근대 일본의 조선침략과 대아시아주의》, 역사비평사, 2003; 조항래, 《한 이렇게 한국에서 활동한 일본 지식인의 가장 전형적인 사례로 언론인 기쿠치 겐조菊池謙讓(1870~1953)를 들 수 있다. 기쿠치는 1893년부터 한국에 체류하여 1945년 일제의 패망으로 귀국선을 타기까지, 50년 이상을 한국에서 활동한 재한 일본 지식인의 원로이자 이른바 '조선통'이었다. 그는 언론 업무에만 종사한 것이 아니라, 넓게는 한국에 관한 각종 정보를 수집함과 동시에 일본 정부의 밀명을 따르는 정보원의 임무도 수행하였다. 또 을미사변에 직접 가담한 자이기도 한 그는, 사변의 정당성을 주장하고자 한국 근대사 저술 활동을 시작해, 통감 이토 히로부미伊藤博文의 권유로 본격적으로 한국사 왜곡에 전념하였던 재야 역사학자였다. 한말부터 식민통치 모든 기간에 걸친 그의 한국사 저술 작업은 일제 관학자들의 한국사 왜곡과 견주어 시기적으로 매우 빨랐다. 게다가 쉽고 통속적인 저술 경향으로 대중 전파력이 강하여 그에 따른 한국 근대사 왜곡의 폐해는 매우 심각했다.

그러나 현재까지 우리 학계에서 기쿠치에 대한 연구가 거의 전무한 상황이다. 이전에 명성황후에 대한 왜곡된 역사상像의 원류를 찾는 과정에서 기쿠치를 주목한 바는 있으나, 본격적으로 그의 재한 문화적 침략 활동을 다룬 연구라고 할 수는 없다.[3] 기쿠치의 50여 년에 이르는 문화적 식민 활동과 식민통치 보좌 활동은 일제의 정치·군사적 침략의 폐해 못지않게 오랫동안 한국인에게 자국과 자국 역사에 대한 부정적 인식을 각인시킴으로써, 35년 동안의 식민통치를 거쳐 지금까지도 남아 있는 문화적 식민통치의 잔재를 만들어

말 일제의 한국침략사연구》, 아세아문화사, 2006; 한상일, 《일본의 국가주의》, 까치, 1988; 《일본군국주의의 형성과정》, 한길사, 1982; 《아시아 연대와 일본제국주의》, 오름, 2002; 《일본지식인과 한국》, 오름, 2000.

3) 이태진, 〈역사 소설 속의 명성황후 이미지〉, 《한국사시민강좌》 41, 일조각, 2007.

냈다는 점에서 반드시 그 왜곡의 실태를 규명하고 극복해야 할 과제라고 본다.

따라서 이 책의 제1장에서는, 한국 근대사의 현장에서 직접 일제 침략을 보조했고, 당대의 현대사를 본인의 경험과 주관적 판단에 따라 교묘하게 왜곡시킨 기쿠치의 한국사 저술을 본격적으로 분석함과 더불어, 한말부터 일제 강점기에 걸친 재한 일본 지식인들의 문화적 식민 활동의 전형을 밝혀 보고자 한다. 더욱이 기쿠치의 한국 근대사 왜곡을 집중 분석함으로써 일제에 따른 '한국 망국론'과 '한국 강점의 정당성'이라는 침략적 인식의 치밀한 조형과정을 밝혀 내고자 한다.

2. 기쿠치 겐조의 한국 파견과
일제의 침략정책 보조 활동

1) 기쿠치 겐조의 구마모토 인맥과 한국 파견

기쿠치는 1870년 일본 구마모토熊本현 야츠시로八代군에서 태어났다. 그는 교토京都 혼간지本願寺 관계학교를 거쳐 1893년 7월에 도쿄전문학교東京專門學校(현재의 와세다대학早稻田大學) 영어정치과를 졸업한 뒤, 이듬해 동향의 도쿠토미 소호德富蘇峰(본명은 德富猪一郎, 1863~1957)가 경영하는 민우사民友社에 입사하였다. 기쿠치는 민우사에 소속되어 있던《고쿠민신문國民新聞》의 기자이기도 했다.[4]

---

4) 《고쿠민신문》은 1894년 동학농민운동이 일어난 당시, 일본군의 한국 출병을 강력히 주장했고, 청일전쟁에서 '이 전쟁은 야만(청과 한국)에 대한 문명(일본)의 응징'이라고

1870년생인 기쿠치는, 1893년 11월 23세의 젊은 나이에 인천에 첫발을 디디고[5] 1945년 일본으로 돌아가기까지 생애의 거의 대부분을 한국의 식민지화, 일제의 식민통치 정책의 수행, 그리고 한국사 왜곡에 전념하였던 극우 보수 언론인이었다. 그의 정치·문화적 식민 활동과 성격을 구체적으로 규명하기 위해서는 먼저 그가 일본 안에서도 극우 보수 성향의 언론으로 평가되고 있던 고쿠민신문사에 입사하게 된 배경, 출신지 구마모토 지역의 특성, 그리고 구마모토 국권당國權黨과 그 인맥에 대한 이해가 필요하다.

(1) 출신지 구마모토현의 지역적 특성과 인맥

일본은 메이지유신으로 종래의 지배계급인 무사 계급을 국민으로 통합해 갔다. 이 과정에서 메이지유신의 주역이 아니었던 비웅번非雄藩 지역 출신들은 정부 관료군에서 도태되었고, 이렇게 낙오되고 소외된 사족 출신들은 낭인으로서 한국과 만주 등 대륙에서 정치적 활동을 했다.[6]

강창일은 일본 낭인이 한국에서 집단적으로 정치적 활동을 한 사건으로, 첫 번째는 1894년 동학농민운동 당시 천우협天佑俠 활동, 두 번째는 1895년 명성황후 시해사건, 세 번째로는 1901년 흑룡회 결성과 일진회 후원 활동을 통한 '한일합방' 운동 전개를 들었다. 또한 이들 낭인들의 행동 양식을 크게 세 가지로 유형화했다. 먼저 '행동

호전적인 어조로 일본 국민을 선동하면서, 악惡으로서의 야만 퇴치에 모든 무력을 동원할 것을 주장하던 메이지시대 일본 내 대표적 극우 보수 언론기관이었다.(이태진, 앞의 글, 《한국사시민강좌》 41, 106~107쪽; 永島廣紀, 〈日本의 근현대 일한관계사 연구〉, 《한일역사공동연구보고서》 제4권, 한일역사공동연구위원회, 2005, 71쪽).

5) 菊池謙讓, 《朝鮮雜記》(이하 《조선잡기》) 제2권, 鷄鳴社, 1931, 185쪽.

6) 메이지시대 낭인과 구마모토 국권당에 관해서는 《근대 일본의 조선침략과 대아시아주의》(강창일, 역사비평사, 2003) 참조.

형'으로 만주 마적들과 중국 신해혁명에 직접 투신하여 싸웠던 자들
이다. 두 번째, '첩보원형'으로 특히 군 당국과 일정한 관계를 맺고
각처를 떠돌면서 정보를 수집·보고하는 자들이다. 세 번째, '이념가
형'으로 기자 또는 문필가로서 신문이나 잡지 등에 기고하여 각지의
사정을 소개하고, 대륙 팽창 여론을 형성해 가는 자들이었다.[7] 이러
한 기준으로 보았을 때 기쿠치는 을미사변의 가담자이며, 러일전쟁
직전 한일국방동맹 교섭과 한국의 피보호국화, 병합을 위해 실제 침
략정책의 보조역할을 충실히 해냈다. 또《고쿠민신문》,《한성신보漢
城新報》,《대동신보大東新報》, 잡지《조선급만주朝鮮及滿洲》발행과 대륙
통신사大陸通信社라는 출판사 설립 등 언론인으로서 일제의 식민정책
을 보조하고, 대륙 팽창의 여론을 형성해 가기도 하였다. 따라서 기
쿠치는 메이지 일본의 대표적 낭인 배출지인 구마모토 출신의 가장
전형적인 '조선 낭인'이었다고 할 수 있다.

한편 대륙 낭인의 배출지는 초기에 규슈九州 지방이 압도적인 우
위를 차지했고, 구마모토현의 국권당과 후쿠오카福岡현의 현양사玄洋
社가 주요한 배출 창구였다.[8] 이 지역은 바다를 끼고 대륙과 인접해
있어 예로부터 지리·역사적으로 다른 지방에 견주어 대륙과 한반도
에 대한 열기가 강했다고 할 수 있다. 더욱이 1879년 설립된 국권
당의 '동심학사同心學舍(뒤에 동심학교)'에서는 1881년부터 정규 교과과
정에 중국어와 한국어를 추가, 다수의 한국어와 중국어 통역자를
배출하였고, 졸업생 가운데 일본의 대륙 침략에 첨병 역할을 수행

---

7) 강창일, 앞의 책, 24쪽.

8) 佐佐博雄,〈日淸戰爭における大陸'志士'集團の活動について－熊本國權黨系集團の動向
を中心として〉,《人文學紀要》제27호, 國史館大學文學部, 1994, 48쪽.

한 자가 많았다.[9]

이렇게 기쿠치가 일제의 한반도와 대륙의 침략에 적극적이었던, 극우 보수적 성향이 농후한 구마모토 출신이라는 점과 더불어 그가 형성하게 되는 구마모토 인맥은, 기쿠치가 '조선 낭인'으로서 일제의 침략정책을 적극적으로 수행하기 충분한 정치·사회적 배경이었다고 본다.

구마모토 출신인 기쿠치의 인맥은 대략 다음과 같다. 메이지시대 일본의 극우 보수 언론인이자 역사학자였던 도쿠토미 소호, 한성신보사漢城新報社 사장이며 을미사변의 실질적 행동 총책이었던 아다치 겐조安達謙藏, 을미사변 가담자 미우라 공사의 보좌관으로 와 있던 시바 시로柴西朗, 국권당 수령인 삿사 도모후사佐佐友房 등은 기쿠치의 한국 진출과 한국에서의 활동을 지원했던 주요 인물들이다.[10]

먼저 도쿠토미와의 관계이다. 도쿠토미는 앞서 언급한 바와 같이 기쿠치가 대학 졸업 뒤 제일 먼저 입사한 민우사의 경영자이다. 그는 을미사변으로 히로시마廣島 감옥에 투옥된 기쿠치에게 일류 변호사를 선임해 주었고, 또한 기쿠치의《조선왕국朝鮮王國》을 자신이 경영하는 민우사에서 출판해 주었을 뿐만 아니라, 직접 책의 서문을 쓸 정도로 매우 각별한 관계였다.[11]

---

9) 佐佐博雄, 〈熊本國權黨と朝鮮における新聞事業〉, 《國史館大學文學部人文學會紀要》 제9호, 1977, 22~23쪽.

10) 강창일, 앞의 책, 322쪽. 이 가운데 시바 시로만이 후쿠시마현 출신이지만, 그 또한 동방협회 소속의 우익 낭인이며, 대륙 진출을 열렬히 주장했던 대외 강경 노선의 정객이었다.

11) 《조선잡기》제1권, 101~103쪽; 菊池謙讓, 《朝鮮王國》(이하 《조선왕국》), 民友社, 1896, 서문. 도쿠토미는 일본 언론계의 거물이자 역사학자였다. 그는 1887년에는 민우사를 창립하여 신문·잡지·출판 사업을 펼치는 한편, 많은 글을 써서 언론사 경영인이자 논객으로 일본에서는 명성이 높은 거물 언론인이었다. 도쿠토미는 이토를 비롯하여 정계와 언론계에 폭넓은 인맥을 형성하고 있었으며, 일본의 한국 침략을 미화하고, 침략이 정당하다고 주장한 인물이었다(강동진, 《일본언론계와 조선》, 지식

아다치 겐조는 국권당 기관지인 《규슈니치니치신문九州日日新聞》
의 종군기자로 청일전쟁을 취재했고, 1894년 11월 국권당이 한국
에서 처음으로 발행한 일본 신문인 《조선시보朝鮮時報》를 창간하였
다.[12] 또 1895년 2월 국권당이 중심이 되어 창간한 《한성신보漢城新
報》의 사장을 맡았다.[13] 아다치와 기쿠치 두 사람은 모두 구마모토
출신의 언론인이었고, 청일전쟁에 종군한 것도 같다. 또 뒤에 기술
하겠지만 두 사람은 삿사를 매개로 연결되어 있었다. 이로써 기쿠
치는 아다치가 주도하는 을미사변에 참여하고, 뒤에 한성신보사의
주필과 사장까지 하게 된다.[14]

시바는 미국 하버드 대학과 펜실베니아 대학에서 경제학을 전공한
뒤 1886년 농상무성대신 다니 간조谷干城의 비서관이 됐고, 1885년
에서 1897년에 걸쳐 쓴 정치소설 《가인지기우佳人之奇遇》의 작가로도
유명해졌다. 시바는 을미사변에서 한국인 주모자 이주회李周會와 자
주 접촉하면서 을미사변의 행동 책임자 노릇을 했다.[15]

삿사는 구마모토 사족士族 출신으로 세이세이고우濟濟黌라는 학교
의 교장으로 있었던 관계로 아다치 겐조와는 스승과 제자 사이였
다. 아다치가 《조선시보》를 발행한 것은 국권당의 수령이었던 삿사

산업사, 1987, 139~141쪽; 정진석, 〈제2의 조선총독부 경성일보 연구〉, 《관훈저
널》 83호, 관훈클럽, 2002, 236쪽).

12) 佐佐博雄, 〈熊本國權黨と朝鮮における新聞事業〉, 28~29쪽; 安達謙藏, 《安達謙藏
自敍傳》, 동경, 新樹社, 1960, 45~47쪽.

13) 安達謙藏, 《安達謙藏自敍傳》, 45~52쪽.

14) 《한성신보》에 대한 기존의 연구로는 다음의 것들을 들 수 있다.
최준, 〈《한성신보》의 사명과 그 역할〉, 《신문연구》 제2권 제1호(1961년 봄),
76~81쪽; 채백, 〈《한성신보》의 창간과 운용에 관한 연구〉, 《신문연구소학보》 제
7집, 1990, 109~129쪽; 박용규, 〈구한말 일본의 침략적 언론활동: 《한성신
보》(1895-1906)를 중심으로〉, 《한국언론학보》 43-1, 한국언론학회, 1998,
151~177쪽.

15) 《조선잡기》 제1권, 82쪽; 강창일, 앞의 책, 139~140쪽.

의 명을 받은 것이었다.[16]

(2) 한국 파견 경위

1893년 11월 15일 기쿠치는 나가사키長崎로부터 대한해협을 건
너 일주일 만에 인천항에 도착하였다. 앞서 언급한 바와 같이, 삿사
도모후사의 소개로 한국에 오게 되었고, 호즈미 인구로穗積寅九郞가
경영하고 아오야마 고헤이靑山好惠가 주필로 있는 인천의 조선신보
사朝鮮新報社에 입사하였다. 그러나 곧 1894년 1월에 경성으로 근거
지를 옮겼다. 이후 기쿠치는 호즈미의 집에 일정 기간 기거하면서
경성에 머무르던 일본 언론인, 정치가, 경제인들과 만나게 되었다.
이때 그가 만나 교분을 쌓은 일본인들은 군부이자 궁내부 고문관으
로 와 있던 오카모토 류노스케岡本柳之助, 시바 시로, 공사관 일등서
기관 스기무라 후카시杉村濬, 그리고 경제인 다케우치 츠나竹內綱, 오
오미 쵸베에大三輪長兵衛 등이었다. 그는 다시 거처를 니이노 도키스
케新納時亮 소좌少佐의 집으로 옮기게 되었고, 거기서 사쯔마 번벌薩藩
閥 군인들과도 친밀해졌다. 그리고 기쿠치는 김익승金益昇이라는 한
국인을 통해 한국어를 습득할 수 있었다.[17]

이 무렵 기쿠치는 아직 한국에서 본격적인 기자 활동이나 외무성
특별 촉탁의 특수 임무를 수행한 것 같지는 않다. 다만 눈에 띄는
것은 삿사의 주선으로 스즈키 쥰켄鈴木順見(후일 을미사변 가담자)과 함께
대원군을 알현하게 되었다는 것이다.[18] 물론 스스로 밝히기를 "백
면서생白面書生으로 아직 사리를 헤아리지 못하고 다만 이 노옹老翁

---

16) 강창일, 위의 책, 140쪽.
17) 《조선잡기》 제2권, 185~197쪽.
18) 위의 책, 185~186쪽.

의 영자英姿를 접견하기를 바랐고, 당일에는 특별한 의도가 없는 두 어 가지 담화를 나누고 돌아왔다.”고 한 것으로 보아 23세의 일본 인 신입 기자를 대원군 측에서 특별한 뜻을 두고 만난 것 같지는 않 다. 그러나 국권당 당수 삿사의 경우는 앞으로 대원군 측과 지속적 교류를 하고자 기쿠치와의 면담을 주선했던 것이다.

그리고 1894년 3월 일본으로 돌아가《고쿠민신문》교토 통신원 으로 활동하다가 그해 6월 동학농민운동과 청일전쟁이 일어난 것 을 계기로 다시 한국에 오게 되었다. 이때 그는 외무성外務省 특별촉 탁特別囑託을 겸직했다.[19]

2) 일제의 침략 정책 보조 활동

기쿠치의 본업은 기자였으나, 그의 행동 가운데는 오히려 일제의 한국 식민지화와 병합 이후의 식민통치를 보좌한다는 구실로 정치 적 행각과 식민지 침략 행위를 합리화 또는 정당화하기 위한 저술 활동이 두드러진다.

〈표 1〉기쿠치 겐조의 재한 활동 연혁(1893∼1945)

년월일	내용
1893	도쿄전문학교(현 와세다대학) 영어정치과 졸업
1893.11.15	한국 인천에 도착.
1894. 3.28	대원군과 면회. 일시 귀국.《고쿠민신문》입사, 동신문 교토 특파원.

---

19) 菊池謙讓,《近代朝鮮裏面史- 一名 近代朝鮮の橫顔》(이하《근대조선이면사》로 약 칭), 朝鮮硏究會, 1936, 田內蘇山의 서문;《조선왕국》, 德富蘇峰의 서문 2쪽.

1894. 6.	동학농민운동 일어나고, 청일전쟁이 터지자 종군기자단 일원으로 다시 파견됨.
1894. 7.23	일본군의 경복궁 쿠데타를 직접 목격하고 취재. 오카모토 류노스케와 함께 대원군을 내세움.
1895.10. 8	을미사변 가담
1895.10.17	을미사변 가담자 48명 퇴한조치.
1895. 11	히로시마 감옥 未決 감방으로 유치
1896. 1	증거 불충분으로 전원 무죄 석방. 옥중 《조선왕국》 저술.
1898	《한성신보》 주필로 다시 한국에 옴. 일본 망명중인 李埈鎔과 운현궁 사이의 연락을 중개.
1900	《한성신보》 사장에 취임.
1901	韓日國防同盟交涉事務를 맡아 여러 차례 동경을 왕래.
1902	한국 황태자 위문과 신변보호의 비밀을 부탁 받아 수행.
1903	《한성신보》 사장직 사퇴.
1904	《大東新報》 창간.
1905	嚴妃의 명을 받아 淑明女學校 창립에 간여.
1906	통감부 촉탁받아 한반도 통치에 필요한 정보와 자료 수집. 《大東新報》를 통감부에 3천 원에 매각.
1908	잡지 《朝鮮》의 主幹. 伊藤博文으로부터 한국사 근대사 저술 명령 받음. 朝鮮古書刊行會, 朝鮮研究會 활동.
1909	朝鮮通信社 설립. 釋尾旭邦과 함께 《朝鮮及滿洲》 창간. 《朝鮮新報》 발행에 관여.
1910	《朝鮮最近外交史−大院君傳 附 王妃の一生》 저술.
1911	慶尙北道 大邱 民團長.
1912. 8	韓國併合記念章 수상.
1912. 9	明治천황 장례식 때 慶北民總 대표로 참석.
1914	경북민단장 해임. 지방공공사업에 관한 공로로 조선총독으로부터 銀杯 1組 받음.
1920	조선총독으로부터 조선사정의 조사 위촉을 받아 각종 조사에 착수. 조선총독부 경무국 정보위원으로 儒道振興會 결성
1922	조선사정조사 사무 종료와 함께 해임.

1922. 11	다시 언론계 종사. 大陸通信社 설립, 사장 취임.
1925	《朝鮮諸國記》 저술, 《朝鮮讀本》 甲編 감수.
1928	內閣賞勳局으로부터 大禮記念章 수상.
1930. 4	李王職으로부터 實錄編纂資料募集委員으로 위촉 받아 자료 수집
1931	《조선잡기》 제1·2권 저술. 노령을 이유로 대륙통신사 사장 퇴임. 《경성일보》와 그 외 주요 신문·잡지의 집필에 종사.
1935. 3	이왕직 실록편찬자료 모집위원 사무 종료, 해임.
1936	《近代朝鮮裏面史- 一名 近代朝鮮の横顔》 저술, 朝鮮研究會 主宰.
1937	《近代 朝鮮史》 上 저술. 《書物同好會會報》 창간 때부터 1943년까지 집필 담당.
1939	《近代 朝鮮史》 下 저술. 《김옥균전》, 《이용구전》 등 편찬.
1945	일본으로 귀국.

자료: 《朝鮮總督府始政二十五周年記念表彰者明鑑》, 1935; 《조선왕국》; 《근대조선이면사》;
《조선잡기》 제1·2권 등에서 작성.

(1) 《고쿠민신문》 특파원 활동기 - 을미사변 가담

기쿠치가 본격적으로 한국에서 정치적 활동을 시작한 것은 청
일전쟁 당시 종군기자로서 한국에 파견되고, 1894년 7월 23일
일본군의 경복궁 쿠데타에 가담하면서부터였다. 도쿠토미는 기
쿠치의 《조선왕국》 서문에서 7월 23일의 경복궁 침입 때 기쿠치
가 기자로서 직접 취재했던 것을 두고, "저 메이지 27년 7월 23
일의 경성사변 같은 것은 군이 실제로 경험한 활극"이라고 표현
하였다. 기쿠치는 동학농민운동과 청일전쟁이 발생했을 때 오카
모토와 함께 자주 대원군을 방문하여 한국의 현안을 의논했고,
대원군을 앞세우려 했다.[20]

---

20) 菊池謙讓, 《朝鮮最近 外交史 大院君傳 附 王妃の一生》(이하 《대원군전》으로 약칭),
京城, 日韓書房 發行, 明治 43年 11月, 대원군전 편찬의 유래.

또한 그는 청일전쟁 때 직접 일본 군대를 따라 전투 상황을 생생히 취재함과 동시에 일본군에 적극 협력까지 했다. 즉 그는 6월 14일 일본군과 함께 군산에 상륙하고 8월에는 평양까지 진격하였다.[21] 이때 기쿠치는 "나가타永田 소좌가 이끄는 포병대에 소속되었으며, 나가타 소좌의 포고문과 서면 문안을 기초하였다."고 밝히고 있다.[22] 이를테면 군사 고문관 내지 서기관 노릇을 한 셈이다.

한편 청일전쟁에서 승리를 했음에도 1895년 삼국간섭으로 말미암아 랴오둥 반도를 다시 중국에 반환해야 했었던 일본은, 한국 정부 안의 친러파와 그 핵심에 있었던 명성황후를 제거하고자 계획하였다.[23]

이 무렵 기쿠치는 청일전쟁 취재 당시 국권당의 기관지인《규슈 니치니치신문》의 청일전쟁 종군기자로 한국에 파견된 아다치 겐조와 접촉했을 것으로 추정된다.[24] 두 사람은 모두 구마모토 출신인데다가 아다치는 국권당 영수인 삿사의 제자였고, 기쿠치는 삿사가 주선하여 한국에 오게 되었기 때문이다.

1895년 2월 17일에 창간된《한성신보》는 외무성의 기밀비와 매월 지급되는 공사관의 보조금으로 만들어진 공사관의 기관지 성격을 띠었다. 이 신문은 국권당 수령인 삿사 도모후사와 이노우에가 의논하여 만들었는데, 사장에는 아다치, 주필에는 구니토모 시게아

---

21)《조선제국기》, 116쪽.

22)《조선잡기》제1권, 121쪽.

23) 을미사변의 전개 과정과 그 사후 결과, 그리고 사변 가담자에 관해서는 이미 기존의 연구에서 충분히 규명되어 있는 관계로 여기서는 사변 가담자 기쿠치와의 관련 부분만을 언급하는 선에서 소략하게 다루기로 하겠다. 관련 연구 성과로는 다음을 참조. 최문형 외,《명성황후 시해사건》, 민음사, 1992; 최문형,《명성황후 시해의 진실을 밝힌다》, 지식산업사, 2006; 한영우,《명성황후와 대한제국》, 효형출판, 2001; 이민원,《명성황후 시해와 아관파천》, 국학자료원, 2002; 이배용, 〈개화기 명성황후 민비의 정치적 역할〉,《국사관논총》제66집, 국사편찬위원회, 1995.

24) 정진석, 〈제2의 조선총독부 京城日報 연구〉,《관훈저널》83호, 226~227쪽.

키國友重章, 편집장에는 고바야카와 히데오小早川秀雄, 편집원에는 사사키 다다시佐佐木正, 회계에는 우시지마 히데오牛島英雄가 담당하는 등 주로 구마모토 국권당 계열 낭인들이 운영했다.[25] 기쿠치가 을미사변에 가담하게 된 것은 한성신보사에 구마모토 출신 일본인들이 자주 모였고, 또한 그들이 같은 언론 직종에 종사하였으며, 또 아다치뿐만 아니라 주요 가담자인 스기무라 후카시, 오카모토 류노스케, 스즈키 쥰켄 등과 이전부터 친분이 있었기 때문이다. 그리고 기쿠치 본인이 구마모토 출신의 낭인이라는 점으로 보았을 때 을미사변 가담은 자연스러운 것이었다.

기쿠치는 "한성신보사에는 구마모토현 출신으로서 '일기당천—騎當千의 기개'를 가지고 일사보국—死報國하겠다는 청년들이 모여 있었다."고 주장했다.[26] 또한 기쿠치 스스로 당시의 한성신보사를 가리켜 "신문기자 단체라기보다는 유지가有志家 낭인들의 구락부였다."[27]고 했던 것에서 구마모토 출신 기쿠치가 사변에 가담하게 된 경위가 잘 드러난다. 을미사변 뒤 가담자들의 퇴한退韓 조치 과정이나 사변에 대한 그들의 심리 상태, 그리고 그들을 구국의 영웅으로 대하는 일본인들의 태도에 대해서는 기쿠치의 《조선잡기》 제1권에 매우 상세하게 기술되어 있다.

을미사변 직후인 10월 13일 저녁, 기쿠치는 일본 영사관으로부터 소환장을 받았다. 함께 있었던 을미사변 가담자들은 이에 대하여 분통을 터트리면서, 제국을 위하여 국가 대표자의 권고를 받고 정부의 명령 때문에 싸운 자신들을 지금 한국에서 쫓아내는 것은

---

25) 강창일, 앞의 책, 137쪽.
26) 기쿠치 겐조, 《近代朝鮮史》(이하 《근대조선사》) 하권, 鷄鳴社, 1939, 408쪽.
27) 菊池謙讓, 〈私ど朝鮮の言論〉, 《朝鮮之事情》, 1926.

국제적 희극이고, 일본 정부가 이 희극의 배우로 자신들을 이용하였다고 성토하였다. 기쿠치는 끝내 10월 14일 영사관에 출두하여 "안녕을 방해한 죄로 2개년 동안 한국에서 퇴거하기를 명한다."고 쓰인 명령서를 건네받았다. 기쿠치는 여기에 서명하고 영사관을 나올 때 심경을 다음과 같이 쓰고 있다.

> 내가 격앙한 명령서는 이것이었다. 거기에 묵묵히 서명, 날인하고 나올 때, 무량한 자긍심과 벅찬 기쁨, 그리고 쾌감이 나를 타격하였다. 나도 금일부터 국가의 수많은 정치 동원의 일원이 되었다. 국가로부터 알려진 국민의 일원이 되었다.[28]

한국의 황후를 시해한 사건에 대하여 자신은 국가(일본)를 위하여 일개 국민으로서의 당연한 임무를 수행했음을 주장하면서 무한한 자긍심과 심지어 쾌감까지 느꼈다고 한 것이다.

> 민비와 대원군과의 승패는 결정되었다. 그래서 민비는 이 정변의 환란 중에 조락하였다. 일본 국민은 전력을 다하여 대원군의 운동을 후원했다. 일본 국민은 국제적 신의를 실행하고, 국민적 순수한 정으로 이웃 국가에 진심을 다하였던 것이다.[29]

게다가 그는 이 사변을 대원군이 주도한 운동이며 다만 일본 국민은 한국과의 국제적 신의를 실행하고, 이웃나라의 예로서 이를 적극 후원했을 뿐이라며, 사건의 배후와 책임 소재에 대하여 대원

---

28) 《조선잡기》 제1권, 78~81쪽.
29) 앞의 책, 82쪽.

漢城新報社

명성황후를 시해한 낭인들의 본거지인 서울의 한성신보사

군을 지목했고, 뉘우침이나 반성의 여지는 전혀 없었다. 또한 그는 10월 17일 사변 가담자 시바로부터 2백 원의 돈을 받았다. 기쿠치에 따르면 시바는 을미사변의 참모장 격이었는데, "이 작은 돈으로는 다 변제할 수 없다."는 위로의 말을 덧붙였다고 한다.[30]

그날 기쿠치는 같이 퇴한 조치를 당한 나머지 47명과 함께 한국의 일본거류민들이 정문루井門樓에서 마련한 송별연에 참석하였다. 그런데 그들은 송별연이 진행되어 갈수록 점차 퇴한 조치를 당한 것에 대해 노골적으로 불만을 터트렸고, 더욱이 퇴한 명령서를 교부하고 서명하게 한 주한일본영사 우치다 사다츠치內田定槌를 성토하였다. 또한 사변 뒤 악화된 일본에 대한 국제적 여론 공세와 러시

---

30) 앞의 책, 82~83쪽.

아, 미국에 대한 불평이 쏟아져 나왔다. 게다가 거류민들이 일본 정
부에 전보로 이들의 퇴한 명령을 취소해 줄 것을 요청하고, 우치다
영사의 사직을 권고하기까지 했다.

마침내 일본에 도착한 이들은 군중들로부터 전에 볼 수 없었던
동정을 받으며, 히로시마 검사국에 출두하게 된 것은 광영이며 명
예, 환희라고 생각했다. 기쿠치는 "나는 만족한다. 나는 결코 죄를
저지른 것이 아니라고 믿는다."고 그 소감을 적고 있다. 그리고 기
쿠치는 환영장에 들어가는 심정으로 옥문에 들어섰고, 독방에 들어
가서는 이제 학구의 은거장에서 조용히 서책을 읽고, 심학心學을 할
기회를 갖게 되었다고 표현하였다.

한편 민우사의 도쿠토미는 당시 일류 변호사를 섭외하여 기쿠치의
무죄방면에 힘썼고, 예심정 심판이 진행될 때에는 예심 판사가 심문
뒤 오히려 기쿠치를 위로하기까지 하였다. 결국 재판이라는 것은 형
식적 절차에 지나지 않았던 것이다. 1896년 1월 기쿠치는 말할 것
도 없고, 사변 가담자 전원 모두가 증거 불충분으로 석방되었다.[31]

(2) 일제 어용언론활동기 한일국방동맹 교섭사무

히로시마 감옥에서 석방된 기쿠치는 1898년 《한성신보》 주필로
한국에 돌아오게 되었다.[32] 그리고 을미사변으로 기쿠치와 함께 퇴
한 조치되었던 아다치도 돌아와 《한성신보》의 개량 작업을 시작하
게 되었다. 당시 《한성신보》는 1896년 4월 《독립신문》이 창간되자
경영 곤란을 겪기 시작하면서 일본 외무성으로부터 연간 3천 6백
원에 달하는 보조금을 받고 있었다. 또한 1898년 이후 《제국신문》

---

31) 《조선잡기》 제1권, 110~111쪽.
32) 〈漢城新報明治三十一年報〉, 《韓日外交未刊極秘史料叢書》 3, 171~172쪽.

이나《황성신문》 등 민족지들의 다수 등장하면서 일본 외무성 기관지의 성격을 지닌《한성신보》의 경영난은 가중되었던 것이다.[33] 이 시점에 기쿠치가 주필을 맡게 되면서《한성신보》는 이전과 다르게 민족지들과 치열한 논전을 펼치게 되었다. 즉 1898년까지《독립신문》과는 크게 논전을 벌이지 않았던 것에 견주면 여러 민족지들이 등장한 1898년 이후의 논전은 격렬하게 펼쳐졌다.[34] 이는 주필 기쿠치의 구마모토 출신 극우 보수 언론인다운 성격을 잘 보여 주는 것이었다.

기쿠치는 1900년 마침내《한성신보》의 사장으로 취임하여 1903년까지 경영을 맡았다. 그런데 1903년 들어서 외무성은《한성신보》가 논조 면에서 충분히 제 구실을 하지 못하고, 운영 면에서도 많은 문제점을 안고 있다고 보아 그해 6월 기쿠치를 해임하였다.[35] 기쿠치는 해임 뒤 곧바로 1904년 4월 18일《대동신보大東新報》라는 민간신문을 창간하여 일제 당국의 시정에 더욱 협조하였다.[36] 하지만 통감부는 1906년《한성신보》를 1만 원에,《대동신보》를 3천 원

---

33) 박용규,〈구한말 일본의 침략적 언론활동:《한성신보》(1895-1906)를 중심으로〉, 169~172쪽. 기쿠치는 날마다 두 차례씩 일본 공사와 만나《한성신보》의 보도와 관련된 협의를 했다고 한다. 菊池謙讓,〈私ど朝鮮の言論〉,《朝鮮之事情》, 1926, 12쪽; 이해창,〈구한국시대의 일인경영신문〉,《한국신문사연구》 개정증보판, 서울, 성문각, 1983, 373쪽).

34) 당시《제국신문》,《황성신문》과《한성신보》의 논전에 관해서는 다음을 참조. 정진석,〈민족지와 일인경영신문의 대립〉,《한국언론사연구》, 서울, 일조각, 1983; "대한사람 봉변한 사실",《제국신문》, 1898년 8월 30일자; "한성신보에 대한 변론",《제국신문》, 1898년 9월 14일자. 본 고찰에서는 기쿠치의 한국 민족지들과의 논쟁 부분은 생략하기로 한다.

35) 기밀 제77호,〈한성신보사의 개량 및 유지의 건(1903.5.2)〉,《韓日外交未刊極秘史料叢書》3, 282~286쪽; 이해창,〈구한국시대의 일인경영신문〉,《한국신문사연구》 개정증보판, 373~374쪽.

36)《朝鮮總督府始政二十五周年記念表彰者名鑑》, 1935, 1167쪽.

에 각각 매수하고,[37] 기타 군소 신문 다섯 개를 통폐합하여 마침내 1906년 9월 1일 통감부 기관지《경성일보京城日報》를 창간하였다.[38] 기쿠치가 주필을 맡거나 사장으로 경영하였던 두 신문이 통감부 기관지《경성일보》의 모태가 된 것이다. 기쿠치는 1900년부터 한일 양국의 외교 문제로 첨예하게 논의되던 한일국방동맹과 국외 영세중립 문제에도 적극적으로 개입하여 일본 측 실무자로 활약하였다.

대한제국 수립 뒤 고종은 여러 가지 경로를 거쳐서 일본의 침략정책에 대한 경계를 꾸준히 추진하며 한반도를 둘러싼 열강의 세력균형으로 한국의 독립을 유지하고자 하였다. 일본 또한 러시아에 대해 국가 차원에서 총력을 기울인 견제외교를 추진하고 있었고,[39] 고종의 대일 견제책에 대해 그동안 일본으로 망명했던 친일적 성향의 한국 관료들을 이용하고자 했다.

이러한 상황에서 고종은 을미 망명자를 비롯한 상당수의 일본 체류 망명자에 대한 우려가 매우 컸고, 이들의 송환 문제가 당시 한일 사이 외교에서 중요한 이슈였던 상황이었다.[40] 1900년 1월에 자진 귀국한 안경수安馹壽가 고문으로 사망했고,[41] 이에 한일 양국 관계는 크게 악화되었다. 안경수 사건 이후 정부는 조병식趙秉

---

37) 정진석, 〈민족지와 일인경영신문의 대립〉, 《한국언론사연구》, 51쪽.

38) 인천부, 《인천부사》, 1933, 1388쪽.

39) 김성혜, 〈러일전쟁을 전후한 대일외교정책〉, 이화여자대학교사학과석사학위논문, 1999, 38~64쪽 참조.

40) 이에 관해서는 〈일본망명시절 유길준의 쿠데타 음모사건〉(윤병희, 《한국근현대사연구》 3, 한국근현대사학회, 1995) 56~57쪽 참조. 이 시기 일본 체류 망명자를 보면 박영효가 1895년 7월 6일 왕비폐위음모기도사건으로 다음 날 일본으로 망명했다. 1896년 2월에는 아관파천으로 친러정권이 수립되자 체포령이 내려진 유길준, 조희연 등이 일본으로 갔고, 1898년 7월 황태자 옹립 사건으로 10월 안경수, 윤효정, 윤치호, 의화군과 함께 도일하였다.

41) 고려대학교 아세아문제연구소 편, 《구한국외교문서》 제4권, 《日案》 제4권, 676쪽.

式과 신기선申箕善을 정식으로 일본에 보내 조희연趙羲淵, 유길준兪吉濬, 권동진權東鎮, 이준용李埈鎔 등의 소환을 요청하였다. 그러나 일본은 이를 거절하였고, 이런 가운데 중국에서는 의화단사건이 발생하였다.

대한제국 정부는 의화단사건 당시 진압을 목적으로 출병한 러시아 군대가 압록강을 건너 한반도로 내려올지도 모른다는 소문에 긴장하였고, 고종은 궁내부 시종 현영운玄暎運을 일본에 파견하여 국면 타개책을 강구하였다. 이때 현영운은 이토 히로부미를 만나 한일국방동맹안을 제안하였고,[42] 때마침 기쿠치는 동아동문회 회장까지 역임하고 있던 보수 우익 고노에 아츠마로近衛篤磨의 명령으로 대한제국 정부의 외부대신 박제순朴齊純, 군부대신 겸 내부대신인 김영준金永準 등과 접촉, 한일국방동맹의 교섭사무를 담당하고 있었다.[43]

당시 기쿠치는 한국 정부가 궁내부 고문관 미국인 샌즈에 따라 제기된 '영세국외중립화안永世局外中立化案'을 매우 깊이 있게 고려하고 있음을 일찌감치 파악하고 있었다. 그는 한국 정부의 영세 국외중립국 기도를 고종의 허영심과 일종의 공명심까지 더해진 현실성 없는 방안으로 치부하였다. 또한 러시아가 한국 정부에 간도 조차를 요구하고 나섰을 때 《한성신보》를 통하여 간도는 본래 한국의 영토이며, 지금의 랴오허遼河 이동이 고구려 시대에는 모두 한국의 영토였음을 설명하고, 영토 회복론을 논함으로써 한국 정부의 이목을 끌었다. 더불어 러시아 군인들의 북중국과 만주에서의 무법 행태를 일일이 실어 러시아에 대한 공포감을 조장하였

---

42) 《주한일본공사관기록》, 1900년 8월 7일, 247쪽.

43) 長風生, 〈十五年間の韓客搓記(中)〉, 《朝鮮》 제2권 1호, 1908년 9월, 58~60쪽; 菊池謙讓, 〈朝鮮王の中立外交と國防同盟〉, 《新朝鮮》, 靑柳綱太郎 編, 朝鮮硏究會, 1916, 40~58쪽.

다.[44] 그러나 기쿠치의 한일국방동맹안 성립 활동은 일본 정부의 소극적 태도와 한국 정부의 중립화 정책으로 말미암아 무산되고 말았다.[45]

1901년 11월 고종은 외무대신 박제순을 일본에 파견하여 중립화론을 제기하였다. 이때 일본은 한일공수동맹을 맺어 한국 안에서의 우위를 확보하고자 하였다.[46] 그러나 일본이 제안한 한일공수동맹안을 고종이 거절하면서 1901년의 한일 사이의 교섭도 실패로 돌아갔다. 기쿠치는 한일공수동맹안의 결렬에 대하여 이용익이 개입해 프랑스 차관을 도입한 운남雲南 신디케이트, 평양 무연탄채굴 문제 등에 그 핵심이 있다고 비난하면서 대한제국은 전기와 철도는 미국에, 경부 철도와 망명자 처분안 문제는 일본에, 삼림 채벌권과 영세중립국안은 러시아에 매달리는 외교로, 끝내 일본과의 교섭 문제는 실패했다고 비난했다.[47]

(3) 통감부와 총독부 식민통치의 보좌 활동

기쿠치는 1906년 통감부 촉탁으로 한국 통치에 필요한 전국 각지의 사정을 면밀히 조사하여 통감시설統監施設에 참고가 되는 자료를 수집하였고, 또한 통감부로부터도 반도 통치를 위한 이면의 활동에서 활약이 대단하였음을 치하 받았다.[48]

1908년 3월 일한서방日韓書房 사주 모리야마 요시오森山美夫는 한국

44) 菊池謙讓, 〈朝鮮王の中立外交と國防同盟〉, 1916, 40~45쪽.
45) 菊池謙讓, 위의 글, 51~58쪽; W. F. Sands 지음·신복룡 옮김, 《조선의 마지막 날》, 집문당, 1999, 310~315쪽.
46) 《주한일본공사관기록》, 1901년 12월 6일, 256~260쪽.
47) 菊池長風, 〈十五年間の韓客搓記(下)〉, 《朝鮮》 제2권 2호, 1908년 10월, 54~56쪽.
48) 《朝鮮總督府始政二十五周年記念表彰者名鑑》, 1935, 1167쪽.

안에서 일본인 잡지 발간의 필요성에 따라 잡지《조선朝鮮》을 창간하였다. 그러나 모리야마는 자본을 출자한 것에 지나지 않았고, 잡지의 편집 등 실제 운영은 주간主幹 기쿠치와 편집장 샤쿠오가 맡았다.[49]

창간 1년 뒤인 1909년 3월부터 모리야마는 일한서방의 사업 확대를 이유로 잡지사의 경영을 전적으로 샤쿠오에게 위임하였고, 잡지《조선》의 발행처는 제3권 제2호부터 일한서방에서 조선잡지사로 변경되었다. 초기 주간이었던 기쿠치는 잡지를 창간한 그해 말부터 이미 글쓰기를 그만두고 있었으므로, 실질적 편집과 운영은 새 주간 샤쿠오가 맡았다. 기쿠치가 이때 주간 자리를 그만둔 것은 1908년 통감 이토에게 한국 근대사에 관한 저술을 주문받은 것과 관계가 있는 것으로 보인다. 또한 기쿠치는 1909년 조선통신사朝鮮通信社를 창립하여 사장에 취임하였고,[50] 샤쿠오와 함께《조선급만주朝鮮及滿洲》를 창간했다고 하는데, 사실 잡지《조선》이 1912년 1월(통권 47호)부터《조선급만주》로 제목을 바꾸어 1941년 1월(통권 398호)까지 발간된 것이다.[51]

한편 기쿠치는 1908년 무렵 아오야기 고타로 등이 설립한 조선연구회朝鮮研究會에서 활동하면서 한국의 역사와 고서 연구와 번역 작업을 이어갔다.[52]

---

49) 최혜주, 〈한말 일제하 샤쿠오(釋尾旭邦)의 내한활동과 조선인식〉,《한국민족운동사연구》제45집, 한국민족운동사학회, 2005.

50) 기쿠치는 京城日韓電氣通信社와 朝鮮日日新聞社를 경영하였고, 호소이 하지메細井肇가 여기에 고용되었다고 한다. 또한 호소이는 기쿠치와 함께 조선연구회를 만들었고, 그의 저서《現代漢城の風雲と名士》(日韓書房, 1910)는 기쿠치가 감수한 것으로 양자의 관계는 매우 밀접하였다(高崎宗司,《植民地朝鮮の日本人》, 岩波書店, 2002, 116~117쪽).

51)《조선》에 대해서는《개화기 재한조선인 잡지자료집: 조선 1》(단국대 동양학연구소 편, 동양학연구소, 2004 해제) 참고.

52)《근대조선이면사》, 田內蘇山 自序.

기쿠치는 1911년에 경상북도 대구민단장大邱民團長에 임명되어, 지방 공공사업을 맡아 병합 직후 한국인들의 식민통치에 대한 저항을 무마하고자 한국인과 접촉 융화 사업을 담당했다. 그리고 그 공로를 인정받아서 그는 1912년 8월 한국병합기념장韓國倂合記念章을 받았다. 또한 그해 9월 메이지 천황 장례식에는 경북민총慶北民總의 대표로 참석하였다. 기쿠치의 경북 대구 지역민 단장 활동은 1914년까지 이어졌는데, 해임 당시 그는 조선총독부로부터 지방 공공사업에 관한 공로를 인정받아 은배銀杯 1조組를 받았다.

그는 1920년 7월 다시 조선총독부로부터 조선 사정의 조사를 위촉받아 1922년 조사 사무가 종료될 때까지 시정의 참고가 될 각종 자료를 수집하였다. 기쿠치는 이미 통감부 촉탁으로 이와 동일한 사무를 수행한 경력이 있었으므로, 이러한 한국 사정의 조사 업무는 그가 적격이었던 것이다.

한편 그는 1920년 조선총독부 경무국 정보위원 자격으로 서울과 지방의 유생 88명을 모아 '유도진흥회儒道振興會'라는 친일 유생단체를 만들었다. 당시 상해 임시정부에 영남 출신 유림들이 다수 참가하였기 때문에 주로 경상·충청 지방 유생을 중심으로 조직하였다. 유도진흥회는 이들을 임시정부의 유림 출신들과 내통시켜 임시정부를 무너뜨릴 의도에서 조직된 어용단체였다.[53]

1922년 11월에는 다시 언론계에 돌아와 대륙통신사大陸通信社를 설립하고, 각종 집필 업무에 주력하였다. 대륙통신사는 일본 외무성 당국과 조선총독부의 협조로 세워진 언론사였다.[54] 또한 총독부 촉탁으로 한국 사정을 조사한 자료에 따라 이후《조선제국기朝鮮諸國

---

53) 강동진, 《일제의 한국침략정책사》, 한길사, 1980.
54) 《근대조선이면사》, 田內蘇山 序文.

記》 등을 저술하였다.[55] 이러한 활동으로 다시 1928년 일본 내각상
훈국內閣賞勳局으로부터 대례기념장大禮記念章도 받았다.

1930년 4월에는 이왕직李王職으로부터 고종·순종실록 편찬자료 모
집위원實錄編纂資料募集委員으로 위촉받아 1935년 3월 사무 종료까지
활동했는데, 이때 그는 방대하고도 생생한 자료를 직접 열람·조사할
수 있었고, 이를 바탕으로 《근대조선사》 상·하권을 출간하였다.[56]

기쿠치는 1939년의 《근대조선사》 하권 저술 이후 1945년 일본
으로 돌아갈 때까지 약 6년 동안 주로 《김옥균전》, 《이용구전》, 〈한
국 병합에 등장한 우치다 료헤이內田良平〉 등 친일파 한국인이나 한
국에서 활동한 일본인들에 대한 저술을 가끔씩 잡지에 싣는 정도
의 활동을 한다.[57] 1870년생인 기쿠치의 나이가 1939년 무렵 거의
70세였으므로, 실제로 대외 정치 활동이나 집필 활동을 이어가기
에는 무리가 있었을 것이다. 그런데도 제2선으로 물러나서도 호소
이와 같은 식민지 어용 문필가들을 양성해 냈다. 그는 일제의 패망
과 함께 일본으로 돌아가기 전까지는 성동구城東區 신당정新堂町 432
번지에 살았다.[58]

일본으로 돌아간 뒤 그는 한국에서 50여 년에 달하는 경험을 바
탕으로 한국 관계 글을 몇 편 썼다. 대개 분단된 남북한 문제와 그
전망, 이승만 정권의 배일관排日觀, 만주 문제 등에 관한 것으로 당
시 한반도를 둘러싼 현안 문제와 일본에 대한 한국 정부의 태도를
분석한 단편적인 글이다. 냉전체제였던 당시, 패전국 일본이 한반

---

55) 菊池謙讓, 《朝鮮諸國記》, 大陸通信社, 1925.

56) 菊池謙讓, 《近代朝鮮史》上·下, 鷄鳴社, 1937·1939.

57) 〈韓國倂合に登場した內田良平〉, 《國民總力》6권 15호, 1944년 8월.

58) 和田八千穗, 藤原喜藏編, 《朝鮮の回顧》, 경성, 近澤書店, 1945. 3, 〈執筆者略歷〉

도의 정세에 민감하게 주의를 기울이고자 기쿠치라는 핵심적 지한
知韓 지식인에게 시세 분석과 전망을 기대한 것은 당연한 일이었다.[59]

3. 한국사 저술 활동 배경과 식민사관의 원형

1) 한국사 저술 활동의 배경

일본인들이 한국사에 본격적인 관심을 갖기 시작한 것은 청일전
쟁 무렵부터이다. 이전까지는 강렬한 정한론征韓論에도 운요호사건
(1875), 강화도조약(1876), 임오군란(1882) 등의 중요한 사건이 일어
날 때 간단한 전단지 성격의 소책자를 발행하던 수준이었다. 이후
청일전쟁을 전후로 하야시 다이스케林泰輔의 《조선사朝鮮史》(1892)와
요시다 고도吉田東伍의 《일한고사단日韓古史斷》(1893)과 니시무라 유타
카西村豊의 《조선사강朝鮮史綱》(1895) 등이 출간되었는데, 주로 고대사
에 치중했다.

근대사 부분에 대한 관심은 1896년 기쿠치의 《조선왕국》을 기점으
로 하여 1901년 쓰네야 세이후쿠恒屋盛服의 《조선개화사朝鮮開化史》(동아
동문회東亞同文會, 1901)와 시노부 준페이의 《한반도韓半島》(1901, 동경당서점
東京堂書店)가 가장 선구적이며, 이들을 보통 '침략 3서'라고 부른다.[60]

---

59) 기쿠치가 일본으로 돌아간 뒤 기고한 글들은 다음과 같다.
　　菊池謙讓, 〈南北朝鮮體戰案〉, 《日本及日本人》vol.4, No.5, 日本及日本人,社, 1953,
　　48~49쪽; 〈李承晩の排日觀〉, 《日本及日本人》vol.4, No.2, 1953, 85쪽; 〈南北朝鮮の
　　將來 - 上〉vol.3, No.7, 1952, 56~63쪽; 〈南北朝鮮の將來 - 中〉vol.3, No.8, 1952,
　　125~129쪽; 〈南北朝鮮の將來 - 下〉vol.3, No.10, 1952, 52~61쪽; 〈滿韓國境と中立
　　地帶〉, 《日本及日本人》vol.2, No.1, 1951, 65~67쪽.

60) 이에 관해서는 〈식민사학의 성립과정과 근대사 서술〉(조동걸, 《역사교육논집》
　　13·14 합호, 1990) 참조.

그렇다면 기쿠치가 한국사, 특히 〈표 2〉에서 확인되듯이 한국 근
대사(당시 일본인들은 일반적으로 개항이후부터의 시기를 '최근세사'라고 칭했다)를
저술하게 된 동기는 무엇이었는가. 그의 첫 역사서는 《조선왕국》이
다. 《조선왕국》은 을미사변의 합리화와 정당성을 주장하고자 히로
시마 감옥에서 집필한 변명서였다. 그리고 두 번째 저서인 《대원군
전》은 통감 이토의 명령에 따라 쓴 것으로, 병합을 목전에 두고 한
국 망국론의 관점에서 한국 근대사의 주역인 대원군, 고종, 명성황
후의 정치적 무능력과 부패의 모습에 초점을 두어 의도적으로 저술
한 것이었다. 따라서 기쿠치의 역사서 저술은 일본의 한국 침략과
식민지화의 과정에서 그 침략 행위와 의도를 왜곡·합리화하고, 나
아가 일본의 한국 지배를 정당화하려는 일본 정부의 국가적 요구,
그리고 그 침략의 보조 노릇을 충실히 수행했던 스스로를 변명하고
자 한 개인적 필요성과 맞물린 것이었다.

〈표 2〉 기쿠치의 한국사 저술 목록

출판년도	책제목	출판사	비고
1896	《朝鮮王國》	民友社	저술
1910	《朝鮮最近外交史 大院君傳 附 王妃の一生》	日韓書房	저술
1931	《朝鮮雜記》 제1·2권	鷄鳴社	저술, 지리·보부상 등 포함
1936	《近代朝鮮裏面史——名 近代朝鮮の横顔》	朝鮮研究會, 東亞拓植公論社	〃. 田內蘇山 공저.
1937	《近代朝鮮史》 上	鷄鳴社	〃
1939	《近代朝鮮史》 下	鷄鳴社	〃

* 기쿠치의 저술(단행본)만 기재함. 잡지 기고문 등은 생략함.

2) 한국사 저술에 나타난 식민사관의 원형

(1)《조선왕국》

《조선왕국》은 지리부, 사회부, 역사부의 3부 체제이다.

> 지리부 - 백두산계白頭山系, 백두의 배경, 백두산의 서남계, 육대강六大
> 江, 두만강豆滿江, 낙동강洛東江, 압록강鴨綠江, 대동강大同江, 한
> 강漢江, 금강錦江, 중원中原, 삼면三面, 인천론仁川論, 부산론釜山
> 論, 원산론元山論

> 사회부 - 사회의 타락, 왕실, 귀족, 상민, 노예, 도성, 촌락, 무녀 및 음
> 사교淫祠教, 불교, 유교, 사회정태社會情態, 정치제도

> 역사부 - 7조사개요七朝史概要, 고조선古朝鮮, 동방의 가장국家長國, 삼국
> 분립, 남북인소장南北人消長, 고려, 대원군집정(상), 대원군집정
> (하), 외척과 대원군, 십칠년의 변, 동방의 번병藩屛, 동방의 2제
> 국, 독립부식獨立扶植(상), 독립부식(하), 10월 8일, 11월 28일, 11
> 일 사변 및 일러협정, 동아에 있어서 조선, 세계에 있어서 조선

책의 서문은 도쿠토미와 시바 두 사람이 썼다. 시바는 "예전에 미국인 데니O.N.Denny가《청한론淸韓論》을 저술하여 위안스카이袁世凱와 청의 정책을 비난한 것처럼 지금 한러 관계에서 이 책이 매우 필요"함을 강조하였고, 아울러 일본이 대러 정책을 결정하는 데에도 이 책을 필요로 한다고 평가하였다. 즉 시바는 서문에서 러시아를 주적으로 설정하여 극동에서 러시아 세력 팽창에 대한 우려를 표현

하고 있다.[61]

기쿠치는 이 책의 역사부에 고조선 역사를 서술하면서, 기원전 1070년 주周 무왕武王에 의한 기자箕子의 조선왕 책봉을 장황하게 설명하면서 후일 식민사학의 기본 개념인 반도성론과 타율성론의 원론적 이론을 강조하고 있다.[62] 즉 고조선은 독립국이 아니고, 다만 중국사의 외곽사이자 그 교섭은 민족의 외교사라고 주장했다. 이는 이나바 이와키치稻葉岩吉의 만선사관滿鮮史觀과 그 인식을 같이 하는 것이다. 또한 고조선은 기자에게서 문화적 세례를 받은 것은 몇 세대에 불과할 뿐, 산융이나 동호와 같은 오랑캐와 섞여 버림으로써 결국 그 역사는 중국 이주민의 역사에 지나지 않는다는 식으로 우리의 역사를 폄하해 버렸다.

> 고조선 900년의 역사는 오로지 독립된 적이 없고, 국민사라고도 할 수 없는 막연하고도 근거가 없는 과장된 이야기일 뿐이며 중국사의 외곽사로서 알려져 있을 뿐이다. 그 교섭은 만족蠻族의 외교사이고, 그 전투는 부락의 소규모 전투에 불과하고, 제도의 유례가 없으며, 그 예악이 존재하지 않는다. 생각건대 온유한 은殷의 망명민 기자와 그 자손의 자손은 몇 세대에 불과했고, 이후로는 산융, 동호東胡의 오랑캐와 섞여 버렸다. 고조선이라는 것은 춘추전국시대 대륙 문화의 파편에 불과한 것이다. 나는 차라리 고조선을 조선 반도와 대륙의 사이에 있어서 이주민사라고 보는 것 이외에는 가치가 없다고 생각한다.[63]

---

61) 《조선왕국》, 서문 참조.
62) 앞의 책, 279~280쪽.
63) 앞의 책, 279~285쪽.

또한 석탈해昔脫解를 일본인이라고 하였고, 백제가 임나任那의 일
본부와 동맹하여 신라의 국경을 침범하였다고 쓰고 있다. 그는 임
나일본부의 영역이 낙동강 이남, 상주로부터 전라도에 이르는 일
대를 모두 영유하였다고 하여 아예 임나일본부설을 확신하고 있었
다. '임나일본부'에 대해서는 현재 일본의 우익 역사 교과서에서도
"…… 바다를 건너 출병하여 한반도 남부의 임나(가라)에 영향력을
행사하였다."고 서술하고 있어 그대로 식민사관이 이어지고 있음
을 확인할 수 있다.[64] 또한 백제가 일본의 속국이었다는 식으로 서
술하고 있다. 더욱이 기쿠치는 고구려 광개토대왕이 백제와 일본,
가야의 연합부대에 침공을 받은 신라를 지원했던 시기를 6세기 진
흥왕 대代로 설명하고 있는데, 이는 4세기 후반 내물 마립간 당시
의 역사를 잘못 기술한 것이다. 또한 백제가 멸망에 이르기까지
도 일본과 관계가 깊었고, 사실상 일본의 속국이었기 때문에 다수
의 일본인들이 백제 지역에 이주·정착한 관계로 조선왕조 말까지
도 금강錦江 하류에는 수천의 일본촌日本村이 존재했었다고 주장하
고 있다.[65]

고려시대 부분의 서술은 매우 간략한데, 주로 경종 이후 성종, 목
종, 현종 조에 이르는 천추태후와 김치양金致陽의 왕실 스캔들을 두
드러지게 서술하였고, 인종 이후 문벌 귀족 사회와 궁중의 문란한
성생활, 퇴폐한 승려들의 궁정 출입 등 주로 검증되지 않은 흥미 위
주의 야사 서술로 일관하고 있다.[66]

한편 조선시대 부분도 거의 다루지 못하고 생략하다시피 넘어갔

64) 藤岡信勝,《新しい歷史教科書:中學社會》, 市販本, 自由社, 2011, 46쪽.
65)《조선왕국》, 295~297쪽.
66) 앞의 책, 311~316쪽.

다. 역사 전공자가 아닌 기쿠치가 고려나 조선의 역사를 상세하게
다룰 수준이 못 되었기 때문이다. 그러고는 대원군 집정기와 을미
사변 당일의 과정을 매우 상세하게 서술하고 있다. 그는 청일전쟁
을 두고 일본 덕분에 한국이 청의 지배 아래에서 독립하게 되었다
고 했고, 을미사변 부분은 대원군의 뜻에 따라 일본 유지자들이 동
원되어 사변을 일으킨 것으로 장황하게 설명하였다. 그런데 을미
사변을 일으키면서까지 일본의 세력 밑에 묶어 둔 한국을 아관파천
으로 러시아에게 빼앗긴 책임은 일본 정부의 외교 정책이 정립되지
못한 데 있다고 책망하고 있다.[67]

사회부의 서술은 조선이 필연적으로 쇠망할 수밖에 없었다는 식
으로 서술하고 있다. 왕실, 귀족, 상민, 노예, 도성, 촌락, 무녀와
음사교淫祠敎, 불교, 유교, 사회정태, 정치제도 등으로 나누어 일관
되게 부패와 타락에 초점을 맞추어 설명했고, "조선의 쇠망은 고려
조정부터 한성의 백성에 이르기까지 패덕敗德이 쌓인 1천여 년"이라
고[68] 혹평하고 있다. 기본적으로 《조선왕국》은 후일 식민사학의 정
체성론·타율성론의 기본 골격을 제공한 식민사학의 원류가 된 책이
라고 할 수 있다.

(2) 《조선최근외교사 대원군전 부 왕비의 일생朝鮮最近外交史 大院君傳 附 王妃の一生》

《대원군전》은 1910년 일한서방에서 출간되었다. 그가 이 책의
저술에 착수한 것은 1898년 을미사변의 혐의에서 풀려 《한성신보》
주필로 다시 한국에 온 직후였다. 기쿠치는 1898년 한국에 돌아온

---

67) 앞의 책, 430~519쪽, 547~548쪽.
68) 앞의 책, 160쪽.

이후 예전 대원군과 인연을 이어 일본에 망명 중이던 이준용과 연락을 담당하면서 운현궁에 자주 출입하였다. 그러면서 한국의 최근 외교사에 대한 규명은 일본이 한국을 경영하는 데 도움이 될 수 있을 것이라는 판단으로 대원군의 생애를 다룬 전기를 편찬하게 된 것이었다.[69] 또한 히로시마 감옥에서 쓴 을미사변의 변명서 《조선왕국》보다 체계적이고 본격적으로 본인과 일본 정부의 을미사변 만행을 정당화할 필요성을 절감했다고도 볼 수 있다.

기쿠치는 저술 도중 사료 부족으로 집필을 보류하고 있었던 참에 1908년 도쿄에 갔다가 마침 이토에게 한국 근대사 편찬을 권유 받게 되었다. 이에 그는 통감부로부터 정식으로 봉급을 받으며 편찬 작업에 착수하게 된 것이다. 그러나 1909년 이토가 통감직을 사임하면서 그해 11월 기쿠치 또한 통감부 관리 아래에서 편찬 작업을 일시 중단하였다. 그러다가 그는 1910년 3월 병합을 눈 앞에 두고, 다시 대원군 전기 저술 작업에 착수하여 끝내 완성했다. 이 책은 한국 식민지화를 추진한 일본 수뇌부의 한국에 대한 인식을 반영한 것이다.[70]

이 책에서 기쿠치는 한국 근대의 역사를 '대원군과 명성황후' 양자 대결 구도와 고종은 그 틈바구니에서 우왕좌왕하는 나약한 군주라는 틀에서 망국의 필연성을 강조하였다. 그리고 이런 식의 근대사상近代思想은 이후 한국 근대사의 표준이 되어버렸다. 기쿠치의 《대원군전》에서 만들어진 고종, 명성황후, 대원군의 뒤틀어지고 왜곡된 인물상과 망국적 한말의 정치상은 오늘날까지도 완전하게 극복하지 못했다. 일반적인 인식상 망국의 책임을 거의 전적으로 왕

---

69) 《대원군전》, 대원군전 편찬의 유래.

70) 이태진, 앞의 글, 《한국사시민강좌》 41, 110~111쪽.

실에 돌리고 있는 상태에서 무능한 왕과 권력욕에 불타는 왕비가
망국의 원인 제공자라는 인식이 강점 당시부터 강하게 자리 잡고
있는 것이다.[71]

《대원군전》의 구성은 다음과 같다.

◎ 왕위계승과 제1차 섭정

◎ 왕비 및 왕비당의 발흥

◎ 대원군 제2차 섭정

◎ 제3차 섭정

◎ 대원군의 말로

◎ 後 10년

◎ 왕비의 일생

기쿠치의 근대사 서술의 내용과 인식은 뒤에 나온 《근대조선이면
사》나 《근대조선사》 상·하권에서도 크게 달라지지 않고, 기본적으
로 《대원군전》을 바탕으로 하였다. 물론 《근대조선이면사》와 《근대
조선사》 상·하권은 인물사 위주의 서술 양식은 아니고, 근대 개설
서이므로 주요 사건을 일지별로 설명하고 있으나, 궁극적으로 《대
원군전》의 내용과 인식의 틀을 그대로 반영하였다. 따라서 《대원군
전》은 기쿠치의 한국 근대사에 대한 인식과 역사 왜곡을 가장 정확
히 볼 수 있는 저술이라고 할 수 있다.

---

71) 앞의 글, 103~126쪽.

(3) 《조선잡기朝鮮雜記》 제1 · 2권

《조선잡기》 제1·2권은 기쿠치가 한국에서 생활하면서 습득한 조선의 사실史實, 사화史話, 사론史論, 사료史料, 제도, 문물, 고사, 전례典例의 연구와 조사의 결과, 감정과 흥미에 따른 생생한 산하, 명승풍토, 구적, 인물, 평론, 창작, 소품小品 등 그야말로 특정 분야가 아닌 잡다한 내용들을 모두 묶어 엮은 것이다.

기쿠치는 이 책의 서문에서 스스로 자신은 전문 학자가 아니며 고증탐색考證探索에 따라 내용을 기술한 것이 아님을 밝히고 있다. 이는 실증과 전문 연구서가 아니기 때문에 얼마든지 자의적 해석과 과장, 그리고 왜곡이 가능함을 뜻하고, 무엇보다 그 기록의 사실 여부에 관하여 책임이 없음을 스스로 전제한 것이다.

기쿠치는 이 책에서 청일전쟁의 〈평양전역관전기平壤戰役觀戰記〉와 을미사변에 직접 가담한 그날의 생생한 상황과 전개 과정, 사변 이후의 처리 문제를 상술한 〈축객기逐客記〉, 이토의 합방론과 가쓰라桂의 병합론倂合論, 대원군, 조희연, 김가진金嘉鎭, 안경수, 유길준과 한규설韓圭卨 등 조선 말기의 인물과 궁정외교비사 등을 매우 상세하게 다루었다. 그는 한말 격동의 역사 현장에서 직접 체험한 것을 바탕으로 극적 흥미를 더했다는 것을 스스로 밝히면서 이 글이 픽션의 여지가 있음을 드러내고 있다.

더욱이 〈평양전역관전기〉에서는 임진왜란 당시 "고니시 유키나가小西行長의 패전에 답하다."는 글까지 쓰면서 일본군이 300년 전의 패배(임진왜란 때 평양전투에서 고니시가 조명연합군에게 패전한 사건—글쓴이 주)를 갚았다고 감개무량해 하고 있다.[72]

---

72) 《조선잡기》 제1권, 113~134쪽.

(4)《근대조선이면사近代朝鮮裏面史:一名 近代朝鮮の横顔》

기쿠치는 1930년 4월부터 1935년 3월까지 이왕직 촉탁으로 고종·순종실록 편찬위원으로 참여했고, 근대사 자료를 열람하는 동안 흥미롭고 중요한 장면과 등장인물을 묘사해 1933년 5월부터 100여 회에 걸쳐《경성일보京城日報》에 연재하였던 것을 모았다. 여기에 '메이지 말년 조선에서의 다우치田內蘇山의 노트'라는 한 항목을 추가하여《근대조선이면사》를 간행했다. 그렇기 때문에 기쿠치와 다우치의 공저라고는 하지만 실상은 기쿠치의 저서나 마찬가지이다.

이 책의 명칭이 일명《근대 조선의 횡안》인 것은 서술된 내용이 한국 근대사의 전모를 밝힌 것이 아니고, 말 그대로 '횡안横顔', 곧 이면의 역사이기 때문이다. 또한 그는 아오야기 고타로가 사망한 뒤 조선연구회 주재를 승계하였으므로, 이 책은 조선연구회에서 편찬하게 되었다.[73]

《대원군전》이 명성황후와 대원군의 양대 인물을 집중적으로 다룬 것에 견주어《근대조선이면사》는 그 시대의 중요 사건을 시대 순으로 일목요연하게 정리하였고, 특히 동학농민운동 부분에서 매우 상세하게 그 전개 과정을 소개하였다. 그러나 기본적으로《대원군전》과 마찬가지로 망국론, 부패, 사치, 향락, 미신, 무능, 정쟁 등을 한국 근대사의 기본 요소로 설정하여 자멸론의 논리를 주장하고, 더욱이 을미사변 부분에서 대원군의 근본 책임론을 강조한 것은《대원군전》과 다르지 않다.

---

73)《근대조선이면사》, 長風山人 自序.

(5)《근대조선사》상·하

기쿠치의 한국사 저술은《근대조선사》상·하권에서 거의 마무리 되었다. 그는 1926년 무렵부터 한국 근대사 저술에 뜻을 두고, 그 성과를 내고자 사이토 마코토齋藤實 총독과 이마니시 류今西龍에게 도움을 청하였다. 마침 고종·순종실록 편찬위원으로 1930년부터 1935년까지 사료 수집의 임무를 수행하면서 자료를 직접 접할 기 회를 얻었고, 이를 바탕으로 1935년 3월, 사업 종료 뒤 처음에 자 신이 계획하였던 근대사 집필 작업에 들어갔다. 마침내 박문사博文 寺에서 기거하며 원고를 정리한 끝에, 1937년 10월에 총 669쪽에 달하는 상권을 탈고하였고, 다시 1939년에 가서 584쪽의 하권을 완 성하였다. 이 책은 기쿠치가 방대한 사료의 열람을 거친 뒤이므로, 이전《대원군전》에서 저지른 역사적 사실의 오류가 대부분 바로잡 혔다.

그는 서문에서 밝히기를 이미 자신이 너무 늙어서 이 책은 기존 의 저술인《근대조선이면사》를 재검토한 것에 지나지 않는다고 했 다.[74] 그러나 책의 내용과 분량 면에서 기존의 어떠한 한국근대사 저술보다도 방대하다. 이는 도쿄제국대학 문학부 국사학과를 졸업 하여 경성제국대학 교수가 된 다보하시 기요시田保橋潔의《근대일선 관계의 연구近代日鮮關係の研究》(조선총독부 중추원, 1940)보다도 앞선 저술 이었다. 물론 기쿠치는 근거가 되는 사료를 각주로 처리하지 않아 후일 다보하시 같은 관학자 계열이 기쿠치 등과 같은 재야 학자들 의 저술에 사료적 근거를 제시해야 하는 숙제를 떠안게 되었다.

---

74)《근대조선사》상, 自序.

4. 한국 근대사 왜곡의 실태와 침략의 정당화

1) 역사적 사실의 오류

앞서 살펴본 바와 같이 기쿠치의 《근대조선사》 상·하권에 이르기까지의 저술은 거의 《대원군전》과 《근대조선이면사》를 골간으로 한 것이다. 따라서 기쿠치의 역사서 저술에서 나타나는 한국사 왜곡의 실태와 의도적이거나 사료 검증을 제대로 하지 못한 데에서 초래된 역사적 사실의 오류를 《대원군전》의 분석을 통해 살펴보고자 한다.[75] 먼저 단순 사실의 오기 부분이다.

◎ …… 조선군을 지휘한 어재연魚在淵은 이 전투(병인양요—글쓴이 주) 초기에 전사하였기 때문에 전군의 조기의 패퇴가 있었던 것이다.[76]

◎ 일본과 통상조약이 체결, 조인된 것은 1875년이나 김기수金綺秀가 사절로 일본에 간 것은 1878년이었다. 하나부사花房 공사가 일본 국기를 공관公館에 게양한 것은 다음 해였다.[77]

◎ …… 왕비는 일본에 수신사를 파견하기로 결정하였다. …… 대원군은 일본과의 수교에 격분하여 양주로부터 덕산德山으로 갔고, 다시 석파

---

75) 기쿠치의 《대원군전》의 오류와 왜곡을 분석한 것은 〈역사 소설 속의 명성황후 이미지〉(이태진, 《한국사시민강좌》 41)가 참조됨.

76) 《대원군전》, 51쪽.

77) 앞의 책, 96쪽.

石坡산장으로 돌아와 번민의 나날을 보냈다. 그는 울분 끝에 폭약이 장치된 선물함을 민승호 집으로 보내 민승호 부자를 살해하였다.[78]

◎ 한러조약은 갑신정변이 일어난 다음 해(1885)에 조인되기에 이르렀다. 러시아가 요구하던 두만강 무역조약(고종 22년, 1885)이 3월 조인됨.[79]

기쿠치는 신미양요 당시 전사한 어재연을 병인양요 때 사망한 것으로 잘못 표기하였고,[80] 1876년의 강화도조약을 1875년으로, 1876년 김기수가 1차 수신사로 파견된 것을 1878년으로, 1880년 하나부사 공사가 서울에 공사관을 설치한 것을 1879년으로 잘못 표기하였다.[81] 기본적인 연도조차 제대로 파악하지 못하고 마구잡이로 서술한, 조잡한 수준의 역사 지식을 보여 주고 있는 것이다.

1874년 11월 28일의 민승호閔升鎬 일가의 폭사 사건도 대원군이 일본과의 수교에 울분한 끝에 일으켰다고 잘못 서술하였다.[82] 그러나 이 사건은 강화도조약보다 약 1년 남짓 전에 일어난 것이다. 체결되지도 않은 한일수호조약에 대원군이 울분했다는, 앞뒤가 뒤섞인 서술로 기쿠치는 어떻게든 대원군과 명성황후의 대결 구도를 드러내려고 한 것이다.

조러수호조약(13조)과 통상장정(3조)은 1884년 윤 5월에 체결되었고, 육로통상장정(9조)가 체결된 것은 1888년 7월 13일인데, 한러

---

78) 앞의 책, 308~309쪽.
79) 앞의 책, 141쪽, 327쪽.
80) 앞의 책, 51쪽.
81) 《대원군전》, 96쪽.
82) 앞의 책, 308~309쪽.

조약을 1885년에 체결된 것으로 오기하였고, 기쿠치가 서술한 두 만강 무역 조약이라는 것은 사실 그 자체가 없는 것이다.[83]

다음은 최익현의 상소와 대원군의 하야 부분에 대한 오류이다.

◎ 유생의 거두巨頭이며 재상인 최익현崔益鉉으로 하여금 대원군의 쇄국 정책을 비난하는 상소문을 올리게 한 것은 왕비당이었다. …… 그의 상 소문은 조리가 명석하여 쇄국, 양이 정책이 불리하고, 일본과 수교가 유 리하다고 한 것을 보면 그는 북경 정부가 왕비당에게 지휘한 외교정책에 입각하여 탄핵한 것이다.[84]

◎ 일찍이 민승호는 그(최익현—글쓴이 주)의 성품이 고풍하다는 소식을 듣 고 왕비에게 천거하여 후례로 대접하니 최익현은 깊이 그 은덕에 감격하 여 마침내 죽음을 무릅쓰고 대원군 집권의 전횡을 탄핵하고 그 시정의 잘못된 점을 지적하기 장장 수천언에 달하였다.[85]

◎ 최익현 상소 사건은 대원군으로 하여금 실망의 제1막으로 물러나게 한 것이다. 다음으로 등장한 것이 홍재학洪在學이다. 그는 최익현과 같이 시폐時弊를 논하고 섭정을 비판하였다. 그는 최익현의 아류亞流가 되어 제주로 유배당하고 연도에서 시민들이 환송하며 뒷날 왕비의 상전이 내 릴 것을 기대하여 이러한 상소문을 올렸으나 즉시 체포되어 서소문 밖에 서 참형에 처해졌다.[86]

---

83) 앞의 책, 141쪽, 327쪽.
84) 앞의 책, 73~75쪽.
85) 앞의 책, 85쪽.
86) 앞의 책, 87쪽.

　기쿠치는 최익현이 왕비당으로 황후의 사주를 받아 대원군의 쇄국양이 정책을 비난하고, 일본과 수교를 주장했다고 서술하고 있다. 또한 최익현의 뒤를 이어, 홍재학이 그 아류가 되어 다시 대원군의 섭정을 비판하는 상소를 올림으로써, 서소문 밖에서 참형에 처해졌다고 하였다.[87] 그러나 최익현은 왕비당이 아니다. 대원군의 쇄국정책을 비난하고 일본과의 수교를 주장한 개국론자는 더욱 아니었다. 오히려 개국을 앞두고, '왜양일체론倭洋一體論'을 주장한 '지부복궐상소持斧伏闕上疏'를 올렸다가 유배형에 처해진 인물이었음은 널리 알려져 있는 바이다.[88]

　또한 최익현이 1868년 10월 10일에 올린 상소문은 대원군의 토목공사 정지와 물가 폭등을 유발한 당백전當百錢의 혁파를 건의한 것

이었고,[89] 1873년 10월 25일에 올린 상소와 11월 3일의 상소는 대원군의 내정을 비판한 것이지 외교 문제를 언급한 적은 없었다.[90] 더군다나 기쿠치는 1874년 6월 29일 당시 영의정 이유원李裕元의 상소문을 최익현이 올린 것으로 둔갑시켜 제시하고 있다. 또한 홍재학이 참형을 당한 것은 1881년 윤 7월 20일로 이른바 '영남만인소嶺南萬人疏' 사건

면암勉菴 최익현崔益鉉 (1833~1906)

---

87) 앞의 책, 73~75쪽, 85~87쪽.
88) 《承政院日記》, 고종 13년(1876), 1월 23일;《日省錄》, 동일자.
89) 《日省錄》, 고종 5년(1868), 10월 10일.
90) 《承政院日記》, 고종 10년(1873), 10월 25일, 26일;《日省錄》, 동일자.

때문이었다.[91]

한편 기쿠치는 대원군이 궁인 이씨(당시 상궁 이씨, 후일 영보당永保當) 소생 완화군(1868~1880)을 매우 총애하여 세자로 책봉하려 하자 명성황후가 이전까지 도무지 정치 문제에 관여하지 않고 있다가 갑자기 본색을 드러내었다고 거의 소설에 가까운 상황으로 설명했다. 또 왕비는 왕자를 낳자마자 자기 소생의 왕자를 세자로 책봉하고자 중국에 이유원을 파견하여 외교전을 펼쳤다고 했다. 그리고 새롭게 강대국으로 떠오른 일본과 수교관계를 수립하여 도움을 받으려 했다는 것이다.[92]

◎ 때마침 궁인 이씨가 왕자 완화군完和君을 탄생하였고, 대원군이 왕자를 매우 사랑하여 왕세자를 삼을 뜻이 있음을 이 총명한 왕비는 눈치채게 되었다. 이 놀라운 애증이 섭정왕의 마음속에 있음을 간파한 왕비는 이때부터 그 심기가 완전히 바뀌어 대원군과 30년에 걸친 알력과 투쟁을 벌이게 되니 그 원인이 바로 여기에서 발생한 것이다. 어떤 부류에 속하건 가정에서 변동이 일어나는 것은 실로 이러한 문제에서 벗어나지 않는다.[93] …… 지금까지 궁중 내에서 인내하고 조용히 생활하면서 다른 사람들에게 인혜仁惠를 베풀던 왕비는 마치 성난 맹호같이 사납고 거칠게 행동을 하기 시작한 것이다.[94] 궁인 이씨의 왕자 완화군은 신미년辛未年에 죽었다. 대원군이 매우 슬퍼하였다. …… 국왕과 민비의 사이는 금슬이 점차 좋아져 …… 마침내 왕세자 탄생을 보았고, 모두가 문무백관이 세자 탄생

---

91) 《承政院日記》, 고종 18년(1881) 윤 7월 8일, 9일, 10일; 《日省錄》, 동일자.
92) 《대원군전》, 83쪽, 87~88쪽, 97~98쪽.
93) 앞의 책, 83쪽.
94) 앞의 책, 301쪽.

을 기뻐하는데, 대원군만이 홀로 슬퍼하였다.[95]

◎ 왕비당은 …… 재상인 이유원에게 명하여 대원군의 심복인 정현덕
鄭顯德, 안동준安東晙을 파직하고, 또한 은밀하게 북경조정에 손을 써 대
원군을 견제하는 방략을 강구하고 왕비가 출생한 왕자를 세자로 책봉하
는 데 성공하였다. …… 이러한 사태가 전개된 것은 메이지 7년(고종 11
년, 1874)의 일이다. …… 왕비당은 이 형세의 변화를 이용하여 북경 정부
에 대해서는 섭정의 횡포를 호소하면서 사대의 구의舊誼를 다할 것을 다
짐하고 일본에 대해서는 수교를 맺어 화평 관계를 유지함으로써 강력한
인방을 자기편으로 삼아 대원군의 섭정을 실질적으로 물러나게 한 것은
매우 기민한 정략이었다고 할 수 있다. …… (이홍장은) 이유원을 통해
주청한 세자 책봉문제는 각별히 허락하는 유지論旨가 내리도록 협조하여
왕비에게 은혜를 베풀고 그 대신 속방 관계를 공고히 하려고 하였다.[96]

기쿠치는 한국 근대사를 대원군과 명성황후 양자의 갈등 구조로
이해하였다. 그들의 파행적이고 치열한 정쟁으로 끝끝내 나라가 망
하게 되었다는 식의 역사구도를 설명하고자 대원군과 황후 사이의
갈등이 완화군 문제에서부터 시작되었다고 극적이며 장황하게 설명
한 것이다. 기쿠치는 당시 모든 것을 황후의 원자 출산과 연관 지으
려 했기 때문에, 이미 원자 출생 이전부터 진행되던 고종의 친청 체
제 수립을 위한 서양 문물 수입과 일본과의 관계 개선 계획 등, 당
시 한국 정부의 독자적이고 능동적인 개국의 움직임을 제대로 보지
않았다. 단지 개국은 오로지 왕비당의 세자 책봉을 위한 수단이었다

---

95) 《근대조선이면사》, 44~45쪽.
96) 《대원군전》, 87~88쪽, 97쪽.

는 식으로만 설명하고 있다. 더군
다나 기쿠치는 이유원이 청과 접
촉한 시기를 1874년이라고 하였
으나 당시 대원군은 이미 최익현
의 1873년 상소로 하야를 한 뒤였
다. 이미 권력을 내려놓은 대원군
을 두고 왕비당이 일본과 수교를
맺어, 일본의 힘을 빌려 섭정에서
물러나게 하려 했다는 기쿠치의
서술 역시 앞뒤 시간을 뒤섞어 놓

흥선대원군

은 역사 왜곡이다.

　기쿠치는 완화군과 그의 생모의 죽음을 두고, "세상에서 모두 그
죽음을 (명성황후가 죽였다고—글쓴이 주) 의심했다."거나 "가련한 궁녀(영
보당 이씨)와 왕자(완화군)는 마침내 두 영웅(대원군과 명성황후—글쓴이 주)에
게 희생이 되어 유명을 달리하였다."[97]는 등 도무지 근거 없는, 마
치 삼류 소설 같은 이야기를 꾸며 내기까지 했는데, 완화군 독살설
같은 근거 없는 야사는 이후 마치 정설처럼 굳어져 버려 명성황후
를 '악독하고 투기가 심하며 잔인한 성정을 가졌다.'는 식으로 폄하
하는데 가장 전형적인 사례로 늘 회자되었다. 그러나 기쿠치는 기
본적인 사실 관계조차 틀렸다. 완화군의 죽음을 기쿠치는 신미년,
즉 1871년이라고 하였고 이후 왕세자가 태어났다고 했는데, 완화
군이 죽은 것은 1880년 1월 12일로, 이때는 음력설 이전이므로 기
묘년己卯年이다. 또 기쿠치의 주장대로라면 완화군이 죽고 없는 상

---

97) 앞의 책, 83~84쪽.

황에서 대통을 이을 중전 소생의 적장자가 탄생했는데 조부인 대원
군이 홀로 슬퍼할 이유가 과연 있었겠는가는 상식적으로도 납득할
수 없는 부분이다. 다음은 임오군란 부분의 오류이다.

◎ …… 그들의 한 무리는 홍인군興寅君(홍선대원군의 형—글쓴이 주)의 저
택을 습격하여 그를 살해하고, 집을 불태웠고, 뒤이어 김보현金輔鉉, 민
겸호閔謙鎬, 민태호閔台鎬 등의 저택도 습격되고 살해당하였다.[98]

◎ 임오군란에 대한 중국 정부의 조치는 매우 기민하였다. 이보다 앞서
왕비는 국망산 중에서 밀사를 왕궁으로 보내 그의 무사함을 국왕에게 알
림과 동시에 시국에 관하여 하루 속히 북경 정부의 구제, 보호를 요청하
도록 조언하였고, 그 사신으로는 어윤중이 적임자라고 하였으니 왕비의
의기가 얼마나 장렬한가. …… 왕비의 조언은 곧 실행되고 왕은 그 밀사
로 어윤중을 북경으로 급행시켰고, 사변의 진말을 보고하도록 하였다.[99]

◎ …… 임오군란에서 왕비는 심상훈沈相薰에게 업혀 궁문을 빠져나가
고 왕비는 왕궁의 형세를 정탐하고, 그의 생존 사실과 대응책을 건의하
기 위하여 윤태준을 밀사로 한성에 보냈다. 왕비는 다음과 같이 건의하
였다. 즉 왕이 직접 사신을 청국에 보내 보호를 요청할 것, 대원군은 이
홍장이 가장 싫어하는 인물이니 속히 청국군 출병을 요청하고, 실천되면
쉽게 왕권이 회복되고, 난민도 곧 해산할 것이니 …… 이경하李景夏 등은
사형에 처해졌다. …… 성기운, 박제순, 어윤중 등은 청국 유학생으로
파견되니 이들에게 왕비가 내린 특별 명령은 대원군에 대하여 동정을 살

---

98) 앞의 책, 104쪽.
99) 앞의 책, 112~113쪽.

피는 것이었다.[100]

　　기쿠치는 임오군란 당시 국망산에 피신한 중전이 밀사를 보내 고종으로 하여금 어윤중을 북경으로 보내 보호를 요청할 것을 제안했고, 그 때문에 청군 4천 명이 파병되어 대원군을 잡아가게 되었다고 설명하였다.[101] 그러나 당시 어윤중은 1882년 4월 조미수호통상조약 체결 뒤 사후 논의를 하고자 이미 톈진에 파견되어 있었다. 그리고 6월 임오군란이 터졌을 때 청은 종주국으로서의 정변 주모자 징벌의 의무가 있음을 주장하며 고종의 의사를 무시하고 일방적으로 파병한 것이었다. 또한 기쿠치는 중전이 심상훈에게 업혀 피난 갔다고 하였으나,[102] 사실은 시어머니인 부대부인 민씨의 사인교를 타고 궁궐을 빠져나갔으며, 민태호는 임오군란 당시 살해된 것이 아니고, 1884년 갑신정변 당일 살해되었다.[103]

　　기쿠치는 임오군란 때 청의 보정부保定府에 연금되었던 대원군의 환국도 왕비와의 대립하는 관계의 일환에서 설명하였다. 즉 왕비가 러시아를 끌어들이자 이홍장이 이를 견제하기 위해 보정부에 연금되었던 대원군을 환국시켰다는 것이다.[104] 그러나 실은 임오군란으로 빚어진 불리한 외교적 형세를 만회하려는 고종이 진주사進奏使 민종묵을 청에게 보내 대원군의 환국을 요구하였던 것이다. 기쿠치는 대원군과 명성황후의 갈등 구조에만 초점을 맞춰 군주 고종의 존재를 완전히

---

100) 앞의 책, 315~321쪽.
101) 앞의 책, 112~113쪽.
102) 앞의 책, 315~321쪽.
103) 앞의 책, 104쪽;《日省錄》, 고종 21년(1884), 10월 17일;《備邊司謄錄》, 동일자.
104)《대원군전》, 143~145쪽.

신식 군대의 모습

실종시켰다.[105)]

지금까지가 《대원군전》에 나타난 역사적 사실의 오류 부분이다. 그 유형을 보면 단순히 역사적 사실의 오류인 경우도 있고, 나머지의 사례는 한국 근대사를 대원군과 명성황후 양자의 대결 구도로 규정짓고[106)] 오로지 여기에 맞춰 서술을 하다 보니, 전혀 관련 없는 인물이나 상소문, 사건의 시간 착오 등의 오류를 저지른 경우이다.

2) 대원군과 명성황후에 대한 왜곡과 폄하 작업

기쿠치는 을미사변의 직접 가담자이다. 그의 명성황후에 대한 서술은 당연히 시해의 만행을 합리화하기 위한 변명과 그 근거로써 명성황후에 대한 부정적 평가로 일관되어 있다.

그에 따라 형상화된 명성황후의 모습은 시아버지와의 권력 쟁탈

---

105) 이태진, 앞의 글, 120~122쪽.
106) 《대원군전》, 78쪽.

전에서 유혈의 정쟁을 일삼고 끊
임없는 권력욕으로 한말의 정치를
쥐락펴락하면서, 내정에서는 사치
와 낭비, 민씨 척족의 부패와 타락,
무능함으로 일관했고, 외교에서는
청, 러시아, 미국 등의 외세에 부합
하여 사대외교를 추진한 결과, 끝
내 어느 나라로부터도 도움을 받지
못하고 몰락했다는 식으로 그려지
고 있다.

명성황후 영정 사진(여주 명성황후 생가)

더욱이 명성황후가 정치를 장악
한 것은 "일반적인 조선 부녀자들의 전형"이고, "고종이 궁인 이씨
에게 빠져 있는 사이 외로운 왕비는 《좌전左傳》을 애독하였는데, 이
를 바탕으로 후일 대원군과의 정쟁에서 기발하고, 민첩한 종횡책을
쓸 수 있었고, 고통을 참고, 세력을 집결, 인심을 교묘하게 이용할
수 있었으며, 피를 보는 것을 서슴지 않는 잔인한 성정性情을 타고
났다."고 하였다. 게다가 "황후가 천성적으로 권력을 좋아한 것은
일찍이 조실부모하여 친척집에 얹혀 자란 성장과정 탓으로, 그로
인해 황후 내면에 인심과 이해관계를 통찰하는 명민함을 지니게 되
었다."[107]고 마치 소설 속 등장인물의 심리를 묘사하듯이 자신의 주
관적 판단 아래 근거 없는 서술을 하고 있다. 또 명성황후를 러시아
의 예카테리나 대제에 비교하여 "참담한 사변의 연속이고, 냉혹한
성격과 권력에 대한 열정으로 왕비의 왕궁에서 유혈, 참극이 빈발

---

107) 《대원군전》, 79~81쪽, 147쪽, 238~239쪽, 297쪽.

했으며, 그녀는 여성 특유의 신경과 약점을 유감없이 발휘하여 병란의 신과 같은 일생을 보냈다.", "왕비가 청신하게 보이는 것은 혈관의 피가 적은 탓이며, 침묵을 고수하는 것은 항상 모략에 잠겨 있었기 때문이다.", "그녀의 심혈은 실로 야심, 허영, 권세욕으로 가득 차 있었다."[108]는 식의 실소를 금할 수 없는 저속한 인신공격적 표현과 주관적이고 독자의 감정을 자극하는 표현을 책의 전체에서 여러 번 반복하고 있다.

기쿠치의 명성황후에 대한 부정적 이미지 만들기는 이범진李範晋과 진령군眞靈君(또는 신령군神靈君)이라는 무당의 서술 부분에서 최고조에 달하고 있다. 그는 왕비가 점쟁이, 무녀, 승니 등을 궁중에 출입시키고, 왕자의 건강을 위해 전국 사찰과 산천에 기도를 올림으로써 빚어진 국고 낭비를 여러 차례 언급하였다.[109] 즉 척족만이 아니라 왕비 자신의 낭비벽이 심해 백성을 도탄에 빠트리는 학정의 주체가 된 것으로 묘사하며, 외교에서의 총명함에 견주어 내정의 치적은 모두 악덕부패로 꽉 찼다는 표현까지 썼다. 왕비의 이런 악정 때문에 임오군란과 동학농민운동이 일어났다는 것이다.

진령군은 임오군란 당시 황후가 충주로 피신했었을 때 황후의 무사 귀환을 점친 무녀이다. 황후는 군란이 끝나고 환궁 때 그녀를 동행했고, 이후 이 무녀가 왕실의 각종 행사에 관여했던 것은 사실이다. 그러나 기쿠치는 진령군 휘하의 세력으로 이범진과 이유인, 홍계훈洪啓勳, 고영근高永根, 윤태준尹泰駿 등을 지목했고, 청일전쟁이 일어나기까지 10년 동안 진령군이 경복궁을 지배해 온 나라에 가렴주

---

108) 앞의 책, 295~296쪽, 302쪽, 308쪽.

109) 菊池謙讓, 〈韓末に登場した女性〉, 和田八千穗, 藤原喜藏 共編, 《朝鮮の回顧》, 近澤書店, 1945, 304~319쪽; 《대원군전》, 103쪽.

구가 끊이지 않았다고 했다. 게다가 진령군과 명성황후를 "정신병에 걸린 이상한 조선 부인의 대표자"라고까지 했다.[110)

또한 기쿠치는 이범진과 황후를 치정 관계로 설정해서 황후를 부정한 여인으로 몰아갔다.[111)

> 이범진은 소리를 잘해 왕비의 총애를 입고, 침구寢具를 범하나 탓하는 사람이 없었고, 이유인은 무당으로서 왕궁을 출입하였으며, 진령군은 무녀의 우두머리로 궁정의 신과 같이 존중되었다. 모든 관직과 지위를 얻고자 하는 자들은 모두 이러한 잡인의 문을 출입하여 성공하였다. 민응식, 민영준, 민영익 등 외족은 맹호와 같이 양민의 피와 백성의 기름을 끊임없이 착취하였다. 일찍이 당화를 탕평하고 왕궁의 부패를 일소시킨 대원군의 공업은 모두 사라지고 이전에 보지 못했던 부패와 학정을 당하게 되었다. 그리고 마침내 이것을 개혁하지 않고, 10년의 세월을 보낼 수 있었던 것은 열강들이 옹호해준 덕분이니 왕비는 마침내 열강과의 교섭을 잘 이용하여 10년 동안 태평을 유지했다고 할 수 있다.[112)

이범진은 훈련대장 이경하의 아들로, 1879년 문과에 급제하였고 국왕 중심의 개화 정책의 적극적 지지자였다. 아관파천에 참여한 친러파 인사로 후일 헤이그 특사로 파견된 이위종李瑋鍾의 아버지이기도 하다. 또한 1897년 미국, 1900년 러시아(독일, 오스트리아, 프랑스 공사 겸임)에서 주재 공사를 차례로 역임한 외교 분야 전문가였다. 이범진은 국권이 피탈된 뒤 1911년 러시아의 페테르부르크에서 순

---

110) 《대원군전》, 314쪽, 331~335쪽.
111) 《근대조선이면사》, 317쪽; 《대원군전》, 154쪽.
112) 《대원군전》, 154쪽.

국·자결하였다. 일본인 입장에서 결코 바람직하지 않은 인물이었기에 기쿠치는 이런 인물을 불량한 잡인으로 소개하였다.

기쿠치는 을미사변의 정당성을 강조하고자 《대원군전》에서 대원군의 국내 개혁 정책에 관해서는 꽤 긍정적인 평가를 내리고 있다. 또한 이러한 대원군의 업적을 며느리 명성황후가 하루아침에 무너트리자 마침내 대원군이 며느리에게 복수를 했다는 것이다. 또한 기쿠치는 명성황후가 러시아 세력을 끌어들여 한국 정부가 급격하게 친러화되고 있으면서 일본 공사 미우라를 자극하여 사변이 터진 것처럼 설명하고 있다.

> 일본 공사는 왕비에 의하여 폐지되기 시작한 정치 개혁을 회복하려했다. 한국을 청으로부터 벗어나 자유 독립국이 되게 한 것은 실로 청일전쟁의 은혜인데 왕궁(명성황후—글쓴이 주)은 이러한 선린善隣(일본—글쓴이 주)의 호의와 은혜를 파기하니 그 책임을 묻기 위해 미우라 공사가 본국의 훈령 없이 대원군의 입궐을 비호했다. 미우라 공사는 본국의 명령이나 국제적인 형세보다 한일 관계의 도덕적 권위가 더 중요하다고 판단하고, 당연히 왕비와 같은 파괴자를 주멸할 권리가 있다고 믿었다. 그는 자국(일본—글쓴이 주)의 국제적 관계를 고려하지 않았다.[113]

기쿠치는 황후를 한일 관계의 파괴자로 규정하고, 일본이 청일전쟁을 치르면서까지 한국을 독립시켜 주었는데도 황후가 일본의 은혜를 망각하니 그 책임을 묻고자 대원군을 도왔을 뿐이라고 주장하고 있다. 또 "예전 임오군란 때 난민들이 어차피 중전을 죽이려고

---

113) 《대원군전》, 202쪽; 《근대조선이면사》, 332쪽.

했었는데, 그녀를 살해한 것이 뭐가 그리 죄가 되냐"는 식의 논리
까지 폈고, "한국 역사에서 정쟁 중 국왕 또는 그 가족이 살해당하
는 것이 적지 않았으니, 이번 사건이 대원군과의 정권 투쟁에서 터
진 것으로 조금도 이상할 것이 없"음을 강변하였다.[114]

이렇게 기쿠치가 한국 근대사의 전개 과정에서 대원군과 명성황
후의 정쟁에만 초점을 맞춘 끝에, 군주 고종은 '암약한 인물'로 전
락하게 되었다. 대원군의 실각과 고종의 친정도 모두 국왕의 친정
의지와는 상관없이 왕비의 능수능란한 수단으로 가능했고, 이후 국
정도 왕비가 농단하면서 마침내 무능한 군주는 국정을 그르친 왕
비와 함께 망국의 책임을 떠안을 수밖에 없었다는 식의 결론이 나
온다. 그는 명성황후 생전의 고종을 "왕궁의 나무 인형처럼 침묵한
채 어떤 일에도 관여하지 않았다."고 표현하기까지 했다.[115]

기쿠치는 명성황후가 살해된 뒤 고종에 대한 평가 부분에서 광무
개혁을 두고, 고종은 외교에 능한 듯 보이나 실상은 열강의 이권 요
구에 대한 본질을 간파하지 못하여 결국 대한제국의 국민은 차츰
시체와 같이 되었다고까지 비판했다. 더군다나 고종을 전제군주제
개혁을 하여 전권을 휘두르고 진보적 개혁세력을 탄압하다가 축출
된 19세기 터키의 황제 아미드Abd al-Hamid 2세에 견주기[116]까지 하
며 깎아내렸다.[117]

---

114) 《대원군전》, 193~200쪽, 202쪽, 205~207쪽, 211~212쪽; 《근대조선이면사》,
    332쪽.
115) 《대원군전》, 314쪽.
116) 앞의 책, 287~294쪽.
117) 이태진 교수는 기쿠치가 《근대조선사》 상·하권에서 그 시대의 일본인 저자들과는
    상당히 다른 고종과 고종시대사 인식을 보여주었다고 평가했다. 더욱이 하권 마지
    막 절을 〈한말의 문화〉라고 하여 광무 연간의 황제정이 근대화의 씨앗을 뿌린 것도
    인정하였다고 하였다(《고종시대의 재조명》, 123~132쪽). 다만 기쿠치는 광무개
    혁의 내용을 소개하였을 뿐 그것의 결과와 효과에 대하여 긍정적 평가를 내린 것은

3) 동학농민운동과 청일전쟁 및 갑오개혁에 대한 왜곡

기쿠치의 《대원군전》에 수록된 〈일청전쟁과 대원군〉은 일본인이
저술한 동학농민운동에 관한 글로는 효시에 속한다.[118]

기쿠치는 "동학의 변란은 정적의 선동에 의해 발생된 것이다."고
보고, "청군의 개입은 불법이다."[119]고 하여 일본의 개입에는 정당
성을 확보하고 합리화하려 하였다. 또 9월의 2차 봉기를 기술하지
않고, 1차 봉기만을 기술하면서 동학 중심으로 이루어진 반란으로
규정, 이는 대원군과 명성황후의 암투에서 빚어졌다고 기술하였다.
따라서 그의 관점은 농민운동의 반봉건·반침략의 요소가 철저하게
배제되어 있는 것이다.

기쿠치의 동학농민운동 및 갑오개혁, 청일전쟁에 대한 서술은 대
체로 다음의 주장을 골자로 하였다.

첫째, 동학농민운동은 대원군과 위안스카이의 사주를 받아 선동
된 '폭동'으로, 대원군과 명성황후의 권력 쟁탈전과 위안스카이의
한국 지배 전략에 농민군이 이용당했다는 것이다.[120] 즉 동학농민
운동을 단순히 그들의 권력에 놀아난 민란 수준으로 평가절하해 버

결코 아니며 오히려 기쿠치는 광무개혁에서 추진된 여러 근대적 시설과 개혁이 효
과를 보지 못하고 사멸했다고 결론 내리고 있다(《근대조선사》하권, 131쪽). 더군
다나 기쿠치는 《대원군전》에서 이미 고종을 터키의 전제 군주에 견주며, 실패한 국
왕임을 분명히 하였다. 따라서 기쿠치가 명성황후에 대한 폄하와 왜곡만큼 고종을
혹독하게 깎아내린 것은 아니나, 결코 고종을 긍정적으로 평가하지 않았다.

118) 일본인들에 의하여 동학농민운동에 관한 역사 서술이 시도된 것은 하야시 다이스
케의 〈근세사 朝鮮記下-歐美及淸日關係〉(《조선사》, 1892)에서부터 시작되었다.
그리고 기쿠치의 〈역사부—동방2제국東方二帝國〉(《조선왕국》, 1896)과 시노부의
〈제2장 경성—동학당〉(《한반도》, 1901) 등으로 이어졌으며, 본격적 서술이 이루어
진 것은 1930년대였다. 하야시의 경우 1892년 저작이므로 본격적인 동학농민운동
을 서술한 것은 아니다.

119) 《대원군전》, 166쪽.

120) 앞의 책, 158~163쪽.

린 것이다. 동학농민운동을 '폭동'이라고 규정한 것은 현대 일본의
역사 교과서에서도 마찬가지이다.[121] 그래야만 '동학군을 정벌하기
위해 일본 군대가 파병된 것'이라는 논리가 성립되고 일본군이 동
학농민군에게 저지른 만행 또한 정당화될 수 있기 때문이다.

둘째, 동학농민운동이 청일전쟁의 원인을 제공했고, 나아가 일본
에 의한 한국 병합의 단서가 되었다고 하였다.[122] 또한 청이 동학농
민운동을 기회로 한국을 속국으로 만들고자 했기 때문에 일본이 이
웃을 위하여 '의전義戰'을 감행한 것이었다는 것이다.[123] 청일전쟁을
일본이 희생을 무릅쓰고 감행한 의전이라는 논리는 현재 일본 교과
서에서도 이어지고 있다. 일본 우익의 기본적인 역사관으로, 청일
전쟁이 이후 1945년 2차 세계대전이 끝날 때까지 일본이 제국주의
침략 전쟁의 시발점이었다는 역사적 사실 자체를 전면 부인하는 왜
곡된 인식을 볼 수 있다.

셋째, 동학농민운동은 단지 청일전쟁의 단서였기 때문에 동학농
민운동의 반봉건적 성격을 파악할 수 있는 전주화약 부분은 매우
소략하게 다루었다. 기쿠치는 '전주화약'을 맺었던 이유를 "경기전
慶基殿과 조경묘肇慶廟의 파괴, 그리고 청일전쟁의 촉진에 대한 동학
군의 염려 때문"이었다고 하여 농민운동의 반봉건적 성격을 희석하
고, 폐정개혁안과 집강소 부분은 전혀 설명하지 않았다.[124]

한편 기쿠치는 농민군이 "일본은 쫓아내고 대원군을 추대하여 민
씨 정부를 타도해야 한다."고 한 것을 기술하여 동학농민군이 '2차

---

121) 藤岡信勝, 『新しい歴史教科書:中學社會』(市販本), 自由社, 2011, 182쪽.
122) 《근대조선이면사》, 216쪽.
123) 《대원군전》, 175~176쪽.
124) 《근대조선이면사》, 216~230쪽; 《근대조선사》 하, 195~248쪽 참조.

농민운동'을 일으킨 목적이 반일본·반민씨 정권에 있었음을 분명히 서술하였다.[125] 그러면서 이 반일본적 부분에 대한 해명을 위하여 죽음을 앞둔 전봉준이 마지막으로 일본의 고상한 뜻을 알고, 일본의 충성과 용감무쌍함에 감탄하고, 그동안의 자신의 행적을 뉘우치면서 일본에 대하여 칭찬을 아끼지 않았다는 얼토당토않은 사실무근의 역사왜곡으로 동학의 반외세적 성격까지 희석해 버리려 했다.[126]

기쿠치는 역사학 전공자가 아니다. 그러나 1893년부터 한국 근대사의 현장에서 직접 주요 사건을 경험하고, 대원군을 비롯한 한국 정계의 대신 및 주요 인물들과 직접 교류한 언론인으로서, 저술한 역사서의 내용이나 분량 면에서 관학 계열의 역사학자 못지않은 한국 근대사 저술을 남겼다.

그는 통감부의 권유와 지원에 따라 한국사 저술 작업에 착수했고, 저술서의 기본 체제와 의도는 일제의 한국 식민지화를 정당화 또는 합리화하기 위한 한국사의 왜곡에 있었다. 어쩌면 관측 역사학자들이 직접 전면에 나서 '사료의 실증과 역사 서술에 대한 책임'이라는 문제를 감당하기보다는, 재야 사학자들이야말로 각주도 없고, 따라서 서술에 대한 사료 검증 작업이 의도적으로 생략되고, 또한 왜곡된 서술에 대한 책임도 회피하면서 자의적 역사 해석과 뒤틀린 인물 왜곡을 자행할 수 있었다고 본다. 또 기쿠치와 같은 대중매체를 다루는 언론인들은 좀 더 쉽고 통속적이며 극적으로 일반인들의 관심의 대상이자 알 수 없는 경외의 대상인 왕실의 이야기를 풀어내면서, 일반 대중에게 미치는 파급 효과를 극대화할 수 있었던 것이다.

---

125) 《근대조선이면사》, 218~221쪽.
126) 《근대조선사》 하, 248쪽.

　따라서 이러한 역사적 사실의 오류와 왜곡으로 점철된 삼류 소설 같은 그들의 한국 근대사는, 이후 관학자들이 본격적으로 한국사 왜곡 작업에 착수하기 이전의 물밑 작업이었다고도 볼 수 있다. 기쿠치의 이 극적인 역사 왜곡은 실제로 일제의 식민통치를 필연적인 것으로 정당화하고, 일본의 침략을 한국 자멸론으로 자연스럽게 포장하는 데 매우 성공적이었다. 오늘날까지도 많은 한국인들에게 왜곡되고 일그러진 무능한 통치자 대원군, 고종, 명성황후의 이미지가 강하게 남아 있어, 그 역사적 평가가 아직 온전히 정립되지 못한 것에서 그 폐해의 심각성이 여실히 드러난다.

5. 기타 저술에 나타난 부정적 한국 인식

1) 기타 저술에 나타난 식민사관과 부정적 한국관

(1) 《조선독본朝鮮讀本》 갑편甲編의 식민사관

　《조선독본》 갑편은 1925년 조선독본간행회에서 나온 저술로 기쿠치의 단독 저서는 아니다. 기쿠치 엮음으로 되어 있지만, 그가 감수하여 편찬한 것으로, 논조를 보면 기쿠치의 기타 저술에서 나타나는 식민사관의 원류, 즉 기자조선론,[127] 임나일본부설,[128] 동문동종同文同種의 일가一家[129] 등의 내용을 담고 있고, 내용 구성으로 볼 때 역사

---

127) 菊池謙讓, 《조선독본》 갑편, 조선독본간행회, 1925, 1~2쪽.

128) 앞의 책, 13~16쪽.

129) 앞의 책, 11~13쪽.

서라기보다는 지리서의 성격을 갖는 간단한 한국 소개 서적이다.[130]

기쿠치는 이 책의 처음 '1. 조선의 명칭' 부분에서 '조선'의 의미는 기자의 조선임을 강조하면서 "중국이 중화라고 일컫는 것에 대하여 조선은 소화小華라고 비하하였고, 또한 조선의 의미는 중국에서 볼 때 조선이 동쪽에 있기 때문에 아침 해가 떠오르는 의미이다."라고 설명하였다. 또한 3천 년 전 은나라 공자 기자를 조선의 왕으로 봉했다고 설명하였다.[131] 한마디로 한국이 이미 3천 년 전부터 중국의 속국이었다는 것을 강조하는 전형적인 타율사관이다.

더 나아가 그는 삼국의 시조가 모두 일본인이었다는 황당한 역사 왜곡까지도 근거 없이 주장하고 있다.[132] 이 주장에 따르면 단군, 김수로, 박혁거세, 석탈해까지 모두가 일본인이 된다. 그는 이러한 주장 끝에 섬나라 일본과 반도국 주민이 서로 상호 귀화하고, 그 자손이 번영한 자도 적지 않으니, 오늘날 동문동종同文同種의 민족임이 상고사에서 명료하다고 했다.[133] 식민사관의 주요 논리 가운데 하나인 '일선동조론'에서 '일본과 조선이 본래는 그 뿌리가 같았으니 20세기 초 다시 하나의 나라로 합쳐지는 것은 당연한 역사의 귀결'이라는 주장과 기쿠치의 '동문동종론'이 일치함을 확인할 수 있다.

《조선독본》 갑편은 그 서술이 매우 쉽고 간명하며 대중적이어서

---

130) 《조선독본》 갑편의 내용 구성은 다음과 같다.
　　1. 조선의 명칭; 2. 만몽滿蒙으로의 교두보인 조선; 3. 동문동종의 一家; 4. 5개의 조선; 5. 남쪽의 조선과 동쪽의 조선; 6. 중앙의 조선; 7. 북쪽의 조 선과 서쪽의 조선; 8. 국경과 대삼림; 9. 조선의 산과 강; 10. 옛날의 도읍과 지금의 町; 11. 조선은 아세아의 수산국; 12. 조선의 소; 13. 조선의 쌀; 14. 삼한사온三寒四溫과 온돌溫突; 15. 조선인의 가정생활; 16. 강인綱引과 궁력의 경기競技; 17. 일청, 일러전쟁과 조선.

131) 菊池謙讓, 《조선독본》 갑편, 1~2쪽.

132) 앞의 책, 15쪽.

133) 앞의 책, 11~13쪽.

어려운 전문 서적에 견주었을 때, 그 여파는 더욱 컸을 것이다. 따라서 기쿠치의 한국에 대한 비하적 인식과 역사 폄하, 전문 지식을 지니지 못한 흥미 위주의 한국사 및 지리, 풍습, 그리고 문물의 왜곡은 그 부정적 영향이 매우 컸다.

(2) 《조선제국기朝鮮諸國記》

기쿠치는 1924년 9월 하순부터 약 4개월 동안 한반도 전역을 순회하며 각 도의 풍광, 인물, 명승고적, 당시 일본인 자본가와 회사, 산업 시설, 농장 등에 대한 상세한 답사를 하였다. 그 기행문이 《조선제국기》이다.

그는 북쪽 지방에서 간도와 압록강변의 경우 삼림 자원과 만주 문제에 대하여 일제의 대륙 경략을 논하고 있고, 더욱이 황해도에서는 시부사와 에이이치澁澤榮一 재벌 계열 조선흥업주식회사朝鮮興業株式會社 황주黃州농장과 미쓰비시三菱 재벌의 겸이포兼二浦 제철소,[134] 조선질소비료공장朝鮮窒素肥料工場 등을 다루었다. 남쪽 지방에서는 청일전쟁 이후 일찌감치 한국에 건너와 불법적으로 대농장을 확보, 식민지 소작제 농업 경영을 하고 있는 동산농사주식회사東山農事株式會社, 호소가와細川의 대장촌大場村, 불이흥업不二興業주식회사 등 대표적 일본인 지주들과 그들의 농장, 요교호腰橋湖와 대아리호大雅利湖 수리조합 등을 소개하고 있다.[135] 더욱이 기쿠치는 그가 경영하는 대륙통신사 이리裡里 출장소에서 10일 남짓 머물면서 전라도 일대의 일본인 농장을 직접 유람했다. 해당 농장 지배인들과 면담을 통해 기록한 자료이므로, 1920년대 당시 이 일대 일본인 농장의 상황

---

134) 《조선제국기》, 77~86쪽.

135) 앞의 책, 136~141쪽, 143~149쪽, 251~272쪽, 344~350쪽.

을 살펴 볼 수 있다.

기쿠치는 이 책을 통해서 낙후되고 후진성을 면치 못하던 한국을 일본인들이 사명감을 가지고 개발·선도하여 그야말로 풍요로운 농촌과 근대적 공업도시를 만들어 낸 것에 감탄하고, 나아가 일본인 지주들의 선진 농업기술 보급과 자애로운 소작제 경영으로 한국인들은 기존의 봉건 왕조 체제 아래의 구습과 착취, 그리고 가렴주구로부터 벗어날 수 있었다고 주장하고 있다.

그는 전라도의 농업 문제에 큰 관심을 보였는데, 당시 일본의 식량 조절의 안전선은 약 300만~500만 석으로 군산항이 1923년 당시 130만 석을 수출하였으니, 그 4분의 1을 군산이 충당하고 있다고 했다. 또 그는 군산에서 앞으로 머지않아 200만 석을 감당할 수 있을 것이라고 전망하고, 군산이 일본의 식량정책에서 매우 중요한 식량 조절지임을 강조하였다. 기쿠치는 더 나아가 식민지 농업 정책의 구체적 방향까지 내놓고 있다. 즉 그는 이 군산에 미곡의 취급 거래소를 설치하고, 그 수출을 위한 항만개량사업은 국가의 의무이며, 가능하다면 국가가 특설 시장을 설치하고 거래소를 국영으로 하여 미가를 안정적으로 조절하다면, 더욱더 효과적인 쌀의 수출이 가능할 것이라고 매우 구체적으로 사업의 윤곽을 제안하였다.[136]

그는 또한 자신이 만약 산업 정치에 뜻을 갖는다면 이리에 농산가공의 대공장과 국가 직영의 대비료 공장, 그리고 농기구 공장까지 설치하고, 군산을 일본의 대도시처럼 키워 내, 정백미를 이리에서 정미하여 대창고에 보관하며, 쌀의 항구 군산과 서로 호응하여 일본 식량의 조달지로 대농촌마을을 세우고 싶다고까지 주장하면

---

136) 앞의 책, 119쪽.

서 적극적인 이리의 개발을 역설力說하였다.[137]

(3) 〈각종各種의 조선평론朝鮮評論(시론時論)〉에 나타난 한국 비하

기쿠치는 호소이가 편찬한 《선만총서鮮滿叢書》제1권(자유토구사自由討究社, 1922~1923)에서 〈각종의 조선평론〉이라는 글을 통해 자신의 고향 구마모토 히고肥後 지역과 한국을 비교하였다. 스스로 구마모토의 남쪽 한학자 동산童山 선생 가문에서 태어난 히고인肥後人임을 말하면서, 히고 지역은 예로부터 조선의 주자학을 받아들여 온 전통이 강함을 설명하려던 것이다. 그러면서 히고 지역이 가토 기요마사加藤淸正의 문화적 선정의 혜택을 받은 지역이고, 가토가 조선 성리학자를 데려와 융성을 본 지역으로 구마모토 국권당은 조선학의 노론파에 해당된다고까지 설명하였다.

이렇게 조선과 히고 지역의 문화적 연계성을 설명하는 듯하더니, 기쿠치는 히고 지역의 당쟁이 천하의 난물難物로 그 개조가 매우 어렵고 학벌 항쟁의 골이 매우 깊어서, 사실 히고 지역과 비슷한 식민지 한국도 개조하는 것이 불가능하다는 식의 논리를 펴고 있다. 그러면서 일본은 양명학의 감화를 받은 자유학파도 산출하였는데, 조선은 무사도의 순결한 교화도 없었고 양명학의 감화도 받지 못했기 때문에 학문이 음기화陰氣化하고, 개변이 불가능하게 되었다는 것이다. 따라서 당시 총독정치의 난국도 바로 이렇게 오랫동안 개조의 여지없이 지내 온 한국의 특성에 있다고 풀이하였다.[138] 또한 비록 일본이 예전 조선 성리학의 감화를 받았으나, 나름대로 국학國學을 창출하였

---

137) 앞의 책, 130~131쪽

138) 菊池謙讓, 〈各種の朝鮮評論(時論)〉, 細井肇 編, 《鮮滿叢書》第1卷, 自由討究社, 1922~1923, 3~6쪽.

고, 이와 달리 조선은 4백 년 동안 성리학을 고수하여 음기화한 나머
지, 끝내 붕당의 고질적 폐해를 고치지 못했음을 논하고 있다.

한편 기쿠치는 1920년대 문화 통치의 문제점을 지적하며 "굳이
그것을 반대하는 것은 아니지만 다만 그 실효성이 있겠는가?"라는
화두를 던지며, 문화 통치의 관건은 '돈'이며, 재력이 뒷받침이 되
지 않는 한, 힘든 통치 방식임을 주장하고 있다.[139]

〈각종의 조선평론〉은 한반도 각 지방의 지역민, 지리, 역사, 산
업 등을 소개한 지리서의 성격을 가지고 있다. 그런데 여기서 기쿠
치는 폭정과 악정의 역사가 사실 경상도인 때문에 4백 년 동안이나
지속되었다고 평가하였다. 또 고려 태조 왕건의 〈훈요 10조〉 가운
데 제8조를 "전라도인은 지역이 배주背走하는 지세로 반역의 기가
강하다."는 식의 자의적인 해석을 하여 배반의 무리들이 사는 지역
으로 설정하였다. 지역감정을 의도적으로 조작한 사례라고 할 수
있다. 그러면서 전라도가 지금 13개도 가운데 가장 행복한 상황으
로, 작위와 권세는 얻지 못했으나 산업이 융성하여 충만한 행복과
혜택을 받았다[140]고 하여 이 지역에 집중되어 있는 그들의 식민지
경제 수탈의 구조를 호도하고 있다.

2) 잡지 기고문에 나타난 한국 비하

기쿠치는 1908년 《조선朝鮮》의 실제 운영과 편집을 담당하는 주간
이었을 때 이 잡지에 비교적 많은 글을 기고했다. 그의 잡지 기고문은
대부분 병합 이전에 집중되어 있고, 거의 《조선》에 수록된 것이다.

---

139) 앞의 글, 1쪽.
140) 앞의 글, 6~15쪽.

이 잡지의 전편에 흐르는 한국에 대한 인식은 "한국 민족은 일본 민족보다 열등한 민족이며, 불결하고, 파렴치하고, 신경이 둔하고, 취미가 천박하며, 누적된 관습이 깊이 침투되어 있고, 계급관념이 확고부동하고, 태만, 방자하고, 지독하게 냉혹하여 동정심이 없고, 의심하는 마음이 깊어 음험하다."고 하며 한국인에 인간의 모든 부정적 습성을 적용하여 비난하고 있다. 또한 일본인은 '선진국민, 종주국민'으로서 '한국의 개발과 한인 계도의 임무'가 있음을 강조하고 있다. 한편 이 잡지는 통감정치에 대해서도 비판을 하고 있는데, 예를 들어 '한인본위주의'의 통감통치가 폭도(의병—글쓴이 주) 한국인에게 실효성이 없음을 주장하고 있다.[141] 기쿠치가 《조선》에 투고한 글 또한 이러한 논조를 그대로 보이고 있다.

<표 3> 기쿠치의 잡지 기고문 목록

연도	제목	게재지	비고
1908	한국의 남북에 있어서 拓植의 상태	《조선》 제1권 2호	12~14쪽
1908	제국의 보호정책은 금일 이상으로 變改하는 것이 필요한가?	《조선》 제1권 4호	26~27쪽
1908	폭도에 대한 母國의 관찰(시사평론)	《조선》 제1권 5호	4쪽
1908	一進會의 首領 宋秉畯	《조선》 제1권 5호	64~66쪽
1908	십오년간의 韓客搓記(中)	《조선》 제2권 1호	57~60쪽
1908	십오년간의 韓客搓記(下)	《조선》 제2권 2호	54~56쪽
1910	산업에 관한 조선인의 사상 및 그 변화	《滿韓之實業》 56.	19~22쪽
1916	朝鮮王의 中立外交와 國防同盟	《新朝鮮》 朝鮮硏究會	40~58쪽
1916	過去의 朝鮮과 現在의 支那	《新朝鮮》 朝鮮硏究會	252~258쪽
1941	甲申政變과 金玉均	《朝光》 제7권 제11호	1941

---

141) 《조선》 단국대학교 동양학연구소 해제.

(1) 통감부 통치 정책과 척식 사업에 대한 평론

기쿠치는 〈제국의 보호정책은 금일 이상으로 개변하는 것이 필요한가?〉라는 글을 통하여 1908년 당시 이토 통감의 통치 정책이 3년째로 접어들어서도 한국인의 불평이 확대되고, 한국의 황실과 귀족들이 제국의 보호 통치를 좋아하지 않으며, 폭도(의병—글쓴이 주)들이 크게 일어나고 있음을 성토하였다. 또 그는 한국인이 본래 적개심이 강하고, 반항적인 세력으로 청일전쟁과 러일전쟁에서 승리한 일본의 통치를 당하면서도 모질고 사나운 기질 때문에 통치하기 힘들다고 지적하였다. 또한 한국인들은 겉으로는 제국의 통치에 순응하는 듯하나 그 이면에서는 반항 정신이 투철하여 밀사 사건(헤이그 특사 사건—글쓴이 주)을 일으키고 유생들이 폭동을 일으키며, 궁정 외교로 외국의 동정을 구하고 있음을 지적하고, 즉각적인 강제 병합을 주장하고 있다.[142]

또한 그는 의병전쟁이 최고조에 달했던 1908년 당시의 상황에서 이를 강경 진압할 것을 역설하기도 했다. 〈폭도에 대한 모국의 관찰〉에서 한국 각지에서 일어나는 '폭도(의병—글쓴이 주)'는 전부 초적의 무리이고, 생활을 위한 강도, 약탈의 집단에 지나지 않는다고 주장했다. 또 한국인들은 벌써 제국의 보호를 기뻐하며 보호 정책에 따르고, 다만 일부만이 강도, 약탈을 계획해 무리를 지어 각지에 산재할 뿐이라고 주장했다. 따라서 이들의 토벌을 위하여 일본 제국이 다대한 병력을 사용함은 제국의 당연한 보호 권력이라고 하였고, 필요 병력은 다수의 헌병과 경찰대를 포함한 2개 사단 병력이라고까지 제시하고 있다. 기쿠치는 이렇게 무력에 의한 강

---

142) 菊池謙讓, 〈제국의 보호정책은 금일 이상으로 變改하는 것이 필요한가?〉, 《朝鮮》 제1권 4호, 1908년 6월, 26~27쪽.

경 진압과 함께 한국에서 일어나고 있는 이 사태로 말미암아 일본 정부와 일본 국민이 보호국에 대한 정확한 지식과 관찰을 할 것을 당부하였다.[143]

한편 기쿠치는 1906년부터 통감부 촉탁으로 한국 각지를 다니면서 시정施政에 필요한 각종의 정보를 수집하였다. 그는 반도 종단철도를 왕래하고, 철도 연선 주변에서 일본 국민의 이주 상황을 직접 목격하고 난 뒤, 그 척식의 상태가 경성을 기준으로 했을 때 한국 남부와 북부의 뚜렷한 차이를 보고, 한국 이민에 관하여 조사 활동을 하였다. 그리고 그 대략의 결과를 정리한 것이 〈한국의 남북에 있어서 척식拓植의 상태〉이다.

기쿠치는 처음에 경성을 출발하여 개성開城, 신막新幕, 평양平壤, 안주安州, 정주定州를 경유하여 신의주에 갔고 수일 동안 압록강 하류 연안의 신일본 부락을 왕래했는데, 압록강 연안에 일본인 이식移植이 급격하게 증가하는 것을 보고 무척 놀랐다. 러일전쟁 전에는 안동현安東縣에 일본인은 한 명의 약상藥商과 십수 명의 벌목 관계자, 그리고 시찰자가 의주성義州城 안에 상거하는 것 외에 거의 거류하지 않았는데, 전쟁 뒤 1년여 만에 약 1만 5천의 일본 국민이 압록강 연안에 번식하는 큰 변화에 놀라워했다.

또한 개성과 평양, 진남포 등의 지역에 무역이 증진하고, 일본인 거류자가 5천 명 이상으로 늘어난 것에 대하여, 이는 러일전쟁 당시 속성으로 완성된 종단철도에 그 이유가 있다고 지적하였다. 또한 북부 지역은 식민 발전이 일본의 세력 확장에 따라 급조된 것으로, 일본인 이주자들은 다만 일시적 거주를 목표로 하였을 뿐이라

---

143) 長風生, 〈暴徒に對する母國の觀察(時事評論)〉, 《조선》 제1권 5호, 1908년 7월, 4쪽.

고 하였다.

한편 기쿠치는 경부선을 타고 수원, 조치원, 대전, 김천金泉, 대구, 밀양, 삼랑진을 거치며 남부 지역의 식민 부락 형성 상태를 조사하였는데, 일본인 이주자들은 한국에서 영구히 거주하고자 인내와 용기로 개척하고 집단화하였음을 눈여겨보았다. 그리고 이러한 일본인 취락의 형성을 경의선 지역의 특산特産, 식민지植民地와 견주어 차별성이 있음을 높이 평가했다.

기쿠치가 제시한 이상적인 이민의 형태는 단기적 이윤의 확보를 위하여 국가권력의 진출 뒤에 따르는 기생적 이민이 아니라, 선도적으로 한국에서 뿌리를 내리고 앞으로 일제의 한국 식민통치를 장기적이고 영구히 뒷받침할 수 있는 농업 이민이었다.[144]

(2) 한국인의 민족성에 대한 폄하

기쿠치는 한국인이 천성적으로 경제관념이 전혀 없고, 낭비가 심하며, 부富와 권력을 동일시하여 권력 획득으로 부를 얻는 것을 당연시 한다고 폄하했다. 또한 한국인은 의복에 매우 신경을 써서 쓸데없는 곳에 큰돈을 다 써 버리고, 겉모습만을 신경 쓰는 한심한 사람들이라고 비난했다. 그리고 양반이 정권을 획득하여 부를 축적하는 것에 대하여 자연적 특권으로 당연시하고, 그로 말미암아 가렴주구가 당연한 것으로 받아들여졌다고 하였다.

또 한국인들은 예부터 상업은 개인의 영화를 독점하고, 사회로부터 이익을 얻어 내는 것으로 죄악시하는 사고 때문에 오늘날 한국인들이 생활난에 시달리고 가난하다고 하였다. 따라서 일본이 한국

---

144) 菊池謙讓,〈한국의 남북에 있어서 拓植의 상태〉,《朝鮮》제1권 2호, 1908년 8월 1일, 12~14쪽.

을 통치하면서 한국인들의 경제관념을 변혁하고 개량하여 농상공업의 개발에 종사토록 하고, 생산 산업을 존중하도록 개조하지 않으면 한국인들의 경제를 개발시킬 수 없다고 하면서, 만약 개조가 안 된다면 끝내 일본 제국이 부담을 떠안게 되니, 반드시 구제의 방법을 강구해야 한다고 주장하였다.[145] 기쿠치의 이러한 한국 민족성 폄하와 망국 필연론은 일본의 한국 강제 병합을 합리화하고, 더 나아가 식민지 지배 덕분에 비로소 한국과 한국인이 근대 문명의 세례를 받게 되었다는 식민지 시혜론인 것이다.

6. 맺음말

이 연구는 기쿠치 겐조의 한국 활동, 더욱이 한국사 왜곡 부분에 중점을 두고 살펴봄으로써, 한국 안의 일본 지식인들의 문화적 식민 활동의 폐해가 일제의 정치·군사적 폐해의 여파 못지않게 식민지 한국인들의 의식을 오랫동안 세뇌시켰고, 또한 왜곡된 한국사 때문에 우리 역사에 대한 올바른 역사관을 정립하지 못한 채 그것을 바로잡고 회복하기까지 지난한 노력과 기간이 걸렸음을 규명해 보고자 하였다.

기쿠치는 단순히 언론 업무에만 종사한 것이 아니라, 광범위하게 한국에 대한 각종의 정보를 수집함과 동시에 일본 정부의 밀명을 수행하는 정보원으로서의 구실도 수행하였다. 고쿠민신문사의 통신원으로 1894년부터 한국에 주재하였던 그는 1895년 을미사변에

---

145) 菊池謙讓, 〈산업에 관한 조선인의 사상 및 그 변화〉, 《滿韓之實業》 56, 1910년 8월, 19~22쪽.

가담하였다가 감옥에 수감되었는데 거기서 《조선왕국》을 저술하였다. 이 책은 한국의 지리와 사회, 최근세사를 현지의 실제적인 답사를 통하여 저술한, 그야말로 당시의 현대사였다. 이는 청일전쟁 이후 일본의 한국 침략이 본격화하면서 한국 역사에 대한 전문 연구의 필요성이 강조되는 가운데, 기존의 일본 학자들이 주로 한국의 고대사와 전근대사에 치중하여 연구를 진행한 것과 달리, 그 시대의 한국 역사와 정치권에 대해 정확히 이해하기 위한 일본 제국주의의 정치·군사적 필요성에서 나왔다.

그는 이후 1898년 《한성신보》의 주필, 1900년에는 사장에 취임하여 1903년까지 경영을 책임졌다. 또한 1904년에는 《대동신보》를 창간하였으며, 1909년에는 조선통신사를 창립하여 샤쿠오 슌조와 함께 월간 잡지 《조선급만주》를 창간하였다. 이 잡지는 잘 알려진 바와 같이 일본이 군국주의 침략의 범위를 한국에서 만주와 대륙으로까지 확대하면서 필요한 정보를 수집하고자 만들어진 대표적 어용 잡지이다. 기쿠치는 1922년 대륙통신사라는 출판·언론사의 사장에 취임하여 한국 안의 일본인 언론의 중추적 구실을 수행한 대표적 인물이었다.

한편 그는 언론 활동 말고도 한국 안의 일본 정부와 중요 재계 인사들의 침략 활동을 적극적으로 후원하였는데, 1901년에는 한일국방동맹 교섭사무를 맡아 수행하였고, 한국 병합 이후로는 조선총독부의 각종 사업에 적극 협력한 공로로 일본 정부로부터 상을 받았다. 또한 1920년부터는 그동안의 한국에 대한 전문적 조사 활동의 업적과 역량을 인정받아 식민지 조선에 대한 조사 위촉을 받기도 하였다. 1928년에는 일본 내각으로부터 대례기념장까지 받았고, 1930년에는 이왕직으로부터 실록편찬자료 모집위원으로 위촉

되어 사업이 종료되는 1935년까지 활동하기도 하였다. 또한 1905
년에는 엄비嚴妃의 부탁으로 숙명淑明여학교 창립까지 관계하였다.
그는 대표적인 '조선통'답게 《조선왕국》, 《조선제국기》, 《조선잡기》
1·2권, 《근대조선사》 상·하권, 《근대조선이면사》, 《조선독본》 갑
편, 《대원군전》, 《금강산기金剛山記》, 《통속조선문고通俗朝鮮文庫》 등을
저술하였다. 그리고 이 저술들은 한말부터 식민지기까지 부정적인
한국관과 한국역사 왜곡, 그에 따른 식민통치의 합리화라는 문화적
식민 활동을 충실히 수행한 것이었다.

더욱이 기쿠치는 그 시대 한국 정치의 핵심 인물인 대원군과 명
성황후, 고종을 집중적으로 다룬 방대한 분량의 역사서를 저술했는
데, 그 저술의 의도와 목적은 을미사변에서 청일전쟁, 러일전쟁, 그
리고 한국 병합으로 이어지는 일본의 한국 침략과 식민지화의 합리
화에 있었다. 따라서 그가 형상화한 한국의 근대는 대원군과 명성
황후 양자의 피비린내 나는 정쟁과 암투로 얼룩지고, 끝끝내 망국
으로 치닫게 되는 부정적 이미지로 고착되었다. 그리고 그 폐해의
심각성은 현재까지도 바로잡히지 않고 있다.

기쿠치의 한국사 연구는 그가 직접 역사의 현장을 체험한 산 증
인이었고, 또한 그 시대 사람들과 직접 교류해 동시대 어떤 관학 계
열의 역사학자보다도 생생하고 풍부한 사실 그 자체에 바탕을 두
었다는 점에서, 그 교묘한 역사 해석과 미묘한 왜곡의 여파는 회복
이 매우 힘들다고 볼 수 있다. 곧 기쿠치의 한국 근대사의 해독성은
그 역사 서술의 개연성에 있기 때문에, 우리가 어떻게 그 개연성의
진위 여부를 가려내고 비틀어진 한말의 역사와 인물에 대한 부정적
이미지를 바로잡느냐에 한국 근대사에 대한 올바른 위상 정립의 길
이 있다고 할 수 있다.

또한 기쿠치는 한국에 대한 일본 제국주의의 식민지화 사업과 식민지 경영을 위한 기초적 자료의 수집 활동과 보고, 한국에서의 일본 언론사의 운영과 한국 지배층과의 밀접한 교류, 총독부 사업의 후원 등 한국에 대한 일본의 식민지 경영에 핵심적 임무를 수행하였음을 알 수 있다.

따라서 기쿠치의 저서와 잡지에 기고된 글로 그의 한국에 대한 인식을 검토하는 작업은 한말·일제 강점기 한국에서 활동하고 있었던 일본 지식인들의 한국관을 가장 잘 보여줄 수 있다. 또한 그것이 전근대사회 일본인들의 대한인식對韓認識의 바탕과 그 일관된 흐름, 그리고 일본 막말幕末에서 메이지시대를 거치며 형성된 정한론과 메이지시대의 한국 침략—병탄—지배로 이어지는 일련의 제국주의 침략 과정의 사상적 근간, 그리고 정치적 침략 이데올로기를 만들어 냈다고 설명할 수 있다.

참고문헌

—사료—

김용구 편, 《한일외교미간극비사료총서》 2, 4: 일본외무성기록, 서울, 아세아
　　　문화사, 1995

동학농민전쟁100주년기념사업추진위원회 편, 《동학농민운동전쟁연구자료
　　　집》, 여강출판사, 1991.

와다 야치오, 후지하라 기조, 《朝鮮の回顧》, 경성, 近澤書店, 1945.

菊池謙讓, 《近代朝鮮史》上, 鷄鳴社, 1937.

_____, 《近代朝鮮史》下, 鷄鳴社, 1939.

_____, 《近代朝鮮裏面史－ 一名 近代朝鮮の橫顔》, 京城, 朝鮮硏究會本部,
　　　1936.

_____, 《大院君傳附王妃の一生: 朝鮮最近外交史》, 日韓書房, 1910.

_____, 《朝鮮雜記》第1·2卷, 鷄鳴社, 1931.

_____, 《朝鮮諸國記》, 大陸通信社, 1925.

_____, 〈各種の朝鮮評論〉 細井肇 編, 《鮮滿叢書》1, 自由討究社, 1922.

_____, 〈朝鮮人と兵役〉, 《武裝の朝鮮經濟》, 東京, 實業時代社, 1937.

_____, 《朝鮮讀本》甲編, 朝鮮讀本刊行會, 1925.

_____, 《朝鮮王國》, 民友社, 1896.

_____, 《李太公及閔后合傳》, 1910.

_____, 《金剛山記》, 鷄鳴社, 1931.

_____, 《通俗朝鮮文庫》第12輯, 東京, 自由討究社, 1922.

_____, 〈思ひ出多き李太王殿下の御生涯〉, 《朝鮮及滿洲》 140, 1919.

_____, 〈金玉均流謫秘話: 小笠原嶋竝に北海道謫居記〉, 《조광》 7권 11호, 1941.11.

_____, 〈甲申政變과 金玉均〉, 《朝光》 7권 11호, 1941.11.

_____, 〈三朝史話〉, 《知友新稿》, 蘇峰先生古稀祝賀記念刊行會 編, 民友社, 1931, 451쪽.

芳賀登 外 編集, 《日本人物情報大系》, 東京, 晧星社, 2001.

細井肇, 《(現代) 漢城の風雲と名士》, 경성, 1910.

安達謙臟, 《安達謙臟自敍傳》, 新樹社, 1960.

和田八千穗, 藤原喜藏 共編, 《朝鮮の回顧》, 近澤書店, 1945.

《漢城新報》, 漢城新報社(마이크로폼), 漢城新報社, 연세대학교 음영교육센타, 1982.

韓國內政改革二關スル交涉雜件(自明治 27년 10월 至 明治 28년 6월).

―연구서―

가와무라 미나토 지음, 요시카와 나기 옮김, 《한양, 경성, 서울을 걷다》, 다인아트, 2004.

강동진, 《일본언론계와 조선》, 지식산업사, 1987.

강창일, 《근대일본의 조선침략과 대아시아주의》, 역사비평사, 2003.

김문자, 김승일 옮김, 《명성황후 시해와 일본인》, 태학사, 2011.

이민원, 《명성황후 시해와 아관파천》, 국학자료원, 2002.

이 연, 《日本統治下の朝鮮における言論統制》, 상지대학교 문학부, 신문학연구과신문학전공박사학위논문, 1991.

이태진, 《고종시대의 재조명》, 2000, 태학사.

정진석, 《한국언론사연구》, 서울, 일조각, 1983.

조항래, 《한말 일제의 한국침략사연구》, 아세아문화사, 2006.

채 백, 《한국 근대신문 형성과정에 있어서 일본의 역할에 관한 연구》, 서울대
　　　대학원 신문학과 박사학위 논문, 1990.

피터 듀우스 지음, 김용덕 옮김, 《일본 근대사》, 지식산업사, 1983.

한상일, 《일본제국주의의 한 연구: 대륙낭인과 대륙 팽창》, 까치글방4, 1980

＿＿＿, 《일본군국주의의 형성과정》, 한길사, 1982.

＿＿＿, 《일본지식인과 한국》, 서울, 도서출판 오름, 2000.

＿＿＿, 《일본의 국가주의》, 까치, 1988.

＿＿＿, 《아시아 연대와 일본제국주의》, 오름, 2002.

한영우, 《명성황후와 대한제국》, 효형출판, 2001.

혜문 엮음, 《조선을 죽이다》, 동국대학교출판부, 2009.

高崎宗司, 《植民地朝鮮の日本人》, 岩波書店, 2002.

藤岡信勝, 《新しい歴史教科書：中學社會》(市販本), 自由社, 2011,

W.F.Sands 지음·신복룡 옮김, 《조선의 마지막 날》, 집문당, 1999.

—연구 논문—

강창일, 〈일본의 右翼과 朝鮮支配〉, 《한민족독립운동사》 제5권, 국사편찬위원
　　　회, 1989.

＿＿＿, 〈三浦梧樓公使와 閔妃弑害事件〉, 《명성황후시해사건》, 민음사, 1992.

＿＿＿, 〈일본 대륙 낭인의 한반도 침략―일본 우익의 대아시아주의에 대한
　　　이해를 위하여〉, 《역사비평》 28, 1995년 봄호.

김영수, 〈을미사변을 둘러싼 기억과 의문〉, 《사림》 41, 수선사학회, 2012.

박용규, 〈구한말 일본의 침략적 언론 활동 : 《한성신보》(1895-1906)를 중심

으로〉,《한국언론학보》43-1호(가을호), 한국언론학회, 1998.

윤병희, 〈일본 망명시절 유길준의 쿠데타 음모사건〉,《한국근현대사연구》3,
          한국근현대사학회, 1995.

이배용, 〈개화기 명경화후 민비의 정치적 역할〉,《국사관논총》제66집, 국사
          편찬위원회, 1995.

이태진, 〈역사 소설 속의 명성황후 이미지〉,《한국사시민강좌》41, 일조각,
          2007.

이해창, 〈구한국시대의 일인경영신문〉《한국신문사연구 개정증보판》, 서울,
          성문각, 1983.

정진석, 〈명성황후 시해와 한성신보〉,《신문과 방송》325, 한국언론연구원,
          1998.

_____, 〈제2의 조선총독부 京城日報 연구〉,《관훈저널》제83호, 관훈클럽,
          2002.

_____, 〈개화기 언론 출판문화의 생성〉,《동양학》제34집, 단국대학교 동양
          학연구소, 2003.

조동걸, 〈식민사학의 성립과정과 근대사 서술〉,《역사교육논집》13·14합호,
          1990.

조항래, 〈日本 國粹主義團體의 一研究: 玄洋社를 중심으로〉,《일본의 침략정
          책사연구》, 역사학회 편, 일조각, 1984.

_____, 〈19세기~20세기 일본 大陸浪人의 韓國侵略行脚研究〉,《국사관논총》
          제79집, 국사편찬위원회, 1998.

채 백, 〈漢城新報의 창간과 운용에 관한 연구〉,《신문연구학보》27, 서울대학
          교 신문연구소, 1990.

최혜주, 〈일제 강점기 조선연구회의 활동과 조선인식〉,《한국민족운동사연구》
          42, 한국민족운동사학회, 2005.

_____, 〈한말 일제하 샤쿠오(釋尾旭邦)의 내한활동과 조선인식〉, 《한민족운동사연구》 45, 한국민족운동사학회, 2005.

_____, 〈일제 강점기 아오야기(靑柳岡太郎)의 조선연구와 '內鮮一家'論〉, 《한국민족운동사연구》 49, 한국민족운동사학회, 2006.

_____, 〈일본 東洋協會의 식민활동과 조선인식 ―《東洋時報》를 중심으로―〉, 《한국민족운동사연구》 51, 한국민족운동사학회, 2007.

하지연, 〈다보하시 기요시(田保橋潔)의 《근대일선관계의 연구》와 한국근대사 인식〉, 《숭실사학》 31집, 숭실사학회, 2013.

上村希美雄, 〈熊本國權黨の成立〉, 《近代日本と熊本》 17호, 1917.

永島廣紀, 〈日本의 근현대 일한관계사연구〉, 《한일역사공동연구보고서》 제4권, 한일역사공동연구위원회, 2005.

佐佐博雄, 〈熊本國權黨と朝鮮における新聞社業〉, 《人文學會紀要》 제9호, 國士館大學文學部, 1977. 1.

_____, 〈移民會社と地方政堂―熊本國權黨の植民事業を中心として〉, 《人文學會紀要》 제15호, 國士館大學文學部, 1983.10.

_____, 〈教育勅語成立期における在野思想の一考察―熊本紫溟會の教育, 宗教道德觀を中心として〉, 《人文學會紀要》 제20호, 國士館大學文學部, 1988.1.

_____, 〈熊本國權黨系の實業振興政策と對外活動―地方利益との關聯を中心として〉, 《人文學會紀要》 제24호, 國士館大學文學部, 1991.1.

_____, 〈日淸戰爭における 大陸'志士'集團の活動について―熊本國權黨系の動向を中心として〉, 《人文學會紀要》 제27호, 國士館大學文學部, 1994.10.

제2장

오다 쇼고 小田省吾(1871~1953)의
한국 근대사 연구와 식민사학

1. 머리말

일제 강점기 일본인 학자들로 말미암아 왜곡된 한국사 연구, 곧 '식민사학'의 극복과 청산은 해방 이후 한국 역사학계의 당면한 숙제로서, 지금까지 상당한 연구 성과들이 축적되어 왔다.[1] 식민사학이라는 개념은 이기백, 김용섭이 문제를 제기한 이후 홍이섭, 이만열 등이 비판·정리하면서 윤곽이 잡혔고,[2] 그 뒤에도 식민사학의 논리인 '일선동조론日鮮同祖論'·'정체성론停滯性論'·'당파성론黨派性論'·'타율성론他律性論'과 개별 일본인 학자들에 대한 연구도 진행되어 왔다.[3] 이러한 선행 연구 성과들은 대개 한국 전근대사前近代史

---

1) 대표적인 연구 성과들로는 조동걸, 〈植民史學의 成立過程과 근대사 서술〉, 《역사교육논집》 13·14합집, 대구, 역사교육학회, 1990; 최혜주, 《근대 재조선일본인의 한국사 왜곡과 식민통치론》, 경인문화사, 2010; 〈근대 일본의 한국사관과 역사왜곡〉, 《한국독립운동사연구》 35, 독립기념관 한국독립운동사연구소, 2010; 도면회, 《역사학의 세기: 20세기 한국과 일본의 역사학》, 휴머니스트, 2009; 박걸순, 《식민지 시기의 역사학과 역사인식》, 경인문화사, 2004; 〈喜田貞吉의 한국관 비판〉, 《국사관논총》 100, 국사편찬위원회, 2002; 이만열, 〈근현대 한일관계연구사〉, 《제1기 한일역사공동연구보고서》 제4권, 제1기 한일역사공동연구위원회, 2005; 노용필, 〈森谷克己의 식민주의 사회경제사학 비판〉, 《한국사학사학보》 22, 한국사학사학회, 2010 외 다수.

2) 이기백, 〈식민주의적 한국사관 비판〉, 《민족과 역사》, 일조각, 1971; 김용섭, 〈일제 관학자들의 한국사관〉, 《思想界》, 1963, 2월호; 〈일본·한국에 있어서의 한국사 서술〉, 《역사학보》 31, 1966; 홍이섭, 〈식민지적 사관의 극복〉, 《亞細亞》, 1969, 3월호; 이만열, 〈일제 관학자들의 식민사관〉, 《독서생활》, 1976년 7월호(《한국의 역사인식》 下, 창작과 비평사, 재수록); 박영재, 〈근대 일본의 한국인식〉, 《일본의 침략정책사연구》, 역사학회, 1984.

3) 강진철, 〈일제 관학자가 본 한국사의 정체성과 그 논리〉, 《한국사학》 7, 정신문화연구원, 1986; 이태진, 〈당파성론비판〉, 《한국사시민강좌》 1, 일조각, 1987; 이기백, 〈반도적 성격론 비판〉, 《한국사시민강좌》 1, 일조각, 1987; 박성봉, 〈今西龍의 한국고대사연구와 그 공과〉, 《한국학》 12, 중앙대학교 영신아카데미 한국학연구소, 1976; 이만열, 〈19세기말 일본의 한국사연구〉, 《청일전쟁과 한일관계》, 일조각, 1985; 旗田巍 지음·이기동 옮김, 《일본인의 한국관》, 일조각, 1983; 최혜주, 〈메이지 시대의 한일관계 인식과 일선동조론〉, 《한국민족운동사연구》 37, 한국민족운동사학회, 2003; 장신, 〈일제하 日鮮同祖論의 대중적 확산과 素戔嗚尊 신화〉, 《역사문제연

왜곡 부분에 주안점을 두어 비판한 것이 대부분이다. 실제로 일본
인 사학자들은 조선시대까지의 역사를 서술의 범위로 설정한 경우
가 많았고, 한말과 일제 강점기에 해당되는 당대 역사에 관한 서술
은 많지 않았기 때문이다. 그러나 일본인 사학자와 조선총독부가
함께 이끈 한국 근대사 연구, 다시 말해 개항부터 일제 강점기에 이
르는 당시에 현대사 또는 최근세사[4]를 병합과 식민통치라는 침략의
목적에 맞게 왜곡한 역사 서술 또한 반드시 규명하고, 또 극복해야
할 식민사학이다. 한국 근대사 연구에서 이미 식민사학은 극복된
것처럼 인식되기도 하지만, 실제로 그 표제를 달리 하면서 '근대화
론', 또는 '식민성'과 '근대성'의 논쟁으로 재현되고 있는 난제에 봉
착해 있다. 현재 우리 근대사 학계가 식민지 시기 일본인에 따른 한
국 근대사 연구에서 얼마나 자유로우며 또 그 폐해를 극복하였는가
에 대한 해답은 식민지 시기 일본인 한국 근대사 전공자들의 저술을

구》제21호, 역사비평사, 2009; 三シ井崇, 〈日鮮同祖論의 학문적 기반에 관한 시론—
한국 병합 전후를 중심으로—〉, 《한국문화》 33, 서울대한국문화연구소, 2004; 이정
빈, 〈식민주의 사학의 한국 고대사 연구에 대한 최근의 비판적 검토〉, 《역사와 현실》
83, 한국역사연구회, 2012; 박찬홍, 〈滿鮮史觀에서의 한국고대사 인식 연구〉, 《한국
사학보》 29호, 고려사학회, 2007; 정상우, 〈稻葉岩吉의 '滿鮮史'체계와 '朝鮮'의 재구
성〉, 《역사교육》 116호, 역사교육연구회, 2010; 최재석, 〈1892년 하야시 타이호(林
泰輔)의 《조선사》 비판〉, 《선사와 고대》 18, 2003.

4) '근대'라는 개념은 식민지 초기 일본인 학자들은 거의 사용하지 않았다. 사용을 해도
근세近世라는 뜻으로 써서 1392년 조선왕조 성립부터의 시기를 가리키는 경우가 대
부분이다. 일본인 학자들 가운데 '근세' 또는 '근대'와 달리 '최근세最近世'라는 표현
을 쓰는 경우가 있는데, 고종 재위기간인 1863년부터 1910년 대한제국의 멸망까지의
시기를 최근세라고 하였다. 또한 일본인 학자들은 1910년 한국 강제 병합 이후부터
1945년까지의 기간을 '조선통치기'라고 표현하고 있다. '최근세'라는 표현은 조선사편
수회 또는 조선사학회에서 《朝鮮史講座》(1924), 《朝鮮史大系》(1927)를 편찬할 때 사
용하여 해방 이후까지 한국 사학계에서 오래도록 개항 뒤부터 병합 직전까지의 시기
를 칭하는 용어로 사용되어 왔다. 물론 기쿠치 겐조菊池謙讓는 그의 저술 《近代朝鮮裏
面史》, 《近代 朝鮮史》(상·하)에서, 다보하시 기요시田保橋潔 경우 《近代日韓關係의 硏
究》(상·하) 등에서 '근대'라는 표현을 쓰고 있다. 대개 연구 대상의 시기가 개항 이후인
경우 '근대'라는 용어를 주로 썼고, 전근대사일 경우 최근세사라는 표현을 쓰기도 하였
던 것으로 보이며 일관된 용어는 정해지지 않은 채 혼용되었다.

직접 분석하면서 그 실마리를 풀어야 찾을 수 있을 것으로 보인다.

식민사학 가운데 한국 근대사를 본격적으로 연구한 경우는 조선사편수회朝鮮史編修會와 조선사학회朝鮮史學會 명의로 발간된 오다 쇼고小田省吾(1871~1953)와 스기모도 세이가이杉本正介의 《조선사강좌朝鮮史講座》 가운데 〈최근세사最近世史〉(1924) 또는 《조선사대계 최근세사朝鮮史大系 最近世史》(1927), 다보하시 기요시田保橋潔의 《근대일지선관계의 연구近代日支鮮關係の硏究》(1930), 《근대일선관계의 연구近代日鮮關係の硏究》(上·下, 1940), 《조선통치사논고朝鮮統治史論稿》(1945), 다가와 고조田川孝三의 《근대조선사연구近代朝鮮史硏究》(1944) 등이 그것이다. 그 밖에도 《조선사강좌》의 〈분류사分類史〉와 〈특별강의特別講義〉(1924), 오쿠다이라 다케히코奥平武彦의 《조선개국교섭시말朝鮮開國交涉始末》(1935)과 와타나베 가츠미渡邊勝美의 《조선개국외교사연구朝鮮開國外交史硏究》(1941), 미시나 아키히데三品彰英의 《조선사개설朝鮮史槪說》(1940)에서도 근대사 관련 글이 수록되어 있다.

한편 일본 재야 사학자의 저술로는 1921년부터 서울에서 자유토구사自由討究社를 경영하던 호소이 하지메細井肇(1866~1934)[5]의 《선만의 경영鮮滿の經營》(1921), 1910년부터 조선연구회朝鮮硏究會를 이끌던 아오야기 쓰나타로靑柳綱太郎(1877~1932)[6]의 《조선독립경요사론朝鮮獨立驚擾史論》(1921), 《조선통치론朝鮮統治論》(1923) 그리고 샤쿠오 슌조釋尾春芿(旭邦, 東郁, 1875~?)[7]의 《조선병합사朝鮮併合史》(1926), 기쿠치

5) 윤소영, 〈호소이 하지메(細井肇)의 조선 인식과 '제국의 꿈'〉, 《한국근현대사연구》 45집, 한국근현대사학회, 2008; 서신혜, 〈일제시대 일본인의 고서간행과 호소이 하지메(細井肇)의 활동 —고소설 분야를 중심으로〉, 《온지논총》 제16집, 온지학회, 2007.

6) 최혜주, 〈일제 강점기 아오야기(靑柳岡太郎)의 조선연구와 '內鮮一家'論〉, 《한국민족운동사연구》 49, 한국민족운동사학회, 2006.

7) 최혜주, 〈한말 일제하 샤쿠오(釋尾旭邦)의 내한활동과 조선인식〉, 《한민족운동사연구》 45, 한국민족운동사학회, 2005.

겐조菊池謙讓(1870~1953)의 《근대조선이면사近代朝鮮裏面史》(1936), 《근대조선사近代朝鮮史》(上·下, 1937·1939)[8] 등이 있다. 그 밖에 동방협회東邦協會, 조선협회朝鮮協會, 동아동문회東亞同文會, 조선연구회朝鮮研究會, 흑룡회黑龍會 등의 회지會誌, 도쿄제국대학(이하 '도쿄제대') 사학회의 《사학잡지史學雜誌》, 교토京都제국대학 사학연구회의 《사림史林》, 경성제국대학(이하 '경성제대') 교수들을 중심으로 한 청구학회青丘學會의 《청구학총青丘學叢》에도 근대사의 자료나 논문이 상당히 많이 실려 간행되었다.

제2장에서는 이 가운데 오다 쇼고의 한국 근대사 연구와 그 왜곡의 실태를 살펴보고자 한다. 오다에 관한 선행 연구로는 조동걸이 일제의 식민사학을 다루면서 부분적으로 오다의 《조선사대계 최근세사》(1927) 가운데 일부분을 분석한 것이 시작이다. 나가시마 히로키永島廣紀는 오다의 관료 경력, 곧 조선총독부 학무국의 역사 교과서 편찬과 조선사편수회 활동 등을 분석하였으나, 다만 오다의 관료·행정적 활동 분석에 그쳤을 뿐이고, 오다의 한국사 인식에 대한 분석이나 비판은 전혀 이루어지지 않았다. 최혜주의 경우는 오다의 교과서 편찬 활동과 한국 고대사 인식에 관해 분석하였다.[9] 따라서 이 장에서는 선행 연구들을 바탕으로 하되 이전 연구들이 다루지 못한 오다의 한국 근대사 인식을, 그의 대표적 저술인 《조선사대계 최근세사》의 분석을 통해 다뤄보고자 한다.

---

8) 기쿠치 겐조에 대해서는 〈韓末·日帝강점기 菊池謙讓의 문화적 식민활동과 한국관〉(하지연, 《동북아역사논총》 21호, 동북아역사재단, 2008) 참조.

9) 조동걸, 〈植民史學의 成立過程과 근대사 서술〉; 나가시마 히로키, 〈朝鮮總督府 學務局의 역사교과서 편찬과 '國史/朝鮮史' 교육 — 小田省吾에서 中村榮孝 그리고 申奭鎬로〉, 《제2기 한일역사공동연구보고서》 제6권 교과서위원회 편, 제2기 한일역사공동연구위원회, 2010; 최혜주, 〈小田省吾의 교과서 편찬활동과 조선사 인식〉, 《동북아역사논총》 27호, 동북아역사재단, 2010.

오다의 한국 근대사 연구는 그 학문적 성과가 단편적이고, 상호 연계성을 지니지 못한 측면이 있다. 게다가 그의 연구 방식은 '사담史談', '사화史話'의 영역을 벗어나지 못하였고, 그가 다룬 주제는 '왜관倭館·왜성倭城', '유학儒學·문묘文廟', '당쟁黨爭', '홍경래의 난' 등이 연관성 없이 산재해 있다고 평가되고 있다.[10] 이러한 이유로 일본이나 한국 사학계에서 그에 대한 사학사적 규명이 제대로 이루어지지 않았다고 볼 수 있다. 그러나 오다는 도쿄제대 출신이고, 또 경성제대 교수이자 조선총독부의 조선사편수회 위원委員으로서 식민사학의 중심에 서 있었다. 더욱이 《조선사대계 최근세사》는 다보하시의 《근대일선관계의 연구》(上·下. 1940), 《조선통치사논고》(1945), 다가와의 《근대조선사연구》(1944) 등 식민사학의 대표적 한국 근대사 성과물들이 실제로 일제 강점기 말기에서야 나오게 되므로, 식민지 시대 전반에 걸쳐 일제의 대표적인 관제官制 한국 근대사 연구로 큰 영향력을 행사했다고 할 것이다.

2. 오다 쇼고의 약력과 한국사 연구 활동

1) 총독부 학무국 관료 활동

오다 쇼고는 미에三重현 도바鳥羽 출신으로 1887년 신궁황학관神宮皇學館을 중퇴한 뒤 1891년에 제일고등중학교第一高等中學校 예과에 입학했다. 그 뒤 학제 변경으로 제일고등학교를 졸업하고 1896년 도

---

10) 나가시마 히로키, 〈朝鮮總督府 學務局의 역사교과서 편찬과 '國史/朝鮮史' 교육 — 小田省吾에서 中村榮孝 그리고 申奭鎬로〉, 205쪽.

교제대 문과에 진학하였다. 오다 스스로가 말하듯이[11] 그는 쓰보이 구메조坪井九馬三, 호시노 히사시星野恒, 미가미 산지三上參次, 나카 미치요那珂通世, 하야시 다이스케林泰輔, 루드비히 리스Ludwig Riess 등 제국대학 문과대학 초기 교수진에게 서양사, 국사(일본사), 동양(조선)사 등 당시 최신 사학연구의 기초를 배운 세대이다.[12] 일본 최고 학부에서 정통 역사학 전공 과정를 밟은 것이다.[13]

오다는 1899년 7월 대학 졸업 뒤 나가노長野사범학교, 하기萩중학교(야마구치현), 도쿠시마德島사범학교, 그리고 우네비畝傍중학교(나라현)를 거쳐 1908년 11월 제일고등학교 교수 전임이 되었고, 동시에 그대로 11월 17일 조선통감부 학부 서기관으로 고빙되어 학부 편

---

11) 小田省吾, 〈小田省吾略歷自記〉, 《辛未洪景來亂の研究》, 小田先生頌壽記念會, 京城, 1934.

12) 나가시마 히로키, 〈朝鮮總督府 學務局의 역사교과서 편찬과 '國史/朝鮮史' 교육 ― 小田省吾에서 中村榮孝 그리고 申奭鎬로〉, 204~205쪽.

13) 나가시마는 식민지 시기 '조선사'학 계통(개념도)를 제시하면서 당시 일본 강단사학을 만선사계滿鮮史系와 국사학계로 나누었다. 그리고 만선사계에 나카 미치요, 하야시 다이스케, 리스 → 시라토리 구라키치白鳥庫吉, 나이토 도라지로內藤虎次郎, 이나바 이와키치稲葉岩吉 → 쓰다 소키치津田左右吉, 이케우치 히로시池內宏 → 이마니시 류今西龍, 오다 쇼고 → 다가와 고조田川孝三, 신석호申奭鎬를 배치했다. 그리고 국사학계에 구메 구니다케久米邦武 → 구로이타 가쓰미黑板勝美, 역사학), 쓰지 젠노스케辻善之助 → 후지타 료사쿠藤田亮策, 나카무라 히데타카中村榮孝, 쓰에마쓰 야스카즈末松保和를 설정했다(나가시마 히로키, 〈朝鮮總督府 學務局의 역사교과서 편찬과 '國史/朝鮮史' 교육 ― 小田省吾에서 中村榮孝 그리고 申奭鎬로〉, 225쪽). 그런데 이러한 분류는 당시 일본 도쿄제대 사학과 안의 주도권 경쟁이나, 학파적 차이, 경성제국대학 교수진의 변화 등에는 그 의미가 클 것으로 보이나 식민사학의 정립, 왜곡, 그리고 심화에는 그 차별성을 찾아보기 힘들다. 나가시마는 본래 일본 동양사 연구의 큰 조류인 시라토리 이래의 근대 실증사학에 입학한 '만선사' 연구 계열이 초기 경성제대 사학과의 교수진이었는데, 동양사 연구에서 차츰 조선사가 차지하는 비중이 상대적으로 낮아짐에 따라 '고등학교→제국대학'으로 가는, 이른바 엘리트 양성의 기존 노선을 걷는 나카무라 히데타카(제일고→도쿄제대)나 쓰에마쓰 야스카즈(사가고佐賀高→도쿄제대) 등, 총독부 교학관이나 경성제대 교수진으로 채용되는 '국사학' 출신자들이 이어 나가게 되었다고 설명하고 있다. 또 이마니시 류와 오다 쇼고 등의 지도를 받은 다가와 고조처럼 '경성제대 예과→경성제대 법문학부 사학과'로의 '외지外地' 출신자 세대인 그들의 조선사 연구가 결과적으로는 전후 일본의 조선사 한일관계사 연구를 이어준 중요한 다리 구실을 했다고 평가하고 있다(나가시마 히로키, 〈日本의 근현대 일한관계사연구〉, 《제1기 한일역사공동연구보고서》 제4권, 제1기 한일역사공동연구위원회, 2005, 68~69쪽).

집국 사무관으로 발령, 12월 5일 경성에 부임하였다. 그는 학무 관료로서 교과용 도서 편찬과 편집 업무에 종사하였고,[14] 1910년 10월 1일자로 조선총독부 내무부 학무국 편집과장內務部學務局編輯課長으로 승진하였다. 오다는 조선총독부 교육행정과 역사 편수 관련 사업 전반에 걸쳐 오랫동안 깊이 관여하였기 때문에 그의 연보年譜를 짚어가는 것만으로도 식민지 시기 일제의 해당 사업 거의 전체를 검토하는 것과 같다고 해도 지나친 말은 아니다.[15]

한편 그는 1918년 중추원中樞院 편집과장을 겸하여 중추원의 《조선반도사朝鮮半島史》 편찬 실무에도 종사했다. 그리고 1921년부터는 학무국 안에 신설된 고적조사과장을 겸하면서 세키노 다다스關野貞 (건축사)나 구로이타 가쓰미, 그리고 도리이 류조鳥居龍藏(고고학) 등과 함께 낙랑군·고구려 유적 발굴을 비롯한 조선총독부의 고적 조사 사업의 배후를 맡았다.

오다 쇼고小田省吾(1871~1953)

오다는 1924년 5월 경성제대 교수 (예과부장과 사무관 겸임, 1926년 4월 본과 개학에 따라 법문학부 사학과 조선사학 제2강좌에 배치 변경, 1924년 10월 학무국 편집과장 겸임을 물러남)로 이동하여 1932년 정년퇴임 때까지 다가와 고조 같은 차세대 식민사학자를 양성해 냈다. 따라서 식민지 조선의 최고 교육기관이며 식

14) 조선총독부 학무국에 관한 연구로는 다음이 참고 된다.
이명화, 〈조선총독부 학무국의 기구 변천과 기능〉,《한국독립운동사연구》 제6집, 독립기념관 한국독립운동사연구소, 1992; 〈조선 총독부 학무국 운영과 식민지 교육의 성격〉,《향토서울》 69, 서울특별시사편찬위원회, 2007.

15) 나가시마 히로키, 〈朝鮮總督府 學務局의 역사교과서 편찬과 '國史/朝鮮史' 교육 — 小田省吾에서 中村榮孝 그리고 申奭鎬로〉, 203쪽.

민사학의 산실인 경성제대 사학과에서 한국사를 강의하고 또 후학
을 양성하였던 오다는 조선총독부에 따라 식민사학이 정책적으로
집대성되기 시작한 초창기의 핵심 인물이었다고 할 것이다. 그는
1925년 7월에는 조선사편수회 위원이 되었고, 1932년 3월 퇴임
뒤에도 각종의 지방사(《부산부사釜山府史》, 《경성부사京城府史》)를 편찬했으
며, 《시정이십오년사施政二十五年史》, 《시정삼십년사施政三十年史》의 책
임 편찬, 그리고 이왕직李王職·중추원中樞院의 위탁에 따른 《고종실록
高宗實錄》, 《순종실록純宗實錄》의 편찬까지 참여하였다.[16)]

1935년에는 고종의 후궁인 순헌황귀비純獻皇貴妃 엄씨嚴氏가 1906
년에 세웠던 명신여학교明新女學校를 계승한 숙명여자전문학교淑明女
子專門學校의 2대 교장을 맡기도 했다.

2) 한국사 연구와 저술 활동

오다는 식민지 역사 교육 분야에서 행정 관료로서뿐만 아니라,
그 자신이 한국사에 대한 직접 연구와 각종의 연구 단체에 깊이 관
여했다. 그 대표적인 모임으로는 '조선고서간행회朝鮮古書刊行會'나
'조선연구회'가 있다.[17)] 또 그는 '조선사학회'를 조직하고 또 청구학

---

16) 본 연구는 오다의 한국 근대사 연구에 관한 저술 분석에 초점을 맞춘 관계로 그
    의 약력과 교육행정 관료 및 교과서 편찬 활동에 관해서는 간략하게 기존 연구성과
    를 참조하여 약술하였다. 나가시마 히로키, 〈朝鮮總督府 學務局의 역사교과서 편찬
    과 '國史/朝鮮史' 교육 ― 小田省吾에서 中村榮孝 그리고 申奭鎬로〉, 2010; 최혜주,
    〈小田省吾의 교과서 편찬활동과 조선사 인식〉, 2010 참조.

17) 조선고서간행회와 조선연구회에 관해서는 다음을 참조.
    최혜주, 〈한말 일제하 재조일본인의 조선고서 간행사업〉, 《대동문화연구》 제66집,
    성균관대 대동문화연구원, 2009; 〈일제 강점기 조선연구회의 활동과 조선인식〉,
    《한국민족운동사연구》 42, 한국민족운동사학회, 2005. 샤큐오 슌조가 주재한 '조선
    고서간행회'에서 오다는 '朝鮮群書體系' 등의 간행에 참여하였다(1900~1917년, 전
    83책).

회의《청구학총》과 총독부 기관 간행물과 잡지에 사학 관련 논문을
빈번하게 집필을 하는 등, 식민지 '조선사' 연구에서 인적 교류망의
구축에 중추적 구실을 맡아 왔다.[18)

조선사학회는 1923년 사이토 총독의 문화통치의 산물로 '조선사
연구와 보급'을 위해 조직되었다.[19) 그 인적 구성을 보면 정무총감
을 총재로 하고 오다는 회장이었다. 그리고 이시즈카 에이조石塚英藏
(동양척식주식회사 총재), 가와무라 다케지川村竹治(남만주철도주식회사 사장),
미노베 슌키치美濃部俊吉(조선은행 총재)와 총독부의 각부 국장 등이 고
문으로서 총독부를 대변하고 있었다.[20)

또한 오다의 인적 교류망에 포함되는 인물들로는 기쿠치 겐조[21),
아오야기 쓰나타로, 호소이 하지메 등 한말부터 식민지 시대 한국에
서 오랫동안 살았던 언론계 출신의 인사들이 있다. 그리고 경찰 출신
으로 지방관도 역임한 경력을 가진 이마무라 도모今村鞆(1870~1943)[22)
도 포함된다. 오다는 이런 인물들과의 교류를 거쳐 식민지 '조선사'
연구에서 학문적 체계와, 그 밖의 자료 수집 등 다양한 경로를 확보하
려 했던 것으로 추정된다.

---

18) 나가시마 히로키, 〈日本의 근현대 일한관계사연구〉, 66~68쪽.

19) 〈會員通信〉,《조선사강좌》, 조선사학회, 1924, 2쪽.

20) 조선사학회의 임원은 다음과 같다.
　　총재: 有吉忠一
　　회장: 小田省吾
　　고문: 石塚英藏, 朴泳孝, 李完用, 用村竹治, 長野幹, 大塚常三郞, 馬板勝美,
　　　　丸山鶴吉, 權重顯, 有賀光豊, 安藏又三郞, 三浦周行, 美濃部俊吉,
　　　　條田治策, 關野貞
　　평의원 : 稻葉岩吉, 李能和, 高橋亨, 荻山秀雄, 今西龍, 栢原昌三, 小倉進平,
　　大原利次(이만열,《한국근대역사학의 이해》, 문학과지성사, 1981, 267~268쪽).

21) 〈韓末·日帝강점기 菊池謙讓의 문화적 식민활동과 한국관〉(하지연, 2008) 참조.

22) 이마무라 도모에 관해서는 〈이마무라 도모의 조선풍속 연구와 재조일본인〉(김혜숙,
　　《한국민족운동사연구》 48, 한국민족운동사학회, 2006) 참조.

〈부록 2〉에서 확인되듯이 오다는 조선사학회에서 편찬한 《조선사대계》 이후로는 홍경래의 난, 가토 기요마사加藤淸正, 도자사, 덕수궁사 등 연구 분야의 상호 연계성이 다소 떨어지는 단편적 저술을 내놓고 있다. 이들 연구에 대한 본격적인 검토는 추후 연구 과제이지만, 오다의 경우에는 역사학자로서보다 교과서 편찬 등의 행정 업무, 조선사편수회, 각종 지방사 편찬 등 식민사학의 정립과 보급이라는 관료행정 분야에서 더 두드러진 능력을 보여 준 것으로 보인다.

3. 《조선사대계 최근세사》의 구성과 한국 근대사 인식

1) 《조선사대계 최근세사》의 구성과 서술 방향

조선사학회는 조선총독부의 전폭적인 지원으로 조선사편찬위원회 직원, 총독부 촉탁이나 편수관編修官 등을 총동원하여 1924년 《조선사강좌》를 일반사, 분류사, 특별강의特別講義로 나누고 한국사 전반에 관한 정리 작업을 했다.[23] 한편 조선사학회는 《조선사강좌》의 〈일반사〉, 〈분류사〉, 〈특별강의〉 가운데 〈일반사〉를 증보하여 시대별로 묶어 1927년 5권의 《조선사대계》를 간행한 뒤, 경성독사회京城讀史會로 계승된 것으로 보인다.[24] 이 《조선사대계》의 제4권이

---

23) 일반사 부분의 필진을 보면 서설敍說과 상세사上世史에 오다 쇼고, 중세사에 오기야마 히데오荻山秀雄와 세노 마구마瀨野馬熊, 근세사에 세노 마구마, 최근세사에 스기모토 세이가이와 오다 쇼고가 맡고 있다.

24) 이만열, 《한국근대역사학의 이해》, 273~274쪽; 박걸순, 《식민지 시기의 역사학과 역사인식》, 104~106쪽; 최혜주, 〈小田省吾의 교과서 편찬활동과 조선사 인식〉, 《동북아역사논총》 27호, 294쪽.

〈최근세사〉로서 스기모도가 대원군의 하야(1873) 직전까지 서술하였고,[25] 그 이후부터는 오다가 단독 저술하였다.

《조선사대계 최근세사》는 서언(1~4쪽), 본문 총 9장(5~274쪽)과 부록(1~101쪽)으로 이루어져 있고, 목차를 소개하면 다음과 같다.

《조선사대계 최근세사》는 1864년부터 1910년까지를 다루고 있고, 제4장까지는 대원군 정권과 개항 이후 러일전쟁 이전까지를 포함하고 있다. 이 부분까지는 서술 주체를 한국으로 하였는데, 러일전쟁을 본격적으로 다룬 제5장부터는 한국 근대사가 아닌 '일본의 한국 병합사'라고 해야 할 만큼 주체가 아예 일본으로 전환되었다. 오다는 이 책에서 대한제국 이전까지는 '조선'으로, 대한제국 시기부터는 '한국' 또는 '반도'라고 명명하고 있다. 이와 달리 제5장부터 일본은 아예 '일본' 이외에 '아방我邦', '아我'로 표현하는 등

---

25) 《조선사대계 최근세사》, 73쪽. 본래 스기모도가 집필을 맡고 있었는데, 1924년 1월 그의 사망으로 오다가 계승하였다.

주체를 일본으로 바꾸었다.

또한 《조선사대계 최근세사》는 대외관계사라고 볼 수 있을 만큼 거의 모든 내용이 한국, 청, 일본, 러시아 그리고 기타 국가로는 영국, 미국, 프랑스 등을 추가한 외교 관계에 초점을 맞추었다. 더욱이 제5장은 일본과 러시아의 극동 정책 문제를 세밀하게 설명하고 있고, 대부분은 한일의정서를 시작으로 하여 한일병합조약에 이르기까지 일본의 한국 국권피탈 과정에 해당되는 일련의 조약문들을 일일이 나열하고 분석하여, 그 의의를 추가하는 식으로 채우고 있다.

〈서언〉에서는 최근세사를 세 시기로 구분하였는데, 제1기를 '전前 시대의 연장인 청복속 시대', 제2기를 '국외國外의 자극으로부터 자주독립을 바라고 시련을 거듭한 독립 시대', 제3기를 '전 시대의 시련을 뉘우치고, 민심이 권태하여 일본의 보호를 의뢰한 보호 시대'라고 설정하고 있다.[26] 다시 말해 시기 구분 자체를 대외관계 기준으로 적용하고 있다. 특히 제1기를 전 시대의 연장으로 설정한 것은 조선이 본래 청의 속국이었으며, 종속국의 처지에 있던 조선이 제2기에 와서 자주적으로 독립을 시도하려고 했지만 그것이 대한제국 정부의 능력 부족과 열강, 더욱이 청에 이은 러시아의 침략 야욕 속에 불가능했고, 마침내 일본에게 보호를 의뢰하게 되었다는 서술로 일본의 침략을 합리화하는 전형적인 식민사학의 기본 인식 체계를 반영하고 있다.

또한 목차에서 확인되듯이 각 장의 제목에서 일본의 한국 병합을 합리화하고자 의도적으로 제목을 설정했음을 알 수 있다. 예를 들어 제2장의 경우 대원군의 대외 정책을 대외분홍對外紛訌이라고 했

---

26) 앞의 책, 3~4쪽.

는데, 일본의 국서 거부 사건과 정한론의 필연성을 강조하고자 '분
홍紛訌'이라는 표현을 사용한 것이다. 제3장에서도 '민씨의 전권專權
과 내홍內訌'이라는 제목으로 민씨 정권의 부정부패함과 명성황후에
대한 평가 절하, 내정內政을 파란으로 몰고 가 마침내 붕괴시켰다는
뜻의 '내홍內訌'을 전면에 내세웠다. 일본의 한국 침략이 노골화되
는 제5장의 러일전쟁 시기부터는 본격적인 일본의 침략 행위를 '일
한관계의 진전'으로 표현하고 있다. 제6장부터 제8장까지는 '보호
정치와 한국'이라는 제목으로 자그마치 3개의 장을 할애하여 일본
의 한국 식민지화 과정을 합리화하고 있다. 곧 전체적으로 한국 근
대사는 부정부패하여 망할 수밖에 없는 역사였으며, 일본이 한국을
병합한 것은 역사의 당연한 귀결로, 한국은 오히려 식민지가 된 덕
분에 발전할 수 있었다는 침략 합리화론에 바탕을 둔 구성이다.

2) 한국 근대사의 서술과 인식

(1) 흥선대원군

《조선사대계 최근세사》는 모두 아홉 장(274쪽)과 부록으로 구성되어
있는데, 이 가운데 제1장이 〈이태왕李太王의 즉위와 대원군의 내정〉이
고, 제2장이 〈대원군의 대외분홍〉으로 모두 아홉 장 가운데 두 개의
장, 페이지 전체의 거의 3분의 1에 달하는 분량을 할애하고 있다.

오다는 박제형朴齊炯의 《근세조선정감近世朝鮮政鑑》을 주요한 참고
문헌으로 하여 흥선대원군 부분을 상술했는데,[27] 대원군의 계보를
인조 때부터 도표로 정리하여 제시하였고, 대원군의 대내 정책 부

---

27) 앞의 책, 11쪽.

분(경복궁 중건, 안동김씨 세력 축출, 서원철폐 등)과 대외 정책(천주교 문제, 병인
박해, 병인양요, 셔먼호사건, 신미양요 등)에 대한 상세한 서술을 하고 있다.
그러나 대내 정책 부분에서는 대원군이 삼정의 문란을 시정하기 위
한 개혁, 특히 호포법의 시행으로 양반에게도 군포를 징수하여 재
정을 확보한 부분이나 비변사의 철폐로 왕권 강화를 도모하고 정치
기강을 확립하려 한 점, 부국강병책의 일환으로 군사 개혁을 시도
한 점을 생략해 국내 정치에서 대원군의 개혁적 측면을 아예 무시
해버렸다. 더욱이 경복궁 중건 부분에서 대원군이 광화문 앞에 해
태를 설치한 것을 두고, 미신과 요언을 신봉하는 인물로 묘사하고
있다.[28] 또한 대원군이 비록 집정 10년 동안 짧은 시일 안에 내정
개혁을 했음에도 아랑곳하지 않고, 오랜 세월 동안 조선은 워낙 축
적된 문제가 많은 나라였기 때문에 도저히 해결 할 수 없었다고[29]
평하고 있다.

대외 정책 부분은 대내 정책이 약 20쪽 정도의 분량인데 견주어
두 배에 이르는 50쪽 이상(79~140쪽)을 할애하여 서술하고 있다. 이
를 살펴보면, 우선 소제목에서부터 저자의 이중적 성격을 파악할
수 있다. 세 개의 소제목으로 나누어 서술하였는데, '1. 프랑스 함
대의 내습來襲', '2. 미국 함대의 내공來攻'이라고 하여 프랑스와 미국
의 병인양요와 신미양요 사건에 대해서 각각 '습襲'과 '공攻'이라는
표현으로 서양 세력의 침략성을 강조하고 있다. 그런데 '3. 일본의
수교 제의'라고 하여 일본의 운요호雲揚號사건 도발과 강화도조약 당
시 무력시위와 강제 개항 문제를 '수교 제의'[30]라는 표현을 썼다. 그

---

28) 앞의 책, 22쪽.
29) 앞의 책, 28쪽.
30) 앞의 책, 29쪽.

침략 행위를 덮고 마치 평화적이고 우호적인 차원에서 일본이 수교를 제의해 온 것처럼 왜곡하고 있는 것이다.

또 셔먼호사건과 신미양요 당시 일본 "대마도주와 막부가 조선과 미국 사이의 분쟁을 막으려고 백방으로 노력하고, 중재했다."고[31] 장황하게 설명하면서, 일본이 조선에 매우 우호적이었고 외교적으로 큰 노력을 기울였다는 식으로 사실을 왜곡하고 있다.

또한 오다는 일본이 대정봉환大政奉還 이후 조선에 보낸 국서를 부산훈도釜山訓導 안동준安東晙이 거부한 일을 상술하면서 조선 정부의 무례함과 외교적 결례가 일본 안의 정한론을 불러일으켰고, 정한론은 일본으로서는 당연한 반응이었다고 서술했다.[32] 일본의 조선 침략 논리에 대해 그 원인이 마치 조선에 있다는 식으로 책임을 뒤집어씌우고 있다.

메이지유신 이후 일본의 신정부는 일본의 왕정복고 사실을 조선에 알리려 했고, 이때 대수대차사大修大差使 이구치 데쓰시로桶口鐵四郎가 국서를 전달하였다. 그런데 안동준이 내용을 살펴보니 그 내용 가운데 '아방황조연면我邦皇朝聯綿', '황상지성의皇上之盛意', '봉칙奉勅', '조정朝廷'과 같은 그동안 천자의 나라인 중국에서만 사용되었던 문구가 들어 있고, 또 대마도주 종씨宗氏가 종래 사용하였던 도서圖書와 도장圖章도 사용하지 않고 있음을 발견하였다. 지금까지 도서는 조선 정부에서 주조하였던 것인데 이를 일본 측에서 멋대로 주조하여 사용했던 것이다. 안동준은 격식이 틀리다는 이유로 서계書契의 수리를 거부하는 한편, 대수대차사의 파견 또한 전례 없는 일이라며 돌아갈 것을

---

31) 앞의 책, 70쪽.
32) 앞의 책, 73~79쪽.

요청하였다.[33)]

  역사적 사실은, 조선 정부의 서계 거부 때문에 정한론이 일어난 것이 아니라 이미 당시 메이지 정부 수립 이후 무사 계급들이 관료로 흡수되면서 개화주의와 아울러 침략주의(정한론)가 일어나고 있던 상황이었다. 또한 메이지 이전 에도시대부터의 과잉된 황국 의식이 마

사이고 다카모리西鄕隆盛(1827~1877)

침내 대외 침략론(정한론)으로까지 발전해 나가고 있었던 상황이었다.[34)] 1873년 10월 사이고 다카모리(西鄕隆盛, 1827~1877)는 자신이 조선에 가서 전쟁의 구실을 만들겠노라고 사절을 자청했고, 메이지 정부에게 모든 전쟁 준비를 해 놓을 것을 주장했다. 사이고 사절 파견은 메이지 천황의 결재까지 받았던 것이다.[35)] 따라서 오다의 주장처럼 조선의 오만한 태도로 말미암아 정한론이 일어났다는 논리는 일본의 침략주의적 속성에 대한 정확한 분석이라고 할 수 없다. 그런데 현재 일본 우익 역사 교과서의 '정한론' 서술도 오다를 비롯한 식민사학자들의 인식 그대로이다. 2011년 일본 문부성의 검정을 통과한 지유샤自由社와 이쿠호샤育鵬社의 서술 역시 "조선 측이 일본의 개국 교섭 요구를 거부했기 때문"에 정한론이 일어난 것으로 쓰고 있다.[36)]

33) 이광린, 《한국사강의 근대편》 V, 일조각, 1981, 56쪽.

34) 이원우, 〈일본 중학교 역사교과서와 '정한론' 문제〉, 《역사교육논집》 47집, 역사교육학회, 2011, 282쪽.

35) 현명철, 〈'정한론'과 '강화도 사건'〉, 《한일역사의 쟁점 2010 ②》, 조광·손승철 외, 경인문화사, 2010, 22~23쪽.

36) 藤岡信勝, 《新しい歷史敎科書: 中學社會》(市販本), 自由社, 2011, 168쪽; 伊藤隆, 《新しい日本の歷史－こんな敎科書で學びたい》, 育鵬社, 2011, 157쪽.

(2) 개항과 조선의 근대화 정책

운요호사건과 강화도조약에 대한 서술에서는 "운요호가 청나라 우장牛莊까지 항로를 측량하고 돌아오는 길에 담수를 구하고자 강화도 동남방의 한 작은 섬인 난지도蘭芝島에 들러, 십 수 명이 하선하고 한강의 수로를 따라 들어갔는데, 강화도 포대에서 조선이 일본 측에 무자비하게 사격을 가하여 그에 대한 정당방위 차원에서 응사를 했으며 곧바로 나가사키長崎로 귀환했다."[37)]고 서술했다. 그리고 이 포격사건으로 말미암아 일본에서 다시 정한론이 끓어올랐다는 식의 논리를 펴고 있다.

운요호사건은, 잘 알려진 바와 같이 조선을 개항시키기 위한 일본의 무력시위로, 1875년 4월 운요호는 일본 함장 이노우에 요시카井上良馨의 지휘 아래 부산에 입항하였다. 조선 측에서 이에 대하여 아무 예고 없이 조선의 영해에 무단으로 들어왔음을 항의했지만, 일본은 이를 묵살하였다.[38)] 그해 5월 9일에는 군함 다이니데이보호第二丁卯號까지 부산에 또 입항하여 연습이라는 핑계를 대고 시위 포격을 하여 부산, 동래 일대를 공포로 몰아넣었다. 그리고는 동해안을 따라 함경도 영흥만永興灣까지 북상했다가 다시 남하하여 5월 28일 나가사키로 돌아갔다. 약 3개월 뒤인 8월 20일 운요호는 다시 제물포 월미도 앞바다에 정박하였다가 강화부 초지진 포대에 접근하여 조선 측의 발포를 유도하였다. 일본은 초지진 포대를 크게 파괴한 것은 말할 것도 없고, 영종도永宗島까지 진출하여 민가를 약탈하고 방화와 살육을 저질렀다. 그런데도 오다는 운요호사건이든 강화도조약이든 또 이후 일본의 모든 침략 행위에 대하여 일본

---

37) 《조선사대계 최근세사》, 88쪽.

38) 田保橋潔, 《近代日鮮關係の硏究》 上卷, 396~397쪽.

운요호雲揚號

은 다만 '식수를 얻기 위해 접근'했던 것으로 둔갑시켰고, 운요호사
건의 모든 책임과 원인 제공은 조선에 있다는 식의 서술로 그 제국
주의 침략 행위에 대한 정당성을 역설하고 있다.

　일본의 계획적인 도발에 대해서는 이미 일본인 학자들조차 그 진
실을 객관적으로 규명하려는 연구 노력이 있었다. 야마베 겐타로山
邊健太郎는 일본이 의도적으로 미리 치밀한 계획을 하고 도발했음을
다음과 같이 논증했다.[39]

　　식량이나 음료수의 양은 항행 계획과 기항지를 생각해서 전문적인 경
　리經理 장교가 미리 준비해 두지 않을 리가 없다. 식수를 구하기 위해 한
　강을 보트로 역항했다는 것은 구실일 것이다.

39) 山邊健太郎,《日本の韓國倂合》, 太平出版社, 東京, 1966, 30쪽.

야마베 외에도 나카쓰카 아키라中塚明, 운노 후쿠쥬海野福壽 등의 연구가 있다. 나카쓰카는 운요호가 수도 전면 영해에 깊숙이 들어가 조선 측이 발사하게끔 상황을 만들자, 일본 측이 조선의 민가를 불태워 조선인 35명을 죽였고, 전리품으로 대포 38문을 빼앗은 뒤 돌아왔다고 지적하였다. [40]

운노는 일본 정부가 허가 없이 국교가 없는 나라의 하천에 침입하여 요새에 접근한 것은 계획적인 도발 행위이며, 남은 포대 등 병기 외에 병서 악기까지 약탈했다고 서술하고 있다. [41] 재일 사학자 강재언도, 운요호는 계획적인 도발 행동을 했으며, 일본 정부는 음료수를 구하러 초지진에 접근했을 때 갑자기 포격을 받았다고 역선전하면서, 일본 국민 사이에 배외적인 분위기를 조성했다고 지적하였다. [42]

물론 이러한 일본의 침략을 인정하는 관점과는 따로 여전히 운요호사건은 시위였을 뿐 도발로 볼 수 없다고 하거나, 도발이라고 하더라도 일본 정부가 개입한 정황이 없다는 주장 등 일본 측의 여러 학설이 있는 것만은 사실이다. [43] 그러나 운요호사건은 일본의 명백한 도발이었고[44] 국제법을 위반한 침략 행위였다. 그리고 이 사건은 이후 불평등 체제의 창출과 일본의 동아시아 패권 정책의 시발점이 되었다고 할 것이다.

---

40) 中塚明,《近代日本と朝鮮》, 三一書房, 東京, 1994, 25쪽.

41) 海野福壽,《韓國併合》, 岩波新書, 1995, 16~18쪽.

42) 강재언,《增補新訂 朝鮮近代史》, 平凡社, 東京, 1998, 54~55쪽.

43) 이에 대해서는《일본의 한국침략과 주권 침탈》, (한일관계사연구논집 편찬위원회, 경인문화사, 2005) 34~35쪽 참조.

44) 최석완, 〈비팽창주의론의 확산과 문제점: 정한론과 청일전쟁을 바라보는 시각〉, 《기억의 전쟁》, 이화여대출판부, 서울, 2003.

한편 '개화파와 수구파'라는 소제목 아래 당시 조선의 정치 세력을 분석하였는데,[45] 이 개화파와 수구파로 구별하는 것은 이후 한국 근대사 연구에서 거의 정설론이 되다시피 했고, 오늘날에도 학계에서는 여전히 이 용어를 사용하고 있다.[46] 그러나 이 용어는 일본 측이 일본의 메이지유신을 모델로 조선의 개혁을 추구했던 문명개화론적

왼쪽부터 김옥균, 서광범, 박영효, 홍영식

사고에 바탕을 둔 김옥균, 박영효 등의 세력을 '일본당 또는 독립당'이라고 하고, 이와 달리 당시 청의 양무운동을 모델로 했던 이른바 동도서기론적 개혁을 추구한 김윤식, 어윤중, 김홍집 등을 '사대당 또는 수구당, 지나당支那黨'이라고 부정적 이미지를 각인시킨 용어이다. 오다는 임오군란 전 김옥균 등에 대하여 개화파라는 용어를 사용하다가 군란 뒤에는 독립당 또는 일본당이라고 일컫었고, 이와 달리 김윤식 등에 대해서는 지나당이라는 용어로 바꾸고 있다. 이것은 독립당과 일본을 연결하여 일본에 대한 긍정적 이미지를 만들고 조선의 근대 개혁에서 일본의 역할이 컸음을 강조하고자 한 것으로 이해된다. 그런데 이렇게 일본 식민사학자들이 정착시킨 '개화파(혹은 독립파)'와 '수구파(혹은 사대당)'란 용어를 현재

---

45) 《조선사대계 최근세사》, 90쪽.

46) 허동현, 〈고등학교 근현대사 교과서 개화기 관련 서술에 보이는 문제점과 제언〉, 《한국민족운동사연구》 44, 한국민족운동사학회, 2005, 315~319쪽.

일본 역사 교과서에서도 그대로 사용하고 있다.[47] 역시 그 의도는 일본이 조선의 개화와 독립을 지원해 주었다는 '시혜론 내지 근대화론'을 드러내고 있다고 할 것인데, 하물며 우리 한국사 교육에서도 여전히 이 용어들에 대한 면밀한 검토 작업 없이 관용적으로 사용하고 있는 실정이다.

또한 1880년대 조선 정부의 근대화 정책을 소개할 때에도 일본과 관련된 수신사, 조사시찰단, 별기군 창설에 대한 소개만 있고, 통리기무아문의 설치나 영선사와 보빙사의 파견에 관한 언급은 전혀 없다.[48] 곧 조선정부의 근대화 노력으로 설치된 기관이나 정책에 대한 설명과 청이나 미국 등 다양한 국가로의 사절단 파견 등에 대하여 생략함으로써, 마치 조선의 근대적 개혁은 일본만을 모델로 하고, 일본의 가르침에 따라 일본식으로 이루진 것처럼 기술하고 있다.

(3) 임오군란과 갑신정변

오다는 임오군란 당시 구식 군대의 군인과 이에 가세한 당시 서울의 하층민에 대하여 '부랑자' 또는 '폭도'라고 하여, 그들이 광포하게 일본인 교관을 살해하고 일본 공사관까지 습격·방화하여, 일본인들이 희생되었다고 서술하고 있다. 게다가 일본 공사관이 습격당한 직후 일본 하나부사 요시모토花房義質 공사가 왕궁에 들어가 고종과 생사를 함께하고자 하였는데, 성문이 견고하게 폐쇄되어 들어갈 수가 없어, 할 수 없이 양화진에서 한강을 건너 인천에 도착해

---

47) 藤岡信勝, 《新しい歷史教科書:中學社會》(市販本), 自由社, 2011, 182쪽.
48) 《조선사대계 최근세사》, 91~92쪽.

일본으로 귀환했다고 하였다.[49)]

  당시 일본 공사가 고종을 구하려고 했다는 설명은 무슨 근거로
제시하였는지 알 길이 없다. 오히려 일본 공사 일행은 궁성으로 가
서 보호를 구하려고 남대문에 이르렀는데, 성문이 굳게 닫혀 있어
길을 돌려 양화진을 거쳐 인천으로 간 것이었다.[50)] 오다는 이런 식
으로 일본은 조선을 늘 보살피고 안정시키려고 노력하였다는 식의
왜곡을 이 책 곳곳에서 드러내고 있다. 더군다나 임오군란 이후 제
물포조약에서 설정한 배상금 50만 원에 대해서는 이 가운데 40만
원을 일본이 조선 정부에 반환하여 내정 개혁에 쓸 수 있게 해주었
다고까지 서술하면서 자화자찬을 하고 있다.[51)]

  오다는 또한 임오군란 이후의 청이 조선에 대한 적극적 간섭과
종주국으로서 세력 확장을 꾀하였음을 강조하고 있는데, 이 부분에
대한 서술을 시노부 준페이信夫淳平의 《한반도韓半島》의 기사를 바탕
으로 서술하겠다고 밝히고 있다.[52)] 오다는 시노부가 1897년부터 3
년 동안 영사관에 근무하면서 당시 조선 정계 안팎의 거의 모든 사
정에 정통해 있었기 때문이라고 그 인용의 타당성을 밝히고 있다.
그런데 시노부의 《한반도》는 이른바 침략 3서 가운데 하나이고,[53)]
시노부는 법학자이자 공사관 참사관參事官, 인천이사청仁川理事廳 이
사관理事官, 총영사總領事 등을 역임하면서 일본의 조선 침략에 직접
참가한 사람이다. 따라서 당연히 그의 서술은 침략자의 시각에서

---

49) 앞의 책, 93~94쪽.
50) 《日本外交文書》15, 160~161쪽.
51) 《조선사대계 최근세사》, 97쪽.
52) 앞의 책, 98쪽.
53) 〈식민사학의 성립과정과 근대사 서술〉(조동걸, 1990) 참조.

일본의 조선 침략을 정당화하는 것이었다.

시노부는 조청 관계를 대체로 4기로 나누었는데 제1기는 병자호
란 직후인 1637년부터 1872년까지, 제2기는 1872년부터 1875
년 운요호사건 무렵까지, 제3기는 1875년부터 1882년까지, 제4기
는 1882년 이후 청이 청일전쟁에서 패배하는 시기까지로 구분하였
다. 그리고 시노부는 제1기를 조선이 청의 부용국附庸國이었다고 하
였고, 제2기는 타국으로부터 조선의 독립을 국시國是로 하던 시기
이며, 제3기는 타국이 조선을 중립국으로 보던 시기, 제4기는 실로
청이 조선을 다시 부용국으로 설정한 시대라고 하였다.[54] 오다를
비롯한 당시 식민사학자들은 조선을 청의 속국 또는 부용국으로 설
정하여, 청일전쟁은 조선을 청으로부터 독립시켜주고자 일본이 대
신 치러준 독립 전쟁이라고까지 선전하고 있음을 알 수 있다. 이러
한 논리는 오다에 이어 이 책의 제3장에서 살펴볼 다보하시에게서
도 확인되는 부분이다.

한편 갑신정변에 대한 서술에서는 일본 측의 갑신정변 개입에 대
한 정황 설명을 완전히 생략하고, 다만 당시 서울에 주둔하고 있던
일본군이 일본 공사와 함께 고종의 안전을 도모하고자 청국군과 대
치해 청의 공격에 방어만 했고, 역부족으로 밀려났다고 서술하고
있다.[55] 곧 정변 전 김옥균 등과 일본 다케조에 공사와의 접촉, 일
본의 갑신정변 지원 약속, 개입 정황 등에 대한 언급은 전혀 없이
도리어 정변의 상황에서 일본이 고종을 보호하려 했다고 왜곡하고
있다. 고종을 일본 공사가 보호하려 했다는 서술은 앞서 임오군란
에서도 나왔다.

---

54) 《조선사대계 최근세사》, 98~99쪽.
55) 앞의 책, 106쪽.

갑신정변 당시 일본군의 궁궐 진입 문제에 관해서는 고종이 내렸다고 하는 이른바 '일사래위日使來衞' 어서御書의 위조 여부 문제와 관련하여, 그동안 다보하시를 비롯한 일본 학계는 고종이 일본 공사에게 일본 군대를 끌고 와서 고종을 호위하도록 했다고 주장해왔다. 한편 우리 학계에서는 이에 대하여 정변에 실패한 뒤 일본으로 망명한 김옥균이 1년 뒤 회고록으로 쓴 《갑신일록甲申日錄》의 내용과 다름을 들어 어서의 위조 가능성을 제기하고 있다.[56] 그런데 오다의 주장은 이와 같은 다보하시 등 일본 학계의 주장 이전 시기부터 갑신정변에 대한 일본 측 개입의 정당성을 주장하고자 '고종 신변 보호설'을 주장하고 있었던 것으로 보인다.

또한 오다는 정변 뒤 일본으로 망명한 김옥균 등에 대하여 일본 정부가 그 이용 가치를 염두에 두고 조선 정부에 인도를 하지 않고, 생계를 보장한 사실에 대해서도 생략하였으며, 다만 1894년 상해에서 홍종우洪鍾宇에게 김옥균이 암살되었다는 것만을 쓰고 있다.[57] 게다가 갑신정변 자체의 성격과 역사적 의의, 주도 세력의 성향을 분석하는 데 가장 중요한 사료인 〈정강 14조〉에 대한 언급이 전혀 없다. 이는 조선 스스로의 근대 개혁적 움직임에 대한 일체의 설명을 생략한 채, 다만 그 정변의 실패와 김옥균 암살에만 초점을 맞춰 갑신정변의 정치 변란적 성격만을 강조하고, 그 시도 배경과 근대 정치 개혁적 측면의 의의에 대한 조명을 의도적으로 생략한 것이다.

물론 갑신정변의 일본 배후설에 대해서는 연구자에 따라 의견이

---

56) 이에 대해서는 〈1884년 갑신정변의 허위성 ― '日使來衞' 御書 위조의 경위〉(이태진, 《고종시대의 재조명》, 태학사, 2000) 참조.

57) 《조선사대계 최근세사》, 108쪽.

분분하다. 일본이 베트남 지배권을 둘러싼 청프전쟁을 이용하여 친
일 급진 개화파의 정변을 적극적으로 지원하고, 조선으로부터 청국
세력을 축출하여 일본 세력의 확대를 꾀하려 했다는 학설[58]도 있
다. 그러나 한편으로는 당시 일본 정부의 조선 정책이 청·조淸朝 종
속 관계를 승인하는 것이었다고 주장하면서 정변에 일본이 관여했
음을 부인하는 연구도 제기되고 있어,[59] 오다가 그의 저서에서 갑
신정변에 대한 일본 정부의 개입을 전면 부정한 사실의 여부를 판
단하기는 힘들다. 그러나 치밀한 사료 검증과 연구의 결과, 오다의
경우는 일본 정부의 개입을 부정했다기보다는 일본 측의 책임을 회
피하기 위한 논리였다.

　오다는 방곡령 문제에 관해서도 그 근본적 발생 원인을 분석하
지 않고, 다만 조선 정부가 조약 위반으로 1889년과 1890년에
방곡령 사건을 일으키고 그로 말미암아 일본 상인이 막대한 피해
와 손실을 입었다고 쓰고 있다.[60] 곧 방곡령 사건의 근본 원인이
라고 할 수 있는 불평등조약의 체제, 양곡의 무제한 유출과 무관
세무역, 그리고 일본 상인의 약탈적 무역과 당시 조선 경제에 미
쳤던 폐해 등에 관한 언급 없이 다만 자국 상인의 피해만을 서술
하여 역사를 왜곡하고 있는 것이다.

(4) 동학농민운동과 갑오개혁

　오다는 동학농민운동을 〈동학당의 난〉이라는 제목을 넣어 '난'으

---

58) 山邊健太郎, 《日本の韓國併合》.

59) 高橋秀直, 《日淸戰爭への道》, 東京倉元社, 東京, 1995; 최석완, 《日淸戰爭への道
　　程》, 吉川弘文館, 東京, 1997.

60) 《조선사대계 최근세사》, 117~118쪽.

로 규정하고 있다.[61] 이는 제1장에서 살펴본 기쿠치 겐조의 경우도
마찬가지이며 심지어 현재 일본의 우익 역사 교과서에서도 '폭동'이
라 쓰고 있다.[62] 일본의 관점에서는 동학농민운동을 '폭동'으로 규
정해야 그들의 파병과 청일전쟁 도발, 그리고 농민군에 대한 무자
비한 살육 행위가 합법화될 수 있기 때문인 것이다. 당시 일본에서
는 고부농민봉기 단계부터 동학농민운동을 '자국의 권익과 직결된
난'으로 규정했다.[63] 일본의 최대 관심사는 ①농민군이 진정으로 바
라는 것은 '척왜양'인가 반정부인가, ②농민군의 역량은 어느 정도
이고 정부군이 이를 진압할 수 있는가, ③청이 개입할 것인가에 있
었는데, 이 세 가지가 모두 일본의 이해에 직접 관계되는 문제였기
때문이었다. 실제로 일본의 언론 매체들은 특파원을 보내 농민 봉
기 현장을 취재하기까지 하였으며 그 대표적인 사례가 1894년 6월
《고쿠민신문》 기자로 파견된 기쿠치 겐조이다.[64]

　오다는《조선사대계 최근세사》에서 최제우를 경주 예산 지방에서 목
면木棉을 매매하는 일개 농민으로 소개하였고, 전봉준도 고부 지역의 농
부로 기술하는 등 역사적 사실의 오류를 여러 군데에서 범하고 있다.[65]
그리고 동학농민운동의 전개 과정을 서술하면서 홍계훈이 이끄는
정부군의 농민군과의 접전, 청과 일본의 파병 과정에 대한 서술만
하였고, 정부군과 농민군 사이의 전주화약이나 집강소의 설치, 폐
정개혁안의 실행 등에 대한 언급은 하지 않았다. 전주화약에 대해

---

61) 앞의 책, 118~121쪽.
62) 藤岡信勝,《新しい歷史敎科書:中學社會》(市販本), 自由社, 2011, 182쪽.
63) 강창일, 앞의 책, 46쪽.
64) 하지연, 〈韓末·日帝강점기 菊池謙讓의 문화적 식민활동과 한국관〉, 220쪽.
65)《조선사대계 최근세사》, 118~121쪽.

설명할 경우 일본군의 출병과 조선 주둔의 명분이 없기 때문에 이 부분을 의도적으로 생략한 것으로 보인다. 또한 농민군의 폐정개혁 안 요구나 집강소 설치를 통한 자치의 실현 등에 대한 설명도 생략 했는데, 동학농민운동의 반봉건·반외세적 성격을 덮고 단순한 '난' 으로 규정하기 위한 의도적인 설정으로 보인다.

또한 〈일청의 개전〉이라는 제목 아래 '동학당을 섬멸하고자 청국 정부가 출병하였고, 일본은 다만 톈진조약에 따라 출병하였음'을 강조하여 일본의 출병이 국제 협약에 따른 합법적이고 정당한 조처 였음을 역설하고 있다. 또 일본은 조선에서 그동안 오로지 평화로 운 상업적 활동만 한 것과 달리 청은 위안스카이를 파견하여 조선 의 국정을 쥐락펴락해 왔음을 강조하고 있다. 게다가 일본이 조선 에 출병한 명분 가운데 하나가 홍종우의 김옥균 암살이고, 이 사건 이 일본을 분개하게 해서 출병했다는[66] 식으로 설명하고 있다. 그 런데 홍종우의 김옥균 암살이 왜 일본의 출병 근거가 되어야 하는 지에 대한 합리적인 설명은 없다.

오다가 여기서 위안스카이와 청의 조선에 대한 내정간섭을 더욱 강조한 속뜻은 청일전쟁의 성격을 두고 일본이 이웃의 도리로써 조 선의 '내란'을 진압하고 동양의 평화를 위해 청에게서 조선을 독립 시키고자 하는 '일본의 의무'이며, '선의'였다는 식의 당시 일본 언 론의 인식[67] 구조와 맥을 같이 한다.

이와 같은 논리로 갑오개혁과 관련한 서술에서는 오토리 게이스 케大鳥圭介 공사가 봉건적이고 낙후된 조선 정부에 개혁을 건의했 고, 이에 따라 노인정회의老人亭會議가 열렸으며, 마침내 개혁이 시

---

66) 《조선사대계 최근세사》, 122~123쪽.
67) 〈革新黨の對韓意見〉, 《東京日日新聞》, 1894년 6월 12일자.

작되었다고 쓰고 있다.[68) 또 "갑오개혁이야말로 조선의 진정한 독립을 위한 것으로 일본이 조선의 독립과 발전을 위해 경복궁을 점령했다."고 하여[69) 내정간섭과 침략 행위가 조선을 위한 일본의 선의라는 억지 주장을 하고 있다. 실제로 일본의 청일전쟁 당시 대한對韓정략은 '조선의 독립을 부식扶植한다.'고 표방하였다. 그것은 조선의 피보호국화를 뜻하는 것이나 일본은 항상 조선에 진출할 때에 그 명목을 조선의 '독립'을 이루기 위해서라고 표방했고, 조선의 내정개혁 개입 또한 그 명목에 따른 것이었다.[70) 이때 '독립'의 뜻은 일본이 조선을 자유로운 '처분'의 대상으로 생각하고 있었던 것이고, 궁극적으로 피보호국화, 식민지화에 목적이 있었던 것이다. 그럼에도 당시 일본은 이를 '조선의 독립'이라는 용어로 표현하였고, 그것은 왜곡된 역사로 고착되었다.

청일전쟁 발발 뒤인 1894년 8월 20일, 일본 특명전권공사 오토리 게이스케가 조선 외무대신 김윤식과 체결한 잠정합동조관과 26일에 체결한 조약에 대해서는 일본이 조선의 독립을 희망하고 있었기 때문에 청일전쟁 당시 조선과 체결한 공수동맹의 체결이었다고 선전하고 있다.[71)

결국 오다의 논리는 이후 식민사학에서 한결같이 주장하는 바와 같이 청일전쟁은 조선의 독립을 위해 일본이 희생을 감수하고서라도 치

---

68) 《조선사대계 최근세사》, 125쪽.

69) 앞의 책, 126쪽.

70) 이에 대해서는 다음을 참조.
   森山茂德, 《近代韓日關係史研究》, 東京大學出版會, 1987(玄音社, 1994 한국어로 옮김. 이하 인용은 한국어 옮김에 따름), 18~19쪽, 35~38쪽, 49~50쪽, 61쪽; 森山茂德, 〈청일전쟁 중 일본군부의 대한정략〉, 《청일전쟁의 재조명》, 한림대학교 아시아문화연구소, 1996, 195쪽.

71) 《조선사대계 최근세사》, 127~128쪽.

른 대리전쟁이었고, 갑오개혁은 낙후된 조선을 근대적으로 개혁한 것
으로 왜곡하여, 일본 제국주의의 본격적인 출발점이라고 할 수 있는
청일전쟁을 이웃 나라를 위한 희생과 헌신으로까지 미화하고 있다.

(5) 을미사변과 대한제국

오다는 청일전쟁 이후 체결된 시모노세키조약과 그 뒤 진행된 삼
국간섭을 설명하면서는 '피로써 얻은 랴오둥 반도를 반환한 것'과
관련하여 러시아에 대한 적개심을 노골적으로 표현하고 있고, 조선
정부 안에서 러시아 세력과 가까운 파벌이 생겼으며, 명성황후와
박영효 세력의 대립 구도를 이루다가 박영효가 실각한 상황을 설명
하면서 "조선 정부의 형세가 일변하여 을미의 변이 일어났다."[72]는
식으로 애매하게 기술하고 있다. 다시 말해 일본 정부가 조직적으
로 개입하여 저지른 을미사변을 조선 정부의 정세 변화로 말미암아
일어났다는 식으로 사건의 배후나 주모자, 전개과정 등에 대한 일
체의 설명 없이 애매모호하게 넘어간 것이다.

〈을미의 변〉[73]이라는 제목의 글에서는 러시아 공사를 중심으로
파벌이 형성되어 왕비와 친러파가 과격한 수단으로 현 갑오 내각과
일본을 배격했고, 박영효의 영향력 아래 있었던 훈련대를 고종과
명성황후가 해산하려 했기 때문에 훈련대가 큰 불만을 품고 있었다
고 이 과정을 상술하고 있다.

> 대원군이 마침내 결단을 내려 훈련대와 함께 일본과 조선의 뜻있는 지
> 사들이 공덕리孔德里에 있던 대원군의 별장에서 출발하여 경복궁에 들어

---

72) 앞의 책, 136~137쪽.
73) 《조선사대계 최근세사》의 138쪽 〈을미의 변〉은 목차에서는 생략되어 있다.

갔고, 훈련대 등은 수비병과 작은 접전을 한 뒤 궁중 안 분란이 극에 달
한 끝에 불행히도 왕비가 죽었다. …… 고종이 명성황후를 조야에 죄가
많아 폐서인시켰다.[74]

여기서 오다는 명성황후 시해의 주범을 훈련대와 대원군으로 서
술하고 있다. 이는 을미사변 당시 일본 정부뿐만 아니라 이후 일본
학계의 일관된 주장이었던 '대원군 주모설' 또는 '훈련대 가담설'[75]
등의 주장과 일치한다. 게다가 오다는 을미사변에 대한 일본의 주
도와 개입을 전혀 언급하지 않고 은폐하고 있을 뿐만 아니라 일본
의 압력 때문에 내려진 명성황후 폐서인 조치를 마치 명성황후가
죄가 많아 벌받게 된 것처럼 서술하
고 있다.

춘생문 사건[76]에 대해서는 〈국왕탈
취사건〉[77]으로 부르고 있는데, 당시
일본인들은 을미사변 직후 국제적으
로 비난이 빗발쳐 입장이 곤란한 상
황에서 춘생문 사건이 발생하자 이
를 기회로 삼았다. 곧 미국이 고종
을 납치하려고 한 것은 일본이 명성
황후를 죽인 것과 다를 바 없다는 식
의 논리를 펴면서 을미사변을 덮으

고종황제

---

74) 앞의 책, 138~139쪽.
75) 이에 대해서는 《청일전쟁과 조선》(朴宗根 지음·박영재 옮김, 일조각, 1989) 참조.
76) 춘생문 사건에 관해서는 〈고종과 춘생문 사건〉(오영섭, 《향토 서울》 68호, 서울특별
    시사편찬위원회, 2006) 참조.
77) 《조선사대계 최근세사》, 143쪽.

려 하였다.[78] 오다 역시 이러한 논리를 그대로 반영하고 있다. 또한
을미사변 이후 수립된 친일 성향의 제4차 김홍집 내각이 추진한 을
미개혁에 대한 상세한 소개와 함께 그 근대성을 강조하면서 일본의
제도에 의지하여 태양력 사용, 소학교 설립, 종두법의 시행 등 근대
적 개혁이 이루어졌다고 하여[79] 일본이 조선을 근대화시켜 주었다
는 시혜론의 논리를 펴고 있다.

한편 오다는 제4장의 제목을 〈대한독립과 노국〉[80]으로 했다. '대
한독립'이라는 제목 자체에서 청일전쟁으로 말미암아 조선이 청에
게서 독립하게 되었다는 것을 내세워, 일본의 조선 침략의 목적을
숨기고 전쟁을 정당화하고 있다. 그리고 이제 러시아라는 새로운
세력을 또 하나의 극복 대상으로 설정해 놓았다. 오다는 러시아와
구미 열강의 각종 이권 침탈과 러시아 세력의 확장, 김홍륙 사건까
지 상술하면서 러시아가 한반도를 경영할 의도에서 강하게 그 세
력을 부식하고 있다고 하여[81] 러일전쟁에 대한 합리화를 논리적으
로 설명하고 있다.

대한제국에 대한 설명은 다만 국호와 광무光武라는 연호 제정 문
제에 대해서만 약술하고 거의 대부분을 러시아의 여순旅順·대련大
連 조차租借와 랴오둥 반도 정세情勢, 마산포 조차, 북청北淸사변 이
후 러시아의 만주군 주둔 문제와 철병 문제, 영국·프랑스·독일·러
시아 등에 따른 중국 분할, 용암포龍岩浦 사건 등을 자그마치 10

---

78) 《근대조선사》, 下권, 1939, 447쪽.
79) 《조선사대계 최근세사》, 142쪽.
80) 앞의 책, 140쪽.
81) 앞의 책, 148~158쪽.

황궁우皇穹宇와 원구단圜丘壇(사적 157호). 고종이 국호를 '대한제국'으로 고치고 즉위식을 거행한 곳. 1914년 원구단이 철거되고, 일제는 그 자리에 조선경성철도호텔을 세웠다. 현재의 조선호텔이다.

여 쪽에 걸쳐 자세하게 서술하고 있다.[82] 여기서부터는 한국 근대 사가 아니라 러일전쟁사라고 할 수 있다. 오다가 이렇게 장황하게 러시아의 극동 정책과 당시의 러일 관계, 그리고 그 사이에 끼인 대한제국과의 관계를 상술한 속뜻은 러일전쟁의 원인이 러시아의 군사력 증강과 위협에 있었다는 책임 전가를 합리화하기 위해서 이다.

오다는 대한제국의 광무개혁, 곧 각종의 식산흥업 정책과 병원과 도로, 철도와 해운·육운 등의 사회 인프라의 구축, 군사·국방 정책, 양전지계사업과 홍삼·담배 전매사업 등으로 국가 재정의 확보, 금본위제 실시를 위한 화폐개혁의 시도, 여러 실업학교와 외국어학교 의 설립으로 인재 양성 등 대한제국이 자주적으로 근대화하고자 노

---

82) 앞의 책, 159~172쪽.

력한 사실 자체를 생략하고 있다. 그것은 결국 일제의 식민통치를 옹호·긍정하기 위한 의도였다. 말할 것도 없이 대한제국과 광무개혁에 관한 논쟁 자체는 지금 한국 학계에서도 진행되고 있지만,[83] 오다의 경우는 아예 역사적 사실 자체를 의도적으로 누락시켰다는 점에서 문제가 있는 것이다.

4. 《조선사대계 최근세사》의 한국 병합사 인식

오다는 제5장의 제목을 〈일한日韓관계의 진전〉이라고 하였다.[84] 러일전쟁 이후 일본이 본격적으로 한국을 식민지화해 가는 과정을 '진전'이라고 호도한 것이다. 그것은 식민지화의 진전이라는 뜻이다. 실제로 제5장부터는 일본의 한국 국권찬탈 과정에서 체결된 이러저러한 조약들을 일일이 나열한 것과 달리 항일 의병과 애국 계몽운동 등에 대한 설명은 거의 생략했다.

1) 러일전쟁과 국권피탈 과정

오다는 러일전쟁 직전 대한제국 정부가 표면적으로는 국외중립을 선언했지만, 러시아와 결탁하고 정부 안의 일본당을 학살했으며 일본인 거리를 습격하는 등 일본을 멀리하고 있었다고 서술했다.[85]

---

83) 한영우·서영희·이윤상 외,《대한제국은 근대국가인가》, 푸른역사, 2006; 이태진·김
    재호 외,《고종황제 역사청문회》, 푸른역사, 2005.
84)《조선사대계 최근세사》, 174쪽.
85) 앞의 책, 175쪽.

그리고 일본이 러시아와 전쟁을 수행함으로써 러시아가 잠식했던 대한제국의 지위를 회복할 수 있게 되었다는 논리를 폈는데, 이는 일본이 조선 대신 청일전쟁을 치름으로써 비로소 조선이 청에게서 독립할 수 있었다는 논리의 연장이다. 게다가 러시아 공사가 퇴거하자 대한제국 정부와 관민이 모두 일본을 신뢰하게 되었다는 식으로 사실을 왜곡하고 있다.[86]

포츠머스 조약 체결에 대해서도 "한일 양국을 결합하는 이익 공통주의를 관철하는 급무"[87]가 가능하게 되었다고 하였다. 오다의 논리대로라면 러일전쟁의 결과 대한제국이 일본의 피보호국으로 전락하게 된 것이 한일 양국 모두에게 이득이 되었다는 것이다. 반半식민지 상태로 전락하게 된 대한제국이 얻은 이익이란 과연 무엇이었는가.

오다는 러일전쟁을 대對러시아 방위의 관점에서 침략 전쟁을 합리화하고 있다. 말할 것도 없이 1898년 당시 러시아의 동아시아 정책은 시장 확보하는 정책에서 군사력에 의존한 영토 팽창정책으로 전환하고 있었다.[88] 그러나 그렇다고 해서 러시아가 한반도에 대한 무력을 상정한 것은 아니었다. 러시아의 주된 관심은 만주에서 그들의 이권을 실현하는 것이었다. 러시아는 한반도에서의 이권 확보에도 관심을 갖고 있었지만, 러일전쟁이 일어나기 직전까지도 1차적인 관심은 만주에 있었던 것이다. 그러니까 한반도, 더 나아가 일본 본토에 대한 공격 계획은 없었다.[89] 따라서 오다가 러시아 위협론을 강조하여 침략 전쟁을 합리화하는 것은 침략 행위에 대한 자기변명

---

86) 앞의 책, 177~178쪽.
87) 앞의 책, 192쪽.
88) 최덕규,《제정 러시아의 한반도정책, 1891~1907》, 경인문화사, 2008, 38쪽.
89) 신주백,〈지유샤판 역사교과서의 근대사 서술 분석〉,《역사교육연구》9, 한국역사교육학회, 2009, 273~274쪽.

과 과오의 은폐라고 해야 할 것이다.

문제는 현재 일본 중학교 역사 교과서도 '일본의 안전 보장'을 논리로 러일전쟁을 설명하고 있다는 것이다. 지유샤판 교과서에서는 의화단사건에서부터 상세한 서술을 통해 러시아가 극동에 진출하여 위기의식을 조장했고, 그로 말미암아 러일전쟁이 일어난 것으로 전쟁의 책임이 러시아에 있다고 기술하고 있다. 또한 러일전쟁에서 일본의 승리는 "유색인종 국가인 일본이 세계 최대 육군 대국인 백인 제국 러시아에 승리한 것으로 식민지 지배하에 있던 여러 민족에게 독립의 희망을 주었다."고까지 침략 전쟁을 호도하고 있다.[90) 오다의 러일전쟁에 대한 인식과 오늘날 일본 우익 교과서의 논리가 같은 맥락임을 확인할 수 있는 부분이다.

또한 오다는 화폐정리사업에 대해서 대한제국의 문란한 재정과 경제문제를 한 번에 정리한 개혁이었고, 향후 산업 개발까지 가능하게 했다고 대대적으로 설명하고 있다.[91) 그러나 실제 화폐정리사업은 당시 한국 안에서 유통되던 백동화를 갑甲·을乙·병丙으로 구분하여 병은 폐기하고, 을은 실제 화폐가치의 ½∼⅓에 해당되는 만큼만 교환을 해줘 대부분의 한국 민족자본과 일반인들은 심각한 피해를 입었다. 게다가 이 사업은 법의 공포에서 시행까지의 기간이 짧아 미처 교환을 못하여 몰락하는 한국인이 속출하였고, 신식 화폐가 나오기 이전까지 일본의 제일은행권을 유통시킴으로써 경제를 일본에 종속시키려는 침략 행위였다.[92) 그런데도 이에 대한 언급은 전혀 없

---

90) 藤岡信勝, 『新しい歴史教科書:中學社會』(市販本), 自由社, 2011, 184∼187쪽.
91) 《조선사대계 최근세사》, 187∼189쪽.
92) 이 시기 일본의 제일은행권 유통에 관해서는 다음을 참조.
   나애자, 〈이용익의 화폐개혁론과 일본제일은행권〉, 《한국사연구》 45, 한국사연구회, 1984; 김혜정, 《일제의 고문정치와 한국재정 침탈》, 서강대학교 사학과 박사학

이 다만 한국의 문란한 화폐제도를 개혁해 주었다는 식으로 설명하고 있다.

을사늑약에 대해서는 추밀원의장樞密院議長 후작侯爵 이토 히로부미伊藤博文와 주한 일본 공사 하야시 곤스케林權助, 주한 군사령관 하세가와 요시미치長谷川好道의 3인이 고종을 알현하고, 정부대신과 숙의해 원만하게 해결을 보았다고 서술하여[93] 을사늑약 강제 체결 과정에서의 강제성, 고종의 거부, 외부대신 박제순의 인장 탈취, 한규설에 대한 협박 등에 대한 언급은 전혀 없다. 이는 침략자 입장에서 그 불법성과 강제성을 인정할 수 없기에 나타나는 그들 나름의 당연한 서술 태도인 것이다.

헤이그 특사 사건과 고종의 강제 퇴위에 대해서는 그 사건이 '돌발'이고 '음모'였다는[94] 표현을 써서 일본이 당시 이 사건으로 크게 당황했던 정황을 드러내고 있다. 그리고 이 사건에 대한 책임으로 고종이 양위의 조칙을 발표했다고 서술하여[95] 고종 강제 퇴위를 '양위'라는 표현으로 사실을 왜곡하였다. 분명한 역사적 사실은 양위가 아니라 '군국의 사무를 대리'시키는 것이었다. 또 군대해산을 앞두고 격렬하게 일어난 대한제국 군대의 저항에 대하여 "대한제국 군인들이 은사금을 받자마자 폭도로 돌변했다."라든가 "폭도의 횡행"[96]이라는 표현을 써 일제의 침략 행위에 대한 우리 민족의 저항을 '폭도', '난' 등의 표현으로 나무라고 왜곡하였다. 이렇게 항일 의

위논문, 2004.
93) 《조선사대계 최근세사》, 193쪽.
94) 앞의 책, 204~206쪽.
95) 앞의 책, 207쪽.
96) 앞의 책, 217~218쪽.

병을 '폭도'로 몰아붙이거나 한국인들이 일본의 우호적 보호정치라는 은혜를 오해하고 있다는 식으로 그들의 침략을 포장하여 미화하는 것은 당시 일본인들이 보편적으로 가지고 있던 한국에 대한 인식이었다.[97]

또 통감부의 사법과 행정권 장악, 지방 관제 개편과 이사청 설치 문제, 사법권 박탈과 감옥 사무 제도 탈취를 두고, 한국의 정치 폐단이 극심하고 지방관들의 가렴주구와 부패상이 심각한데 이를 일본이 책임감을 가지고 시정해 갔다고[98] 왜곡된 표현을 써 통감부의 보호국 통치를 적극 옹호하고 있다. 정치 분야뿐만 아니라 제일은행의 한국 중앙은행 업무 장악, 권업모범장 설치, 국유 미간지법 제정, 임업, 어업, 수산업, 광산업, 산업, 토목, 교육, 위생, 교통 등 여러 방면에서 일본의 세력 부식扶植에 대해 한국의 기반 시설과 이원利原을 일본이 개발시켜주었다고[99] 장황하게 설명하고 있다. 이른바 보호정치, 나아가 식민통치로 말미암은 근대 문명의 전파라는 논리로, 식민지 시혜론적 사고를 확인할 수 있는 부분이다. 이 부분 역시 현재 일본 우익 역사 교과서와 그 논리가 같다. 예를 들어 지유샤 교과서에서는 "식민지 정책의 일환으로 조선의 철도, 관개시설 등의 개발을 행하고, 토지 조사를 실시하였다. 또 학교를 개설하고, 일본어 교육과 함께, 한글을 도입하여 교육했다."고 하여 식민지 근대화론을 주

---

97) 이에 대해서는 다음을 참조.
   하지연, 〈'한국병합'에 대한 재한일본 언론의 동향 — 잡지《朝鮮》을 중심으로〉,《동북아역사논총》30호, 동북아역사재단, 2010, 77~79쪽; 〈일제의 한국강점에 대한 일본 언론의 동향 — 일본잡지《太陽》·《日本及日本人》·《中央公論》을 중심으로〉,《한국민족운동사연구》64, 한국민족운동사학회, 2010, 11쪽.

98) 《조선사대계 최근세사》, 221~224쪽.

99) 앞의 책, 226~238쪽.

장하고 있다.[100]

한편 오다는 〈간도문제의 해결〉이라는 항목에서 본래 간도가 백두산정계비의 비문에 바탕을 두어 토문강 북쪽에 해당되는 동간도 지방이 한국령으로 통감부가 파출소까지 설치하여 관리하였으나, 청일 양국 사이의 동양 평화의 목적에서 부설되는 안봉선安奉線 문제와 관련하여 간도 귀속 문제를 청과 교섭한 끝에 청국령으로 인정하게 되었다고 서술하고 있다.[101] 일본이 만주철도 부설권이라는 이권을 획득하고자 청에게 간도 귀속권을 넘긴 역사적 사실을 '동양 평화의 목적'이라는 미사여구로 은폐한 대목이다.[102]

2) 한국 강제 병합

오다는 을사늑약 체결 뒤 한국 안의 저항과 관련하여 민영환과 조병세의 자살, 민종식·최익현·임병찬 등의 의병 거병에 대해서 소략하게나마 몇 줄 언급하였는데, 을사의병을 '화적의 출몰'이라고 하였고 이 의병들도 곧 평정되어 배일의 기세가 쉽게 소멸했다고 왜곡하였다.[103]

또한 영국인 베델Ernest Thomas Bethell(1872~1909, 한국명: 배설裵說)이 발행하였던 《대한매일신보》를 두고 일본 제국의 대한 정책에 반대하는 중상모략 기사를 실었다고 비난하였고, 헐버트Homer Bezaleel Hulbert(1963~1949)도 《한국평론잡지Corean Review》를 통해 일본을

---

100) 藤岡信勝, 《新しい歷史敎科書:中學社會》(市販本), 自由社, 2011, 191쪽.

101) 《조선사대계 최근세사》, 239~242쪽.

102) 청일간의 간도협약에 관해서는 〈청·일 간도협약의 무효와 한국의 간도 영유권〉(노영돈, 《한국사론》 41, 국사편찬위원회, 2004) 참조.

103) 《조선사대계 최근세사》, 196~197쪽.

비방하였는데, 베델이나 헐버트가 모두 한국 정부로부터 보조금을
받은 자로서 배일론을 전파했다고 주장하고 있다.[104] 베델과 헐버
트의 반일 활동을 돈 때문이라는 식으로 간단하게 매도해 버린 것
이다.

정미의병에 대해서도 1907년 이후 각지에서 '폭도'가 일어나고,
그 평정이 용이하지 않았으며, '암살'이 여기저기서 일어났는데, 이
는 일본의 보호정치를 오해한 탓이라고 주장하고 있다. 더욱이 장
인환과 전명운의 스티븐스 암살, 이재명의 이완용 피습 사건, 안중
근의 이토 히로부미 저격 사건을 그 사례로 제시하였다.[105] 당시 일
본 언론은 안중근의 의거에 대하여 "은혜를 모르는 한인을 무단武
斷 보호로 억압"하자거나, "배일사상의 광견에게 물렸다."는 표현
을 써 가며 한국을 문화통치로 보호하고자 하는 일본의 호의를 한
국인이 스스로 거부했다는 논리를 펼쳤다.[106] 오다에게서도 동일한
인식이 확인되는 부분이다. 이런 식으로 한국인의 항일 저항을 '폭
도', '암살' 등의 폭력과 불법 등 부정적 용어를 동원하여 테러 행위
로 규정해서 일본의 침략을 자연스럽게 합법화하고 있는 것이다.
이 논리가 바로 안중근 의사를 살인자로 규정하는 일본 우익의 논
리 그대로이다. 식민사학과 침략 미화론이 반성 없는 위험하고 왜
곡된 역사관으로 끊이지 않고 이어지는 것을 알 수 있다.

한편 오다는 일본의 한국 강제 병합에 대하여 일본 제국의 안녕
과 보존, 그리고 민족의 번영을 구하기 위해서는 먼저 동양 평화가

---

104) 앞의 책, 202~203쪽.

105) 앞의 책, 250~254쪽.

106) 하지연, 〈'한국병합'에 대한 재한일본 언론의 동향 — 잡지《朝鮮》을 중심으로〉, 《동
북아역사논총》 30호, 79~80쪽.

필요하고, 한국은 지리적 위치 때문에 국력이 미약할 경우 항상 외세에게 좌우되어 환란이 끊이지 않았는데, 이로 말미암아 일본의 안위에도 큰 영향을 미친다고 서두를 풀어내고 있다. 그러면서 "일본이 한국의 안위와 보존"을 지키는 것은 동양 평화를 유지하기 위한 것이라고 제국주의 침략을 미화하고 있다.[107] 한국의 지정학적 위치가 일본을 위협한다는 식의 주장은 19세기 말과 20세기 초의 당시는 물론 현재까지도 여전히 일관되는 일본의 동아시아 정세 인식이다. 일본 식민학의 선두 주자였고, 도쿄제대에서 식민학을 강의한 니토베 이나조新渡戸稲造(1862~1933)의 경우도 한국의 지리적 위치를 두고 "한반도는 일본해에 돌출한 핀과 같은 모양을 하고 있다."라든가 "조선 반도는 일본의 심부를 향해 겨눈 검에 비교할 수 있다.", "조선이 일본 통치하에 들어가는 것은 일본의 자기 보전의 조건이다."[108]고 했다. 자국의 방위는 자국 안에서만 가능한 것이지 자국의 방위를 예측하여 타국을 침략한다는 것은 분명한 불법이고, 어떠한 이유에서도 정당화할 수 없는 침략 행위인 것이다.[109]

이와 관련하여 지유샤 역사 교과서는 러일전쟁 이후 한국 병합에 이르는 과정을 소략하게 서술하고 있다. 그러면서 무력에 의한 국권침탈이 이루어진 점은 인정하나 병합조약이 '불법적'이었다고 인정하지는 않는다. 오히려 열강의 승인을 받았음을 강조하여 그 정당성을 주장하고 있다. 심지어 일본이 '한국의 근대화를 진전시켰다.'는 시혜론까지 당당하게 교과서에 쓰고 있다. 이 역시 식민사학

---

107) 《조선사대계 최근세사》, 254~255쪽.

108) 하지연, 〈니토베 이나조(新渡戸稲造, 1862~1933)의 식민주의와 조선인식〉, 《이화사학연구》 제43집, 이화사학연구소, 2011, 222쪽.

109) 신주백, 〈지유샤판 역사교과서의 근대사 서술 분석〉, 289쪽.

의 논리와 다름없음을 알 수 있다. 다음은 지유샤 교과서의 한국 병
합에 대한 서술이다.

　　일본의 안전과 만주의 권익을 방위하기 위하여, 한국의 안정이 필요하
　였다. 러일전쟁 후 일본은 한국 통감부를 설치하여 보호국으로 하고, 근
　대화를 진전시켰다. 구미 열강은 러시아의 만주, 몽고, 영국의 인도, 미
　국의 필리핀 등 자국의 식민 지배를 일본이 승인하는 것을 조건으로 일
　본의 한국 보호국화를 승인했다. ······ [110]

　현재 일본의 역사 교과서에서 식민사학의 제국주의 침략 정당화
논리가 장기 지속성을 갖고 그대로 이어지고 있음을 확인할 수 있
는 부분이다.

5. 맺음말

　오다 쇼고는 1899년 도쿄제대 문과대학 사학과를 졸업하고,
1908년 11월 대한제국 학부 편집국 사무관으로 초빙되어 왔다. 그
는 학무 관료로서 교과용 도서 편찬 및 편집 업무에 종사했고, 병합
이후에도 조선총독부 내무부 학무국 편집과장으로서 식민지 초·중
등교육정책의 실무를 담당했다. 또한 1918년에는 조선총독부 중추
원 편집과장을 겸하여 중추원의《조선반도사》편찬 실무를 담당했
고, 1921년에는 학무국 고적조사과장으로 총독부의 고적 조사 사

---

110) 藤岡信勝, 『新しい歷史敎科書：中學社會』(市販本), 自由社, 2011, 190쪽.

업의 배후를 맡았다. 그는 1924년 경성제대 교수로 조선사학 제2
강좌를 담당했고, 1925년에는 조선사편수회 위원이 되어 1932년
까지 조선사 편찬 사업에 관여했다. 다시 말해 그는 식민지 이전부
터 우리 역사 교육의 행정 실무뿐만 아니라 식민지 시대 최고 학부
인 경성제대의 교수로서 조선사학 강좌를 담당해 온 교육자였다.
따라서 그의 저술과 그의 교육이 식민지 역사 교육에서 차지하는
위상은 최고의 권위를 갖고 식민지 권력의 전폭적인 지원을 받는
강단사학의 정점이라고 할 수 있다. 그는 실제로 조선총독부가 본
격적으로 한국의 역사를 체계적으로 왜곡하고 정리하기 시작하는
시점에 그 핵심 역할을 담당했던 것이다.

　오다는 식민지 역사 교육 분야에서 행정 관료로서뿐만 아니라 조
선사에 대한 연구와 조선고서간행회나 조선연구회 등 여러 연구 단
체에 깊이 관여했고, '조선사학회' 회장으로서 식민지 조선사 연구
분야에서 중추적 구실을 담당했다.

　조선사학회에서는 1924년 《조선사강좌》를 펴냈고, 이를 다시 시
대별로 묶어 1927년 5권의 《조선사대계》로 간행했다. 오다는 《조
선사강좌》의 상세사上世史와 최근세사 집필을 담당했고, 《조선사대
계》의 〈최근세사〉 부분을 집필했다. 식민통치기관의 전폭적인 인
적 재정적 지원으로 편찬된 《조선사대계》는 식민지 시대 전반에 걸
쳐 한국사 연구에 막대한 영향력을 행사한 그의 대표적인 연구 성
과였다고 할 것이다. 한국 근대사 연구에서 그 실증적 연구 성과로
서, 출간 이후 한동안 한국 근대 외교사 분야의 대표적 연구 성과로
군림했던 다보하시의 《근대일선관계의 연구》 상·하(1940)는 1940년
무렵에야 나왔다. 때문에 다보하시의 저서는 식민지 시대 그 당시
식민사학의 형성과 확산에 영향력을 미쳤다기보다는 오히려 식민

사학의 결정체라고 할 수 있다. 이와 달리 오다의 《조선사대계 최근세사》는 식민지 시대 조선총독부가 식민사학을 집중적으로 지원하고 정식으로 조선사로 정착시킬 무렵에 나온 대표적 성과물이라고 할 수 있다. 비록 그 내용이 이전까지 알 수 없었던 참신함이라든가 또는 실증적인 면을 갖춘 학술적 연구 성과라고도 할 수 없고 심각하게 왜곡된 식민사학임에도 아랑곳하지 않고, 당시 총독부 권력의 후원을 받던 조선사학회에서 편찬된 저술로 학술적 권위가 주어졌다. 따라서 이 책에서 풀어낸 한국 근대사에 대한 왜곡된 역사관은 식민지 시대에 절대적인 영향력을 행사했다고 할 수 있다.

또한 오다는 경성제대에서 강의하면서 다가와 고조 같은 후배 식민사학자들을 양성하였다. 그리고 기쿠치 겐조, 아오야기 쓰나타로, 호소이 하지메 등 대표적인 재야 식민사학자들과 교류를 갖고 각종의 조선사 연구 단체, 학회, 지방사 편찬 사업, 고적 조사 사업 등에 관여하면서 넓은 인맥을 구성하였는데, 이때 오다의 구실은 강단사학과 재야사학을 이어주는 식민사학의 교류망을 만들어 준 든든한 거점이었던 셈이다.

이 글에서 분석한 오다의 식민사관이 현재 지유샤나 이쿠호샤 등 일본 우익 역사 교과서의 역사인식과 그 맥락을 같이 하고 있다는 점에서 많은 시사점을 준다. 물론 오다의 경우뿐 아니라 식민사학에서 보이는 일본의 제국주의 침략에 대한 합리화, 정당화, 미화 등의 왜곡된 역사인식은 오늘날 일본 우익의 역사인식으로 장기 지속성을 갖고 변함없이 유지되고 있다. 과거 일본이 침략의 역사에 대해서 도무지 자기반성이 없는 것이다. 최근 끊임없이 일본이 교과서 왜곡 문제로 동아시아 역사인식의 갈등을 불러일으키고 있는 상황에서 오히려 일본의 역사 교과서는 지난날 식민사관으로의 회귀 또는 식민사관의 복제 현상을 보이고 있다. 말할 것도 없이 이와 관련해서는 별도의 상세한 연구가 더 필요할 것이다. 그러나 우리가 일본의 왜곡된 역사인식의 뿌리와 내용, 그리고 의도 등에 대한 정확한 분석과 인식을 가지고 있어야 논리적이고 체계적인 대응을 할 수 있을 것이며, 그것이 올바른 동아시아 역사 연구와 동아시아 공존 및 평화에 바람직한 전제 조건이 될 수 있을 것이라고 본다. 따라서 일제 강점기 식민사학과 식민사학자에 대한 그 인식 체계와 논리의 현대적인 재조명과 분석이 더 많이 나와야 할 것이다.

〈부록 1〉 오다 쇼고(1871~1953) 연보

년월일	활동 내용
1871. 5. 2	三重縣志摩郡鳥羽 출생.
1887	神宮皇學館 입학 뒤 자퇴. 상경하여 國民英學會·東京英語學校에서 배움.
1891. 7.	第一高等中學校豫科에 입학.
1896. 7.	第一高等學校大學豫科第一部 졸업. 東京帝國大學文科大學史學科에 입학.
1899. 7.	대학졸업 뒤 대학원 진학. 곧 퇴학. 같은 해 長野縣 師範學校에 봉직
1900. 3.	荻中學校로 옮김.
1902. 9.	德島縣 師範學校 校長에 임명.
1907. 7.	畝傍中學校長 임명.
1908. 1.	第一高等學校 교수.
1908. 11. 17	한국 정부 초빙으로 조선에 건너옴. 學部 書記官에 임명.
1908. 12. 5	경성 부임. 편집국 근무. 교과용 도서 편찬 종사(三土忠造 후임).
1910. 10. 1	조선총독부 사무관(內務部學務局編輯課長). 高等官 5등에 서임.
1913. 6.	京城專修學校長事務取扱겸무(1916년 3월까지).
1915. 8.	施政五年記念朝鮮物産共進會심사관.
1918. 1.	中樞院 編輯課長대우촉탁(朝鮮半島史編纂事業).
1920	朝鮮民事令及民籍法改正調査委員.
1921. 6.	舊慣及制度調査委員.
1921. 10. 1	학무국 소속 古蹟調査課長을 겸함.
1922. 4. 7	總督府視學官(사무관겸임). 고등관 3등 서임. 학무국 근무.
1922. 4. 19	조선총독부 사무관 고등관 2등에 서임. 학무국 편집과장 겸임.
1922. 9.	칙임으로 승진. 송광사에서 大般涅槃經의 결본 발견.
1923	朝鮮史學會조직. 〈朝鮮史講座〉 발행.
1923. 11.	朝鮮帝國大學창립위원회 위원.
1924. 1.	朝鮮帝國大學 附屬大學豫科 개교 준비위원회 사무 취급.
1924. 5. 2	경성제대 개설과 함께 豫科교수 겸 예과부장(사무관겸임).
1924. 10.	학무국 편집과장 겸임을 물러남.
1925. 7.	조선사편수회 위원.
1926. 2.	釜山府史編纂顧問(1932년까지).
1926. 4. 1	경성제대 법문학부교수(조선사학 제2강좌 담임).
1926. 6. .23	훈 3등에 서임. 瑞寶章 수여.

1927. 7.	京城府史편찬위원회고문.
1927. 12. 16	고등관 1등에 陞敍.
1930. 4. 22	李王職 實錄編纂委員에 촉탁.
1930. 5.	靑丘學會 설립.
1932. 3. 30	정년 퇴임.
1932. 4. 19	경성제대 법문학부 강사에 촉탁.
1932. 4. 25	從 3位에 서임.
1933. 3. 31	中樞院舊慣及制度調査事務위촉.
1933. 4. 1	李王職 실록편찬사업의 전임.
1933. 12.	圖書館에 관한 사무를 촉탁 받아 會計課 근무. 朝鮮總督府寶物古蹟名勝天然記念物.保存會委員. 숙명여자전문학교 2대 교장 취임.
1935. 3. 26	御用濟에 대해 實錄編纂委員을 解免. 殘務取扱.
1945	三重縣 鳥羽로 은퇴.
1953. 12. 12	향리에서 사망. 향년 83세.

자료 : 小田省吾, 〈小田省吾略歷自記〉,《辛未洪景來亂の硏究》, 小田先生頌壽記念會, 京城, 1934.9; 나가시마 히로키, 〈日本의 근현대 일한관계사연구〉, 66~67쪽 ; 朝鮮人事興信錄 編纂部,《朝鮮人事興信錄》, 1935, 73쪽 ; 朝鮮功勞者銘鑑刊行會,《朝鮮功勞者銘鑑》, 1936, 535쪽; 京城中央經濟會,《京城市民銘鑑》, 1922, 88쪽.

〈부록 2〉오다 쇼고의 저서 목록

서명	발행처	발행년	비고
《朝鮮史要略》	조선교육회	1915	小田省吾·魚允迪 공저 .
《朝鮮總督府編纂 敎科書槪要》	朝鮮總督府	1917	
《朝鮮史講座 李朝政爭略史》	조선사학회	1923	
《朝鮮史講座 朝鮮敎育制度史》	조선사학회	1924	
《朝鮮史講座 上世史, 最近世史》	조선사학회	1924	今西龍의 유학(1922~1925)으로 小田이 상세사 집필.
《朝鮮文廟及陞廡儒賢》	조선사학회	1924	
《京城帝國大學豫科開設に就て》	경성인쇄소	1924	
《朝鮮史大系 最近世史》	조선사학회	1927	《朝鮮史大系》, 小田省吾·瀨野馬熊·杉本正介·大原利武 공저.
《朝鮮支那の文化硏究》	刀江書院	1929	
《朝鮮半島の歷史》	개조사	1930	
《朝鮮小史》	魯庵記念財團	1931	
《朝鮮文化史上より見たる忠南》	忠淸南道敎育會	1933	
《辛未洪景來亂の硏究》	小田先生頌壽記念會	1934	
《小田先生頌壽記念朝鮮論集》	大阪屋號書店	1934	小田先生頌壽記念會 편.
《帶方郡及び其の遺蹟》	朝鮮總督府	1935	
《朝鮮役と加藤淸正》	京城日報社	1935	
《施政二十五年史》	朝鮮總督府	1935	
《朝鮮陶磁史文獻考 附釜山和館考》	學藝書院	1936	
《古代の內鮮關係》	朝鮮總督府	1937	
《增訂 朝鮮小史》	大阪屋號書店	1937	
《德壽宮史》	近澤印刷所	1938	
《施政三十年史》	朝鮮總督府	1940	
《昌德宮李王實記》	朝鮮總督府	1943	
《德壽宮李太王實記》	朝鮮總督府	1943	

〈부록 3〉 오다 쇼고의 잡지 기고문 목록

기사명	잡지명	연월
〈朝鮮に於ける小學校敎育と内地觀念の養成とにつきて〉	朝鮮敎育會雜誌	1913년 8월(제20호)
〈鄕土資料としての朝鮮都市村落を論ず〉	朝鮮敎育會雜誌	1914년 6월(제29호)
〈小學日本歷史敎授に於ける年代觀念の養成に就きて〉	朝鮮敎育會雜誌	1914년 11월(제34호)
〈朝鮮史要略〉	朝鮮敎育會雜誌	1915년 1월(제36호)
〈朝鮮史要略(續)〉	朝鮮敎育會雜誌	1915년 2월(제37호)
〈朝鮮史要略(完)〉	朝鮮敎育會雜誌	1915년 3월(제38호)
〈文祿の役に於ける加藤清正進軍路の一部調査〉	朝鮮彙報	1916년 7월
〈半島時論發刊을 祝함〉	半島時論	1917년 4월(제1권 제1호)
〈朝鮮總督府に於ける敎科書編纂事業の槪要(一)〉	朝鮮敎育硏究會雜誌	1917년 6월(제21호)
〈朝鮮總督府に於ける敎科書編纂事業の槪要(二)〉	朝鮮敎育硏究會雜誌	1917년 7월(제22호)
〈朝鮮總督府に於ける敎科書編纂事業の槪要〉	朝鮮彙報	1917년 8월
〈朝鮮古書に見えたる日本の國體並に國情に關する記事〉	朝鮮敎育硏究會雜誌	1918년 4월(제31호)
〈朝鮮古書に見えたる日本の國體並に國情に關する記事(承前)〉	朝鮮敎育硏究會雜誌	1918년 5월(제32호)
〈京城邑城沿革考〉	朝鮮彙報	1918년 9월
〈己未の年と日鮮事實〉	朝鮮及滿洲	1919년 1월(제139호)
〈朝鮮半島に古昔して羊ありや〉	朝鮮敎育硏究會雜誌	1919년 2월(제41호)
〈平和克服後の敎育〉	朝鮮敎育硏究會雜誌	1919년 7월(제46호)
〈時勢民度と國度民情〉	朝鮮敎育硏究會雜誌	1919년 10월(제48호)
〈京城に於ける文祿役日本軍諸將の陣地の考證〉	朝鮮及滿洲	1920년 1월(제151호)
〈新敎科書は斯う云ふ方針で編纂した〉	朝鮮敎育	1922년 2월(제7권 5호)
〈新敎育令の公布と敎科書に就て〉	朝鮮	1922년 3월(제85호)
〈文廟に關する調査〉	朝鮮	1922년 6월(제87호)
〈李朝黨爭槪要〉	朝鮮	1923년 9월(제101호)
〈古代に於ける内鮮交通傳設について〉	朝鮮	1923년 10월(交通發達號 −제102호)
〈朝鮮敎育に就て〉	朝鮮	1924년 6월(제110호)
〈平南龍岡郡石泉山のドルメンに就て〉	朝鮮	1924년 10월(제114호)
〈釜山の和館と設門とに就て〉	朝鮮	1925년 10월(始政十五周年記念號 −제125호)

〈謂ゆる檀君傳説に就いて〉	文教の朝鮮	1926년 2월(제6호)
〈本大學の豫科に就て〉	文教の朝鮮	1926년 6월(제10호)
〈第一回汎太平洋會議要領〉	文教の朝鮮	1927년 8월(제24호)
〈第一回汎太平洋會議の要領〉	朝鮮	1927년 8월(제147호)
〈布哇より米大陸へ〉	朝鮮及滿洲	1927년 9월(제238호)
〈李氏朝鮮時代に於ける倭館の變遷〉	朝鮮及滿洲	1929년 11~12월 (제264~265호)
〈朝鮮の古蹟に就いて〉	警務彙報	1930년 4월~5월 (제288~289호)
〈李朝朋黨を略敍して天主教迫害に及ぶ〉	靑丘學叢	1930년 8월(제1호)
〈朝鮮最近世上の天主教〉	靑丘學叢	1931년 6월(제6호, 彙報)
〈全朝柔道團體段外者優勝旗爭奪戰に就て〉	警務彙報	1931년 7월(제303호)
〈京城奠都の由來と其の城壁〉	朝鮮	1931년 10~11월 (제197~198호)
〈黃嗣永帛書に就いて〉	朝鮮の教育研究	1931년 12월
〈德壽宮略史〉	朝鮮	1934년 11월(제234호)
〈朝鮮に存在する孔夫子の子孫に就て〉	朝鮮及滿洲	1935년 5월(제330호)
〈併合前後の教科書編纂に就て〉	朝鮮及滿洲	1935년 10월(제335호)
〈施政二十五年史を編纂して〉	朝鮮	1935년 10월(제245호)
〈教育に關する勅語御下に就いての思出〉	文教の朝鮮	1936년 12월
〈朝鮮舊時の祭祀概要(1~5)〉	朝鮮及滿洲	1937년 5~8월 (제354~357호)
〈朝鮮舊時の祭祀概要(1~4)〉	朝鮮及滿洲	1937년 6월(제355호)
〈半島の廟制概要〉	朝鮮	1937년 10월(제269호)
〈新刊紹介−小田省吾著 增訂朝鮮小史〉	朝鮮	1938년 2월(제273호)
〈我か國體の特異性と朝鮮學者の認識〉	朝鮮	1939년 5월(제288호)
〈我か國體の特異性と朝鮮學者の認識〉	朝鮮行政	1939년 5월
〈神武創業と明治維新〉	朝鮮及滿洲	1940년 2월(제387호)
〈施政三十年史の編纂に就て〉	朝鮮	1940년 10월(제305호)
〈內鮮血緣關係1〉	內鮮一體	1941년 2월
〈座談會−曾尸茂梨聖地神宮街造營の急務〉	朝鮮公論	1944년 3월(제372호)

참고문헌

—사료—

小田省吾·瀨野馬熊·杉本正介·大原利武,《朝鮮史大系 最近世史》,朝鮮史學會,
　　　京城, 1927.8

小田省吾,〈小田省吾略歷自記〉,《辛未洪景來亂の研究》,小田先生頌壽記念會,
　　　京城, 1934.9.

小田先生頌壽記念會 編,《小田先生頌壽記念朝鮮論集》,大阪屋號書店,京城,
　　　1934.11.

田保橋潔,《近代日鮮關係の研究》上·下,朝鮮總督府中樞院, 1940.

—연구서—

강재언,《增補增補 朝鮮近代史》,平凡社,東京, 1998.

강창일,《근대 일본의 조선침략과 대아시아주의》,역사비평사, 2003.

박걸순,《식민지 시기의 역사학과 역사인식》,경인문화사, 2004.

박종근 지음·박영재 옮김,《청일전쟁과 조선》,일조각, 1989.

이광린,《한국사강의 근대편》V, 일조각, 1981, 56쪽.

이만열,《한국근대역사학의 이해》,문학과지성사, 1981, 267~268쪽

이태진,《고종시대의 재조명》,태학사, 2000.

이태진·김재호 외, 《고종황제 역사청문회》, 푸른역사, 2005.

최덕규, 《제정 러시아의 한반도 정책 1891~1907》, 경인문화사, 2008.

한림대학교 아시아문화연구소, 《청일전쟁의 재조명》, 한림대학교 아시아문화
　　　연구소, 1996.

한영우·서영희·이윤상 외, 《대한제국은 근대국가인가》, 푸른역사, 2006.

旗田巍 지음·이기동 옮김, 《일본인의 한국관》, 일조각, 1983.

山邊健太郞, 《日本の韓國倂合》, 太平出版社, 東京, 1966.

中塚明, 《近代日本と朝鮮》, 三一書房, 東京, 1994.

海野福壽, 《韓國倂合》, 岩波新書, 1995.

藤岡信勝, 《新しい歷史敎科書：中學社會》(市販本), 自由社, 2011.

伊藤隆, 《新しい日本の歷史−こんな敎科書で學びだい》, 育鵬社, 2011.

—연구 논문—

신주백, 〈자유샤판 중학교 역사교과서의 근대사 서술 분석〉, 《역사교육연구》
　　　9, 한국역사교육학회, 2009.

오영섭, 〈고종과 춘생문 사건〉, 《향토서울》 68호, 서울특별시사편찬위원회,
　　　2006.

이만열, 〈근현대 한일관계연구사〉, 《제1차 한일역사공동연구보고서》 제4권,
　　　제1기 한일역사공동연구위원회, 2005.

이원우, 〈일본 중학교 역사교과서와 '征韓論' 문제〉, 《역사교육논집》 47, 역사
　　　교육학회, 2011.

조동걸, 〈식민사학 성립과정과 근대사 서술〉, 《역사교육논집》 13·14 합집, 역

사교육학회, 대구, 1990.

최석완, 〈비팽창주의론의 확산과 문제점: 정한론과 청일전쟁을 바라보는 시각〉,《기억의 전쟁》, 이화여자대학교출판부, 서울, 2003.

최혜주, 〈小田省吾의 교과서 편찬활동과 조선사 인식〉,《동북아역사논총》27호, 동북아역사재단, 2010.

하지연, 〈韓末·日帝강점기 菊池謙讓의 문화적 식민활동과 한국관〉,《동북아역사논총》21호, 동북아역사재단, 2008.

_____, 〈'한국병합'에 대한 재한일본 언론의 동향 ─ 잡지《朝鮮》을 중심으로〉,《동북아역사논총》30호, 동북아역사재단, 2010.

_____, 〈일제의 한국강점에 대한 일본 언론의 동향 ─ 일본잡지《太陽》·《日本及日本人》·《中央公論》을 중심으로〉,《한국민족운동사연구》64, 한국민족운동사학회, 2010.

허동현, 〈고등학교 근현대사 교과서 개화기 관련 서술에 보이는 문제점과 제언〉,《한국민족운동사연구》44, 한국민족운동사학회, 2005.

현명철, 〈'정한론'과 '강화도 사건'〉,《한일역사의 쟁점 2010 ②》, 조광·손승철 외, 경인문화사, 2010.

永島廣紀, 〈日本의 근현대 일한관계사연구〉,《제1기 한일역사공동연구보고서》제4권, 제1기 한일역사공동연구위원회, 2005.

_____, 〈朝鮮總督府 學務局의 역사교과서 편찬과 '國史/朝鮮史' 교육 ─ 小田省吾에서 中村榮孝 그리고 申奭鎬로〉,《제2기 한일역사공동연구보고서》제6권 교과서위원회 편, 제2기 한일역사공동연구위원회, 2010.

제3장

다보하시 기요시田保橋潔(1897~1945)의
《근대일선관계의 연구》와 한국 근대사 인식

1. 머리말

식민사학을 극복하기 위한 노력은 해방 이후 한국 역사학계의 지상 과제로, 현재까지 상당한 연구 성과들이 축적되어 왔다.[1] 또한 식민사학을 양산해 내고 교육으로 확대·심화한 경성제국대학(이하 '경성제대')이나[2] 식민사학의 완결판인 《조선사朝鮮史》, 그리고 그 편찬 기관인 조선총독부 중추원과 조선사편수회에 대한 연구[3]도 최근 들어 활발하게 진행되고 있다. 아울러 하야시 다이스케林泰輔[4], 시라토리 구라키치白鳥庫吉[5],

---

1) 대표적인 연구 성과들에 대해서는 〈오다 쇼고(小田省吾)의 한국근대사 연구와 식민사학〉(하지연, 《한국근현대사연구》 63집, 한국근현대사학회, 2012) 각주 1)~3) 참조.

2) 정근식 외, 《식민지 권력과 근대 지식》, 서울대학교 출판문화원, 2011; 김태웅, 〈일제 강점기 경성제국대학의 규장각 관리와 소장자료 활용〉, 《규장각》 33, 규장각한국학연구소, 2009; 정선이, 《경성제국대학 연구》, 문음사, 2002(《경성제국대학의 성격 연구》, 연세대학교 박사학위논문, 1998); 박광현, 〈한국의 문화: 경성제국대학 안의 동양사학 ─ 학문제도, 문화사적 측면에서〉, 《한국사상과 문화》 31집, 2005; 장신, 〈경성제국대학 사학과의 자장(磁場)〉, 《역사문제연구》 26, 역사문제연구소, 2011; 정준영, 《경성제국대학과 식민지 헤게모니》, 서울대학교 박사학위논문, 2009.

3) 김성민, 〈朝鮮史編修會의 組織과 運用〉, 《한국민족운동사연구》 3, 한국민족운동사학회, 1989; 여박동, 〈조선총독부 중추원의 조직과 조선사편찬사업에 관한 연구〉, 《일본학연보》 4, 계명대일본문화연구회, 1992; 정상우, 〈조선총독부의 《朝鮮史》 편찬 사업〉, 서울대학교 국사학과 박사학위논문, 2011; 《《朝鮮史》(朝鮮史編修會 간행)의 편찬과 사건 선별 기준에 대하여 ─ 《조선사》 제4·5·6편을 중심으로〉, 《사학연구》 107, 한국사학회, 2012; 김윤정, 〈조선총독부 중추원 연구〉, 숙명여대 박사학위논문, 2009; 박찬흥, 〈《朝鮮史》(조선사편수회 편)의 편찬체제와 성격: 제1편 제1권(조선사료)을 중심으로〉, 《史學研究》 99, 한국사학회, 2010; 송완범, 〈식민지 조선의 黑板勝美와 修史사업의 실상과 허상〉, 《동북아역사논총》 26, 동북아역사재단, 2009; 장신, 〈조선총독부의 조선반도사 편찬사업 연구〉, 《동북아역사논총》 23, 동북아역사재단, 2009; 桂島宣弘, 〈植民地朝鮮における歷史書編纂と近代歷史學〉, 《季刊 日本思想史》 76, ペリカン社, 2010 등 다수.

4) 최재석, 〈1892년 하야시 타이호(林泰輔)의 《조선사》 비판〉, 《선사와 고대》 18, 2003; 林泰輔 지음·김현욱·이태훈·김위현·박성수 옮김, 《조선사 번역·해제》, 인문사, 2013.

5) 조현설, 〈동아시아 신화학의 여명과 근대적 심상지리의 형성〉, 《민족문학사연구》 16호, 민족문학사연구소, 2000; 미쓰이 다카시三ツ井崇, 〈일본의 동양사학은 어떻게 형

이나바 이와키치稻葉岩吉[6], 이마니시 류今西龍[7], 스에마쓰 야스카즈末松保和[8], 오다 쇼고小田省吾[9] 등 대표적인 식민사학자에 대한 연구도 상당한 진전을 보이고 있다.

이 책의 제3장에서 살펴볼 다보하시 기요시田保橋潔(1897~1945)는 20년 가까이 경성제대 교수이자 조선사편수회의 촉탁으로 식민사학의 중심에 서 있었다. 그리고 그의 《근대일선관계의 연구近代日鮮關係の硏究》上·下(조선총독부 중추원朝鮮總督府中樞院, 1940)는 이후 한국 근대사 연구에 지대한 영향을 미쳐 왔다. 그럼에도 우리 학계에서 다보하시나 그의 대표적 저술에 대한 본격적인 비판과 검증 작업을 시도한 사례는 김의환과 김종준의 연구 정도이다.[10] 그리고 같은 일본인 식민사학자이자 다보하시의 경성제대 제자인 다가와 고조田川孝三와 동료 교수 스에마쓰 등이 다보하시를 회고하여 쓴 대담 형식의 글 정

성되었는가 —시라토리 구라카치(白鳥庫吉)의 역사학〉, 도면회·윤해동 편, 《역사학의 세기 —20세기 한국과 일본의 역사학》, 휴머니스트, 2009.

6) 정상우, 〈稻葉岩吉의 '滿鮮史' 체계와 '朝鮮'의 재구성〉, 《역사교육》 116호, 역사교육연구회, 2010; 타키자와 노리오키, 〈이나바 이와키치와 '滿鮮史'〉, 《한일관계사연구》 19, 한일관계사학회, 춘천, 2003.

7) 박성봉, 〈今西龍의 한국 古史硏究와 그 功過〉, 《한국학》 제12집, 중앙대학교 영신아카데미 한국학연구소, 서울, 1976; 최재석, 〈今西龍의 한국고대사론 비판〉, 《한국학보》 46집, 일지사, 1987; 林直樹, 〈今西龍と朝鮮考古學〉, 《靑丘學術論集》 第14集, 韓國文化硏究振興財團, 日本, 1999; 오경후, 〈1910년대 今西龍의 三角山 名稱解釋에 대한 檢討〉, 《한국사상과 문화》 제47집, 한국사상문화연구원, 서울, 2009.

8) 최재석, 〈末松保和의 신라상고사론 비판〉, 《한국학보》 43집, 일지사, 1986; 井上直樹, 〈戰後日本の朝鮮古代史硏究と末松保和, 旗田巍〉, 《朝鮮史硏究會論集》 48, 朝鮮史硏究會, 2010.

9) 최혜주, 〈小田省吾의 교과서 편찬활동과 조선사 인식〉, 《동북아역사논총》 27호, 동북아역사재단, 2010; 하지연, 〈오다 쇼고(小田省吾)의 한국근대사 연구와 식민사학〉.

10) 김의환, 〈田保橋潔敎授의 韓國學上의 功過檢討〉, 《한국학 제11집 — 외국인의 한국학상의 공과 검토 특집(3)》, 중앙대학교 영신아카데미 한국학연구소, 서울, 1970; 김종준, 〈식민사학의 '한국근대사' 서술과 '한국병합' 인식〉, 《역사학보》 217, 역사학회, 2013. 최근 김종학에 의해 《近代日鮮關係の硏究》上·下 가운데 상권이 번역되었다(김종학 옮김, 《근대 일선관계의 연구》 상, 일조각, 2013).

도가 있다.[11]

김의환의 연구는《근대일선관계의 연구》를 깊이 있게 분석한 것
은 아니나, 이 책의 대체적인 출판 의도와 목차 구성의 특징을 간단
하게 짚은 최초의 선행 연구라는 점에서 의의가 있다.

김종준은 다보하시의 식민사학에서 그 위상과 한국 근대사 서술
의 유형, 그리고 말년에 저술한《조선통치사논고朝鮮統治史論稿》[12]의
한국 병합 서술 부분을 검토하였다. 김종준은 근대 일본의 역사학
이 국가권력과의 강력한 결탁 관계 아래에서 성장해 왔다는[13] 기존
연구의 사례를 들어 다보하시와 같이 대학이라는 최고의 학문 기관
에서 권위와 명예를 누리고, 학문적 권력이라고도 할 수 있을 만큼
의 위상이 부여된, 이른바 강단사학을 '관학 아카데미즘'[14]으로 설
명하고 있다.

현재까지 우리 역사학계에서는, 다보하시가《근대일선관계의 연
구》에서 다룬 개항 전후부터 청일전쟁까지, 한국 근대사의 주요
주제와 인물 등에 관한 깊이 있는 연구들이 진행되어 왔기 때문
에 따로 다보하시의 저술을 분석하지는 않은 것으로 여겨진다. 또
《근대일선관계의 연구》의 분석이 결코 용이하지 않다는 점도 작용
했다고 본다. 이 저술은 상권 1,133쪽, 하권 969쪽의 방대한 분

---

11) 田川孝三 外,〈座談會―先學を語る―田保橋潔先生〉,《東方學》65, 東方學會, 東京,
    1983.

12) 田保橋潔,《朝鮮統治史論稿》, 成進文化社, 1972.

13) 임지현,〈'국사'의 안과 밖 ― 헤게모니와 '국사'의 대연쇄〉,《국사의 신화를 넘어
    서》, 휴머니스트, 2004, 15~16쪽; 도면회,〈국사는 어떻게 구성되었는가 ― 한국
    근대역사학의 창출과 통사체계의 확립〉, 비판과 연대를 위한 동아시아 역사포럼,
    《역사학의 세기 ― 20세기 한국과 일본의 역사학》, 179쪽.

14) 김종준,〈식민사학의 '한국근대사'서술과 '한국병합'인식〉, 253쪽;〈일제 시기 '역사
    의 과학화' 논쟁과 역사학계 '관학아카데미즘'의 문제〉,《한국사학보》49, 고려사학
    회, 2012 참조.

량에, 한국, 중국, 일본, 그리고 영국, 미국과 러시아 등의 외교문
서까지 원본을 그대로 인용하고 있어 초판을 발간한 지 70여 년이
지났지만 한국 근대사 또는 근대 동아시아 외교사에 관해서 고전
으로 인정받아 왔다.[15]

　그러나 분명 다보하시는 뒤에 기술할 바와 같이, 일본의 도쿄제
국대학(이하 '도쿄제대')에서 역사학을 전공하고 식민지 조선[한국]으로
건너와 경성제대 교수로서 각종 사료 취득의 특혜를 받았다. 또한
총독부의 역사 편집 업무를 담당한 관학자로 지식과 권력을 독점
하고 있었다는 점에서 관학 아카데미즘의 정점에 있었다. 따라서
그와 그의 저술에 대한 본격적 분석은 식민사학의 본질과 그 특징
을 연구할 때에 반드시 짚고 넘어가야 할 우리 한국 근대사학계의
숙제이기도 하다.

　우선 다보하시의 약력과 근대 한일 외교사 연구 활동, 그리고《근
대일선관계의 연구》의 발간 경위와 이 책의 성격을 먼저 살펴보고
자 한다. 이어《근대일선관계의 연구》에서 다보하시가 중점적으로
다루고 있는 한국 근대사의 주요 주제, 즉 개항 전후의 한일 관계
문제, 임오군란과 갑신정변, 동학농민운동, 청일전쟁, 갑오개혁에
대해 지금까지의 한국 역사학계의 연구 성과를 토대로 비교·검토하
여 왜곡 또는 은폐의 흔적, 오류, 논리의 비약 등을 검증함으로써,
실증적이고 객관적이며 심지어 '양심적 학자'였다는 평가를 받는 다
보하시의 한국 근대사 인식의 실체를 알아보고자 한다.

---

15) 김종학 옮김,《근대 일선관계의 연구》상, 5쪽.

2. 다보하시의 약력과
《근대일선관계의 연구》의 저술

1) 다보하시의 약력과 근대 한일 외교사 연구

다보하시는 1897년 10월 14일 홋카이도北海道 하코다테函館시에서 태어났다.[16) 그는 1910년 3월 도쿄 도요타마豐多摩군 온바라穩原소학교를 졸업하고 같은 해 사립 아자부麻布중학교에 입학하였다가 9월, 에히메愛媛현에 세워진 오즈大洲중학교로 옮겨갔다. 1915년 9월 중학교를 졸업한 뒤 가나자와金澤 제4고등학교 제1부 을류乙類에 입학하였다. 그가 제4고등학교를 택한 것은 부친 다보하시 시로헤이田保橋四郎平의 본적이 이시카와石川현이었기 때문이다.[17)

1918년 9월에 가나자와 제4고등학교를 졸업한 뒤 같은 해 도쿄 제대 문학부 국사학과에 입학했다. 1921년 대학 졸업논문으로 〈주로 일미관계에서 본 일본의 개국에 관하여主として日米關係より觀たる日本の開國に就いて〉를 제출했는데, 스에마쓰는 다보하시가 이 졸업논문을 발전시켜 이로부터 24년 동안 연구를 진행할 수 있었다고 평가하였다.[18)

---

16) 다보하시의 약력에 관해서는 그의 도쿄제대 문학부 국사학과 후배이자 경성제대 법문학부 후배교수인 스에마쓰 야스카즈末松保和(1904~1992)가 쓴 〈田保橋潔 略傳〉(田保橋潔, 《日淸戰役外交史の研究》, 東京, 刀江書院, 1951, 557~564쪽, 김종학 옮김, 《근대 일선관계의 연구》상, 권말 번역 수록)과 田川孝三 外, 〈선학을 말한다〉, 192쪽의 〈田保橋潔 先生 略年譜〉에 따름.

17) 石川縣 珠洲郡 三崎村 字栗津 八部八十八番地.

18) 스에마쓰, 앞의 글; 김종학 옮김, 《근대 일선관계의 연구》상, 권말 번역, 988쪽.

〈표 1〉 다보하시 기요시의 주요 약력

연도	활동 내용
1897년 10월 14일	하코다테函館에서 태어남. 본적은 石川縣 珠州郡 三崎村(珠州市).
1910년 3월	도쿄 도요타마豊多摩군 온바라穩原소학교 졸업, 사립 아자부麻布중학교 입학.
1910년 9월	에히메愛媛 현립 오즈大洲중학교로 옮김.
1915년 3월~9월	중학교 졸업, 9월 가나자와金澤 제4고등학교 제1부 을류乙類에 입학.
1918년 7월	제4고등학교를 졸업하고, 도쿄제대 문학부 국사학과에 입학.
1921년	도쿄제대 문학부 국사학과 졸업, 維新史料編纂官補.
1922년 4월	도쿄제대의 史料編纂官補.
1924년 9월	경성제대 豫科 강사에 촉탁받아 조선에 건너옴.
1924년 말	在外硏究員으로서 영국, 독일, 프랑스 등으로 유학.
1927년 1월	귀국 후 경성제대 법문학부 조교수에 취임.
1928년 4월	경성제대 법문학부 교수로 승임. (일본) 국사학 제1강좌를 담당.
1933년	조선총독부 조선사편수회 편수 주임으로 촉탁됨.
1940년	《근대일선관계의 연구》 편찬.
1945년 2월 26일	49세, 식도암으로 사망

출전 : 스에마쓰 야스카즈, 〈田保橋潔 先生 略年譜〉;《日本史大事典》4, 775~776쪽 ;《朝鮮人事興信錄》등.

한편 그는 졸업과 동시에 유신사료편찬관보維新史料編纂官補로 임용되었고, 1922년 5월 도쿄제대의 사료편찬관보로 전임되어 '대일본사료 제12편부'에 소속되었다. 사료편찬관보로 있으면서 다보하시는 남양협회南洋協會 주최 네덜란드어 강습회에서 네덜란드어를 익혔는데[19] 훗날 그가 서구의 외교 문서까지 참고할 수 있었던 학문적 소양을 이 시기부터 꾸준히 쌓았던 것으로 보인다. 또 사학회史學會의 서무편찬庶務編纂 주임主任이 되어 1924년 4월까지 《사학잡지史學雜誌》의 편집을 주재하다가, 경성제대의 초빙을 받아 8월 15일

---

19) 田川孝三 外, 앞의 글, 172쪽.

경성제국대학京城帝國大學 : 1924년 '경성제국대학관제'가 공포 된 후, 1926년 개교함. '조선민립대학설립운동'에 대응하여 일제가 조선인을 회유하고, 교육열을 식히고자 설립하였으며, 조선인의 독립의식을 고양시킬 수 있는 정치·경제·이공 등의 학부는 설치하지 않고, 식민통치의 효과를 극대화 할 수 있는 법문학부와 의학부만 설치함. 이공학부는 1941년에 가서 설치됨.

부로 사직했다.

　당시 도쿄대학 문학부장 핫토리 우노키치服部宇之吉 교수가 경성제대 초대 총장을 겸임했는데, 다보하시는 도쿄제대 은사였던 구로이타 가쓰미黑板勝美와 쓰지 젠노스케辻善之助의 추천으로 법문학부에서 국사학(일본사) 강좌를 맡게 되었다. 그러다 1924년 9월 1일부로 경성제대 예과 강사에 촉탁받아 조선으로 건너왔고, 10월 2일에는 국비로 만 1년 10개월 동안 구미 유학을 하게 되었다. 그는 1927년 1월 10일 경성제대 법문학부 국사(일본사)학과에 조교수로 임명되었다. 그리고 이듬해 4월 18일자로 국사학 제1강좌 교수로 승진한 뒤 1945년 사망할 때까지 경성제대에서 교편을 잡았다.[20]

20)《日本史大事典》4, 平凡社, 775~776쪽;《朝鮮人事興信錄》, 270쪽. 스에마쓰의
　〈田保橋 潔 略傳〉이나, 田川孝三의 〈田保橋潔 先生 略年譜〉 등에서는 다보하시의 조

경성제대 사학과의 강좌는 1926년에 조선사학 제1·2강좌, 국사학 강좌, 동양사학 강좌로 출발하였다. 다보하시는 1927년부터 국사학 강좌의 담임을 맡았고 1928년에는 국사학과 동양사학 강좌가 각각 제1강좌와 2강좌로 나뉘면서 다보하시는 국사학 제1강좌를 담당했다.[21] 다보하시가 주로 맡은 강의는 〈부록 2〉에서 제시된 바와 같이 주로 국사(일본사)학 개설槪說과 근대 동아시아 외교사였다.[22]

당시 경성제대는 다른 제국대학과 마찬가지로 교육과 연구의 기초 단위로서 강좌제를 두었고,[23] 1교수 1강좌의 형식으로 대학교수의 전공 책임이 명확했다. 또한 직무 급여(강좌 급여)을 통해 교수직의 안정적·제도적 기초를 확립하고, 교수직의 경제적 지위도 높았다. 더욱이 경성제대 교수는 총독부의 웬만한 고급 관료보다 높거나 비슷한 수준의 원래 급여에 직무 급여, 여기에 식민지 근무에 주어지는 추가 급여를 더하여 전체 일본의 관료 사회에서도 최고 수준이었다고 한다.[24] 이렇게 볼 때 다보하시는 제국대학 교수로서 학문적 권위와, 경제적 안정을 바탕으로 최적의 연구 여건을 확보하고 있었던 것으로 보인다.

또한 다보하시는 1933년 제국학사원帝國學士院에서 〈일선관계日

교수 임용 연도가 1927년인데,《朝鮮人事興信錄》에서만 1926년 4월로 소개하고 있다. 1926년은 다보하시가 구미 유학 중이었으므로, 귀국 뒤 본격적으로 경성제대에서 수업을 시작하는 1927이 조교수 임용 시기인 것으로 보인다.

21) 장신, 〈경성제국대학 사학과의 자장(磁場)〉,《역사문제연구》26, 50~51쪽.

22) 장신, 앞의 글, 53쪽.

23) 강좌제에 관해서는 다음을 참조.
    鄭圭永, 〈京城帝國大學に見る戰前日本の高等教育と國家〉, 동경대학 박사학위논문, 1995, 82쪽; 정근식 외,《식민지 권력과 근대 지식》, 서울대학교 출판문화원, 2011; 정선이,《경성제국대학의 성격 연구》; 장신, 앞의 글.

24) 정준영,《경성제국대학과 식민지 헤게모니》, 142~144쪽; 정근식 외,《식민지 권력과 근대 지식》, 309~311쪽.

鮮關係에서 본 근대 조선사연구〉로 연구비 5백 엔을 받았고, 《동문
휘고同文彙考》 교정과 출판사업으로 일본학술진흥회에서 1934년에
2,400엔, 1935년에 2,300엔, 1936년에 2,200엔을 받았다.[25] 그
의 가장 대표적 저술인 《근대일선관계의 연구》도 총독부가 국비로
인쇄하도록 한 것이다. 이렇게 볼 때 다보하시는 순전히 학문적 실
증주의에 충실한 학자라기보다는 국가권력의 지속적인 보호와 육
성으로 학문적 위상을 보장 받은 관학자의 성격이 강했다고 할 수
있다. 일본의 근대 역사학의 '국가 권력에 폐가 되는 것은 언급하지
도 말고, 연구하지도 말라'는 특징을 잘 보여 주는 사례라고 할 수
있다.[26]

경성제대 교수들은 제국대학이라는 특성 때문에 조선총독부의 시
책에 따를 수밖에 없는 관학자로서의 성격이 강했다. 그들은 학문적
전문성을 필요로 하는 곳에 자의든 타의든 적극적으로 자문하고 정
책 방향을 제시하였다. 더욱이 경성제대 사학과 교수들이 가장 큰
역할을 담당한 사업은 조선사편수회였다. 일제는 병합 이전부터 식
민지화를 정당화하기 위한 작업으로 한국사 해석 작업을 진행해 왔
고, 병합 이후에는 《조선반도사》와 편년체의 《조선사》 편찬을 추진
하여 1938년에 편년체의 《조선사》 35권을 간행했다.

다보하시는 1933년 3월 조선총독부 조선사편수회에서 《조선사》
제6편(순종, 헌종, 철종, 고종의 4조祖의 사료)의 편수 주임으로 촉탁되었고,
1938년 3월에 제6편 전 4권의 간행을 완료했다. 그는 일주일에 사
흘은 대학으로 출근하고, 사흘은 조선사편수회로 출근하면서 사료

---

25) 정선이, 앞의 논문, 200~201쪽.
26) 이에 대해서는 나가하라 게이지永原慶二 지음·하종문 옮김, 《20세기 일본의 역사
    학》, 삼천리, 2011, 50~54쪽 참조.

편찬 작업에 심혈을 기울였다.[27]

또 다보하시는 1938년 새로이 조선사편수회 편찬 주임이 되어 편수회의 차기 사업을 주재했다. 그는 이미 인쇄된 《조선사》가 갑오개혁까지의 시대를 담았으므로, 그 뒤를 이은 시기 가운데에서도 특별히 한국 병합사 관련 사료를 수집하는 것을 첫 번째 과제로 삼았다. 이 사업은 다보하시가 사망한 1945년 2월까지 이어졌지만, 중일전쟁과 태평양전쟁으로 이어지는 일제 군국주의 말기 시국에서 이 같은 대대적인 연구 사료 수집 사업은 진척되기 어려웠다고 한다. 그럼에도 이 사이에 그의 최대 저작이라고 할 수 있는 《근대일선관계의 연구》(상·하) 두 책이 중추원에서, 이어 《조선통치사논고》와 《근대조선에 있어서 정치적 개혁近代朝鮮に於ける政治的改革》도 조선사편수회에서 출간되었다. 일련의 연구 성과는 모두 그가 조선사편수회 촉탁으로서, 그리고 편찬 주임으로서 일반 학자들은 접근하기 어려운 조선의 사료들을 손쉽게 접한 결과였다고 할 수 있다. 일례로 다보하시는 《동문휘고》 129권을 교정하고 출간하였는데, 《동문휘고》는 인조 21년(1643)부터 고종 18년(1881)까지의 대청·대일 외교문서를 유형별로 취합한 것으로 그 원본이 경성제대에 단 한 부만 있었다. 다보하시는 이를 1934년부터 일본학술진흥회의 연구 보조를 받아 교정·출판 작업에 착수하여 1937년 8월까지 전 12권의 간행을 마무리할 계획이었다. 말할 것도 없이 중일전쟁이 일어남으로써 교정 작업이 마무리되었음에도 연구비 지원이 여의치 않아 출간이 중단되었는데, 이 사례를 보아도 다보하시가 얼마나 일급 사료를 독점할

---

27) 田川孝三 外, 앞의 글, 178~179쪽;〈田保橋潔先生〉,《東方學回想Ⅴ-先學を語る (4)》, 刀水書房, 2000, 175쪽.

수 있는 학술적 특혜를 누렸는가를 알 수 있다.[28]

다보하시는 경성제대 교수로 부임한 이후 여러 잡지에 논문을 발표하고, 이를 정리하여 한일 근대 외교사와 관련한 많은 연구 성과를 내게 되는데, 이는 〈표 2〉, 〈표 3〉과 같다. 이 가운데 1930년 4월 경성제대 법문학부 연구조사책자 제3집으로 간행된 《근대일지선관계의 연구近代日支鮮關係の硏究-天津條約より日支開戰に至る》의 초고는 도쿄제대 문학부 사료편찬소 편찬관보 시절에 쓴 것이다. 내용은 1894년 청일전쟁 개전에서 1895년 5월 삼국간섭에 이르기까지 조선을 중심의 청일 관계사로, 다보하시는 이 원고로 후지산 가와구치河口 호반에서 열린 도쿄 아사히朝日신문사 주최 하기대학夏期大學에서 강의했다. 이후 1930년 봄에 전반부를 수정·증보한 뒤 《근대일지선관계의 연구》로 완성한 것이다.[29]

1930년 9월 간행된 《근대일본외국관계사近代日本外國關係史》는 그의 대학 졸업논문 이후의 업적을 집대성하고 체계화한 것이다. 당시 다보하시는 근대 일본의 외국 관계 연구를 대략 다음의 3부로 구상하고 있었다. 제1부는 18세기 중기부터 19세기 중기까지의 100년 동안, 개국에 이르는 일본 개항사를 다룬 〈근대일본외국관계사〉이

---

28) 이 밖에도 조선총독부 시책에 따른 관학자로서 다보하시의 활동으로는 다음의 사례가 있다. 다보하시는 1934년 4월 경성제대 안에 설치된 '국사상 조선에 관한 사항을 조사하는 위원회'에 참여하여 경성제대 사학과 교수 10명과 함께 《역사교과서 조사위원회 설치에 관한 건의서》를 작성, 경성제대 총장 야마다 사부로山田三郞 이름으로 조선총독에게 제출하였다. 건의 내용은 당시 조선에서 사용되던 초·중등 교과서를 분석하여 일본사의 시각에서 재구성하여 편찬하자는 것이었고, 조선총독부는 이 제안을 받아들여 1935년 2월 임시역사교과용도서조사위원회를 설치하였다. 관련 교수는 다음과 같다. 高橋亨(조선문학담임 교수), 鳥山喜一(동양사학 담임 교수), 松本重彦(국사학 담임 교수), 大谷勝眞(동양사학 담임 교수) 藤田亮策(조선사학 담임 교수), 田保橋潔(국사학 담임 교수), 玉井是博(동양사학 조교수), 中村榮孝(조선사학 강사), 末松保和(조선사학 강사), 喜田新六(사학 예과 교수). 《初等中等敎科書中日鮮關係事項摘要》. 이 자료는 다보하시가 편철해 보관했던 것이다(이 부분에 대해서는 장신, 〈경성제국대학 사학과의 자장磁場〉, 《역사문제연구》 26, 58~59쪽).

29) 다보하시 기요시, 《근대일선관계의 연구》 상권, 序言, 5~6쪽.

다. 제2부는 일본 개항부터 메이지유신까지의 역사로 〈막말외국관
계사幕末外國關係史〉라는 가제의 저술이 있다. 제3부는 1868년 메이
지 정부의 출범부터 1910년 한국 병합까지를 설정한 〈메이지외국
관계사明治外國關係史〉를 구상하고 있었는데, 이 책의 대략은 1935년
《암파강좌 일본역사岩波講座日本歷史》 제1편으로 발표된 《메이지외교
사明治外交史》이다. 그러나 다보하시는 경성제대 부임 뒤 조선의 사
료를 직접 접하게 되면서 차츰 조선사 연구에 파고들게 되었고, 이
는 다른 한편으로 보자면 조선총독부 조선사편수회의 촉탁으로 참
여하면서 그의 연구 방향은 근대 일본의 외국 관계사에서 갈수록
근대 조선사로 옮겨졌다고 볼 수 있다.[30] 그러한 현상을 보여 주는
성과물이 1944년 조선총독부에서 출간된 《근대조선사연구近代朝鮮史
研究》(朝鮮史編修會硏究彙纂 1집)에 실린 〈근대 조선에 있어서 정치적 개
혁〉이다. 이 책에는 다보하시의 글 외에 시코쿠 주조寺谷修三(신석호申
奭鎬의 일본식 이름)의 〈조선성종시대의 신구대립朝鮮成宗時代の新舊對立〉,
다가와 고조의 〈근대북선농촌사회와 유민문제近代北鮮農村社會と流民問
題〉등 조선시대에 대한 글도 포함되어 있다.

또 《조선통치사논고》는 1945년 만주대동학원연구소滿洲大同學院研
究所 연구원들에게 한 강의안으로, 그 내용은 조선 총독 정치의 개
요槪要를 제도적으로 설명한 것이다. 이 책은 이선근이 해방 뒤 휴
지 처리장에서 미간행 원고를 찾아내 발간했다.[31]

다보하시의 유작으로 1950년에 출판된 동양문고논총東洋文庫論叢
제32편 《일청전역 외교사의 연구日淸戰役外交史の硏究》는 초고가 1940
년 3월에 완성되었고, 1944년 10월에 증보增補와 주석 보완 작업을

---

30) 스에마쓰 야스카즈, 앞의 글, 990~991쪽.

31) 田保橋潔, 《朝鮮統治史論稿》, 이선근의 〈復刊の辯〉 참조.

마무리한 책이다. 따라서 시간적으로 보아 이 책은 그의 마지막 저술이다. 그리고 이 책은 기존 《근대일지선관계의 연구》나 《근대일선관계의 연구》의 속편 성격으로, 이전 저술들이 모두 청일전쟁 개전 단계까지만 고찰한 것을 수정·보완한 뒤에 주제를 청일전쟁에 초점을 맞추어 외교사로 구성한 글이다. 《일청전역 외교사의 연구》의 표지에 〈동아 국제정치사 연구 제2東亞國際政治史硏究第二〉라고 되어 있는데, 제1은 먼저 발표했던 〈근대 조선의 정치적 개혁〉이고, 청일전쟁을 제2로, 다시 러일전쟁 외교사와 한국병합사 등을 제3·4권으로 저술하려는 계획을 세웠던 것으로 보인다.[32)

〈표 2〉 다보하시 기요시의 주요 저서 목록

서명	발행처	발행년	비고
《近代日支鮮關係의 硏究》	京城帝國大學	1930	경성제대 법문학부 연구조사책자 제3집.
《近代日本外國關係史》	刀江書院(東京)	1930	
《明治外交史》	岩波書店 刊	1931	岩波講座 日本歷史.
史料《朝鮮史》제1~4권 (李朝鮮純祖~高宗 31年)	조선사편수회 편, 조선총독부 간행	1934 ~1938	
《近代日鮮關係의 硏究》上,下	朝鮮總督府 中樞院	1940	
《(增訂) 近代日本外國關係史》		1943	1930년 판의 증본, 개정본.
《朝鮮統治史論稿》(校正本)		1945	인쇄 도중 해방으로 출판을 보지 못하고, 그 校本을 李瑄根이 1972년 成進문화사에서 간행.
《日淸戰役 外交史의 硏究》	東洋文庫	1950	

---

32) 스에마쓰 야스카즈, 앞의 글, 992쪽.

<표 3> 다보하시 기요시의 잡지 기고문 목록

기사명	잡지명	연월
〈明治 5년의 〈마리아 루스〉 사건〉	《史學雜誌》	1929년(제40편 제2·3·4호)
〈국제관계사 상의 조선철도이권〉	《歷史地理》	1931년(제57편 제4호)
〈淸 同治朝 外國公使의 觀見〉	《靑丘學叢》	1931년(제6호)
〈李太王 丙寅洋擾와 日本國의 調停〉	《靑丘學叢》	1933년(제11호)
〈琉球藩民 蕃害事件에 관한 일고찰〉	《市村博士古稀紀念東洋史論叢》	1933년
〈日支新關係의 成立〉	《史學雜誌》	1933년(제44편 제2·3호)
〈丙子修信使와 그 意義〉	《靑丘學叢》	1933년(제13호)
〈近代日鮮關係史의 一節(公使駐京 및 國書 奉呈에 대하여)〉	《靑丘學叢》	1934년(제15호)
〈明治維新期에 있어서의 對州藩財政 및 藩債에 대하여〉	《靑丘學叢》	1934년(제16호)
〈近代朝鮮에 있어서의 개항의 연구〉	《小田先生頌壽記念朝鮮論叢》	1934년
〈壬午政變의 硏究〉	《靑丘學叢》	1935년(제21호)
〈日淸講和의 序曲〉	《京城帝國大學 創立紀念論文集 朝鮮論叢》	1936년
〈朝鮮國 通信使 易地行聘考〉	《東洋學報》	1937년, 1938년(제23권 제3·4호, 제24권 제2·3호)
〈日淸戰役에 보이는 정치, 외교 事情〉	《歷史敎育》	1937년(제12권 제7호)
〈근대조선에 있어서의 정치적 개혁〉	朝鮮史編修會 編, 《近代朝鮮史硏究》, 京城, 朝鮮總督府	1944년

2) 《근대일선관계의 연구》의 발간 경위와 성격

다보하시는 1930년 《근대일지선관계의 연구》를 발표한 뒤 1933
년 제국학사원으로부터 연구비를 보조 받아 새로이 사료를 수집하
여 연구를 보강하다가 1936년에는 안영安永·천명기天明期(1772~1788)
부터 1882년 임오군란에 이르는 대부분의 내용을 부분적으로 탈고
하여 이를 《청구학총靑兵學叢》, 《동양학보東洋學報》 등에 발표하였다

〈표 3〉 참조). 이후 개인적인 사유로 연구를 진행하지 못했고, 중일전쟁이 일어나면서 연구 여건이 어려워지자, 연구 중단의 위기에 이르렀다가 마침내 조선총독부의 지원을 받게 되었다.[33] 1938년 11월 당시 총독부 내무국장 오다케 쥬로大竹十郎는 다보하시의 연구가 조선 통치상 참고 자료로 중요하다고 판단하여, 국비 지원으로 연구 성과를 인쇄해 줄 것을 약속하였다.[34] 이에 다보하시는 그동안의 연구 성과들을 정리하여 2년만인 1940년 《근대일선관계의 연구》 상·하권으로 출간하였다.

《근대일선관계의 연구》는 분명 조선 통치의 참고 자료로 간행된 것으로, 기본적으로 중일전쟁을 일으키고 본격적인 대륙 침략이라는 군국주의의 길로 들어선 일본의 침략주의를 논리적으로 뒷받침하고자 후원한 관찬 저술이다. 본디 오직 집무에만 참고할 뿐 일반에게는 공개하지 않는다는 것을 전제로 출간했었다. 그동안 다보하시의 학문적 위상과 업적을 평가할 때에는, 그가 엄밀한 실증주의를 기초로 역사가의 가치 판단을 최소화한 채 오로지 조선·일본·청의 문서 기록에만 바탕을 두어 근대 동아시아 외교사를 객관적으로 서술했다고 평가되기도 했다.[35] 책이 출간된 1940년에는 일본이 태평양 전쟁을 목전에 두고 극도로 우경화한 상황이었기에 실증에 충실한 것조차 불온시하던 분위기였다는 것이다.[36]

또한 다보하시를 객관적이고 실증에 충실한 양심적 학자였다고 평

---

33) 다보하시 기요시, 《근대일선관계의 연구》 상권, 10~12쪽.

34) 앞의 책, 1~3, 11쪽.

35) 김종학 옮김, 《근대 일선관계의 연구》 상, 5쪽.

36) " …… 그가 제공한 방대한 사료와 사실은 장래의 조선 근대사 연구의 일대 초석일 것이다. 특히 조선 측 사료를 충분히 구사하여 조선의 정세를 밝힌 공적은 크다. 이 실증적 연구도 객관적이었기 때문에 전쟁 중에는 위험시되어 공간公刊이 금지되고 있었다."《東洋史料集成》, 平凡社, 1956, 88쪽.

가하는 대표적 근거로 자주 거론되는 것이 다보하시의 박사 학위논
문 심사 탈락 건이다.[37] 다보하시는《근대일선관계의 연구》를 도쿄
제대 박사학위 논문으로 제출했는데, 그 내용 가운데 청일전쟁 관련
부분에서 '일본 해군의 도발에 의한 전쟁 발발'이라는 서술 때문에
심사위원 가운데 황국사관의 대표적 학자인 일본 중세사 전공자 히
라이즈미 기요시平泉澄 등의 반대로 학위를 받지 못했다고 한다. 당
시 히라이즈미는 "이 글은 본래 경성제대의 법문학부연구조사책자
法文學部研究調査冊子로 기요紀要 같은 것이고 발매가 금지되어 있는 것"
인데 이를 학위논문으로 청구하는 것은 적절치 못하며, 또 "이 글을
정부가 발매금지한다면 결국 도쿄대에서 그 부담을 져야한다."고 하
여 그의 학위 수여를 거부했다. 심사위원 가운데 와다和田는 이에 대
해 "그런 것은 정치적인 문제이고, 중요한 것은 학위 자격이 있느냐
없느냐이다."고 하면서 학위 수여를 반대했다. 마침내 심사위원들의
투표 결과 2대 1로 학위는 거부되었다.[38] 그런데 이 일화에 따르면
히라이즈미는 다보하시의 연구가 내용에서 청일전쟁의 원인이 일본
의 선제공격에 있었다는 양심적이고, 객관적인 연구이기 때문에 탈
락시킨 것이 아니라 이미 경성제대에서 조선총독부 중추원 이름으
로 발간한 책을 그대로 학위논문으로 청구했기 때문에 학위 심사에
서 탈락 시킨 것이다. 곧 비공개를 원칙으로 한 관찬 자료적 성격의
문서를 학위논문으로 제출한다는 것은 부적절하다고 판단한 것이
다. 또 와다의 발언을 보면, 내용으로도 학위 수여 자격을 문제 삼
은 것으로 보인다. 그렇다면 양심적이고 실증적 연구라서 제국주의

---

37) 田川孝三 外,〈선학을 말한다〉, 186쪽; 旗田巍 編,《シンポジウムー日本と朝鮮》, 東
   京, 勁草書房, 1969, 85~86쪽; 坂野正高,《近代中國政治外交史》, 東京, 東京大學
   出版部, 1973, 597쪽.
38) 앞의 글, 186쪽. 당시 심사위원은 和田淸, 平泉澄, 小倉新平 이었다.

일본의 우익 학자들이 다보하시에게 학위 수여를 하지 않았다고 하는 일본인 후학들의 해석은 다보하시를 미화하기 위한 추측성 평가이다. 그러나 다보하시에 대한 긍정적 평가는 한국인 학자들에게도 이어졌다.

이선근은《조선통치사논고》서문에서 다보하시의 학위논문 탈락 사례를 거론하며 보기 드물게 정직하고 양심적인 학자였다고 극찬을 하였다.[39] 연갑수는 다보하시가 사료를 충실히 이용하여 가치판단이 들어간 '쇄국' 대신 '배외 정책'이라는 표현을 사용했다며 높이 평가했고, 왕현종은 다보하시가 갑오개혁의 타율성만을 강조했다고 비판하면서도 학문적 연구의 출발점이었다고 평가하고 있다.[40] 서민교도 청일전쟁, 그리고 일본과 조선의 관계에 관한 선행 연구에서 다보하시는 사료를 구사하고 서술의 객관성을 유지한 예외적인 연구자였다고 평가했다.[41] 그런데 현재에 이르기까지 이러한 다보하시에 대한 한일 양국 학자들의 '양심적' 또는 '실증적', '객관적'이라는 긍정적 평가는 사실 근대 실증사학이라는 아카데미즘의 보편성에 대한 인식에서 비롯된 것이다.[42] 그러나《근대일선관계의 연구》는 조선 통치를 목적으로 한 조선총독부의 참고 자료였고, 비공개 자료였기 때문에 다보하시로서는 실증적 방법론에 충실하여 사실을 분명하게 썼을 뿐, 그가 결코 양심적이고 객관적인 학자였기 때문은 아니었다.

---

39) 이선근,〈復刊の辭〉,《朝鮮統治史論稿》, 서울, 성진문화사, 1972.

40) 연갑수,《대원군집권기 부국강병정책 연구》, 서울대학교출판부, 2001, 4~5쪽; 왕현종,《한국 근대국가의 형성과 갑오개혁》, 역사비평사, 2003, 26쪽.

41) 서민교,〈청일전쟁기 이토 히로부미(伊藤博文) 내각의 조선에 대한 군사·외교정책〉,《일본역사연구》32집, 일본사학회, 2010, 35쪽.

42) 김종준,〈식민사학의 '한국근대사'서술과 '한국병합'인식〉, 255쪽.

　한편 한국 병합 이후 대한제국 정부 기록을 조선총독부로 이관함에 따라 다보하시는 조선 후기부터 대한제국까지의 1차 사료를 직접 정리·분석했고, 그런 점에서 그는 당시 그 어떤 연구자보다 압도적으로 우월하고 독보적인 연구 환경을 누렸다.[43]

　　한국 병합에 의해 구한국 정부 기록은 역대 국왕의 모집에 따라 귀중한 장서藏書와 아울러 조선총독부로 인계되었다. 당사자의 무이해無理解로 말미암아 일부는 아깝게도 산실散失되었으나, 그 중요한 대부분은 불완전하지만 정리한 뒤에 경성제대로 이관되었다. 실로 근대 조선 문화의 보고라고도 할 수 있을 것이다. 또 일본-조선 사이에 양국의 교섭을 관장한 구대주번청舊對州藩廳의 기록 문서는 근래 조선총독부 조선사편수회의 소장으로 돌아왔다. 이 대단한 기록은 원화元和·관영寬永으로부터 원치元治·경응慶應에 이르는 복잡 괴기를 다한 일한 관계의 실체를 분명하게 할만한, 일체의 사료를 포함하고 있다.

　이렇게 확보된 연구 여건에서 다보하시는《근대일선관계의 연구》에 단순한 연구서가 아닌 사료집의 성격을 더해서 저술하였다. 다보하시는 이 저술의 서문에서 1차 세계대전 이후 유럽 각국의 제왕·대통령·정치가·외교관·육해군고급사령관과 막료幕僚의 일기·기록 등 종전에는 관계 당국 이외에 열람을 허가하지 않았던 귀중한 사료를 개방함으로써 국제정치사학의 발달에 공헌한 점이 크게 평가되고 있다. 또한 그는 중화민국 국민 정부도 북경고궁박물원北京故宮博物院을 중심으로 구舊 청왕조의 군기처軍機處·총리각국사무아문總理

---

43) 다보하시 기요시,《근대일선관계의 연구》, 상권, 6~7쪽.

各國事務衙門·외무부外務部의 기록을 편찬·공간한 점과 일본 외무성이
세계 정세에 따라서 1868년 이래 조약·외교 문서를 공간하기로 결
정하고, 1930년 《구조약휘찬舊條約彙纂》과 《대일본외교문서》를 연속
간행하고 있음을 들어 외교사가, 또 실증사학에 충실한 역사가로서
이러한 자료 공개의 추세를 크게 환영하고 있다.[44]

　그는 이 책의 집필 방침을 한·중·일 삼국 정부 기록을 실증적·고
증학적 방법으로 서술하되 기본 사료는 원문을 그대로 수록하여 사
료서로서 가치를 겸하도록 하는 데 있다고 하였다.[45]

　　　본서의 간행에 있어 저자는 이중의 목적을 가지고 있다. 그 하나는 기
　　술한 바와 같이 조선을 중심으로 하는 극동 국제 정치사를 일·청·한, 삼
　　국 정부 기록에 의해 논술하는 것이고 그 둘째는 이상의 삼국 정부 기록
　　문서를 교정 편찬하여 인쇄에 붙이는 것이다. 즉, 본서는 연구인 동시에
　　사료용을 겸하는 데 있다. 생각건대 근대사의 연구에 있어 가장 중요하
　　고 또 곤란한 것은 정확한 근본사료를 모집 정리, 교정하는 데 있다. 본
　　서에 인용한 일, 한 양국 정부 기록문서의 태반은 미공개인 것으로 일반
　　학도에게 이용되기 어려울 뿐만 아니라 구한국 정부 기록은 거의 미정리
　　에 가까워 필요한 사료를 검출하는 것은 본래부터 용이하지 않다. ……

　더욱이 1868년으로부터 1894년에 이르는 한일 양국 기록 문서 가
운데 중요한 것은 전문을 수록할 방침을 취하였다. 따라서 후학들에
게 연구에 큰 도움을 준 것이 그의 큰 공적으로 꼽히고 있는 것이다.
　그러나 충실한 실증성에 식민사학의 독소적 요소가 있다. 이 책

---

44) 앞의 책, 序言, 8~10쪽.
45) 앞의 책, 14~15쪽.

의 제3장과 제4장에서 더 쓰겠지만, 조선사편수회의《조선사》와 마찬가지로《근대일선관계의 연구》또한 일본인들이 그들의 침략과 식민 통치의 목적에 부합하는 편향된 사료를 의도적이고 주관적으로 선별, 채택, 수록하였다는 점에서 문제의 심각함이 있다. 사료 선별 작업에서 판단 기준, 주관성, 그리고 목적의식 등을 면밀하게 살펴볼 때 결국 이 책은 식민 통치라는 목적에 충실하게 집필되었음을 알 수 있다.

《근대일선관계의 연구》의 목차와 주요 인용 사료는 〈부록 3〉과 같다. 총 4편으로 이루어진 그 책의 주요 참고 사료에 대하여 다보하시는, 서언에서 "제1·3·4편은 조선 정부 기록을 주요한 사료로 하고, 메이지유신 이후의 조일교섭, 운요호사건, 강화도조약 체결 등을 다룬 제2편은 일본 정부 기록과 옛 쓰시마對馬번의 기록이 기본 사료이면서 조선 정부 기록은《일성록日省錄》을 약간 인용하였다."고 밝히고 있다.[46] 그런데 제2편은 조선과 일본 사이에 일어났고, 가치가 대립되는 모든 사건을 대부분 일본 측 사료를 근거로 결론을 내렸다. 이는 결과적으로 개항 과정에서 자행된 일본의 불법 행위나 폭력성을 은폐하고, 조선 측에 모든 책임을 돌려 기록해 놓고 있어[47] 사료 선별의 편파성이 가장 두드러지는 부분이다.

다보하시는 "제3편에서는 조선국 정부 기록을 주로 하였고, 일청 양국 정부 기록을 종從으로 참조하였다."고 하였으나,[48] 실제로는 〈부록 3〉에서처럼 주로 일본 측 사료를 주된 사료로 쓰고 있고 한국 측 사료는《승정원일기承政院日記》와《동문휘고》를 약간 인용하고

---

46) 앞의 책, 序言, 12쪽.
47) 김의환,〈田保橋潔敎授의 韓國學上의 功過檢討〉, 21쪽.
48) 다보하시 기요시, 앞의 책, 序言, 12쪽.

있어 역시 사료의 편향성이 크다. 더욱이 다보하시는《갑신일록》을 사료적 신빙성이 지극히 떨어지는 자료라 하여, 주로 일본 측 자료에 바탕을 두어 갑신정변 당시 상황을 정리하고 있다. 당연히 갑신정변에서 일본 정부의 개입을 부정하고, 일본 공사의 독단적 결정에 따른 개입이라고 설명하고 있다.

《근대일선관계의 연구》는 실증이라는 겉옷을 걸치고, 실제 식민사학의 확고한 정착과 근거의 제시, 그리고 그 역사적 검증의 작업을 거친 식민 통치의 합리화라는 일제의 식민 통치용 자료였다. 우리의 관점에서 볼 때, 다보하시의 연구는 '실증實證이 아니라 실증失證'의 역사라고 할 수 있다. 그러므로 이에 대한 분명한 검증 작업과 역사적 사실관계의 논증은 침략과 식민 통치 등 군국 일본의 팽창을 합리화하는 수단으로서, 어용 식민사학에 대한 학문적 여과의 과정이 될 수 있다고 본다.

3.《근대일선관계의 연구》상권의 분석

1) 개항 전후 한일 관계에 대한 서술과 인식

(1) 흥선대원군에 대한 서술

다보하시는 대원군 정권에 대한 서술에 앞서, 척족 세도정치의 발달을 제1장 근대 조선의 정정政情의 제1절로 할애하였다. 그는 조선의 3대 화禍인 '외구外寇, 붕당朋黨, 척족戚族', 이 세 가지 가운데 척족의 전권專權은 최근까지도 그 현상이 있고, 폐해는 앞의 두 가지보다도 크다고 하면서, 대원군과 명성황후를 중심으로 하는 척족

여흥驪興 민씨와의 대립을 설명하였다.[49]

이러한 단정은 다보하시가 실증사학의 태도에서 학문성이 없다고 평가절하했던 낭인 출신 재야 일본인 사학자 낭인 기쿠치 겐조菊池謙讓의 한국 근대사 인식과 크게 다르지 않다.[50] 오히려 재야 식민사학자들의 불확실하고 검증되지 않은 역사 서술을, 다보하시 같은 실증사학자들이 자의적으로 선별해 낸 사료로 더욱더 그 식민성을 강화시켰다고 할 수 있을 것이다.

한편 다보하시는 대원군의 국내 정책 가운데 서원철폐에 대해서 영조와 정조도 하지 못했던 일대의 용단이었다고 비교적 높이 평가하고 있다.[51] 그러나 그 밖에 대원군의 삼정문란 개혁이나 법전 편찬 등의 문물제도 정비, 세도정치의 혁파 등에 관해서는 일절 언급을 하지 않고 있는 것은 말할 것도 없고, "10년 동안의 폭정으로 관민이 모두 대원군을 원망하고 있었다."[52]고 하여 대체로 대원군의 국내 정책에 대해서 비판적이다. 이러한 경향은 다보하시의 선배인 경성제대 교수 오다 쇼고가 《조선사대계 최근세사》에서 대원군의 국내 정책을 약술하며 그 개혁적인 부분을 거의 생략하고, 다만 경복궁 중건의 폐해 같은 부분만을 강조하여 서술한 것과 매우

---

49) 앞의 책, 1쪽.

50) 田保橋潔, 〈書評 : 朝鮮雜記 第二卷 菊池謙讓 著〉, 《青丘學叢》6, 京城, 青丘學會, 1931, 161쪽. 이 글에서 다보하시는 기쿠치의 글이 부정확하고, 내용은 공허하며 배열이 난잡하다고 비판하였다. 대학에서 정식으로 역사학을 배운 바 없는 낭인들의 역사 서술은 분명 다보하시의 그것과 동일하지 않다. 그렇다고 해서 양자가 확연하게 구분되는 것도 아니다(김종준, 〈식민사학의 '한국근대사' 서술과 '한국병합' 인식〉, 255~256쪽). 기쿠치 겐조에 대해서는 〈韓末·日帝강점기 菊池謙讓의 문화적 식민활동과 한국관〉(하지연, 《동북아역사논총》 21호, 동북아역사재단, 2008) 참조.

51) 다보하시 기요시, 《근대일선관계의 연구》, 상권, 33쪽.

52) 앞의 책, 46쪽.

비슷하다.[53]

대원군의 하야와 관련하여, 최익현을 분석한 부분도 다분히 자의적 해석이 실려 있다. 실증에 철저한 다보하시답게 그는 최익현의 《면암집勉庵集》을 인용하여 비록 확언을 하지는 않았지만, 최익현이 왕비당(명성황후를 가리킴—글쓴이 주)이라고 정황을 설명하고 있다.[54]

> 심야에 서리 복장을 한 사람이 몰래 1봉의 서한을 전해주면서 왕비전의 장무掌務 윤 모의 글이라고 하고, 답서를 요구했다. 그리고 궁중에서 최익현을 위해 알선하려고 한다는 말을 전했다. …… 최익현이 한번 훑어보니 언문으로 몇 줄 적혀 있었다. '…… 지금 백성이 병들고 나라가 어지러운 것이 이보다 더 심한 적이 없었으므로, 반드시 극론極論을 해 달라'는 것이었다. 최익현은 편지를 돌려주면서 '오직 보내신 뜻은 삼가 잘 알았다.' 는 말만 전해 달라고 부탁했다고 한다. 일반적으로 양반 남자가 언문으로 된 서찰을 보내는 일은 없었으므로 이 밀서가 왕비에게서 나왔다는 것은 분명하다. 최익현이 척족의 괴뢰라는 의심을 산 것은 이 같은 사실에 기인한다. ……

곧 명성황후의 밀지를 받아 최익현이 대원군 하야의 상소를 올리고 이를 관철시켰다는 논리로, 기쿠치 겐조가 《조선최근외교사 대원군전 부 왕비의 일생朝鮮最近外交史 大院君傳 附 王妃の一生》(이하 《대원군전》)에서 최익현이 왕비당으로 왕후의 사주를 받아 대원군의 정책을

---

53) 하지연, 〈오다 쇼고(小田省吾)의 한국근대사 연구와 식민사학〉, 《한국근현대사연구》 63집, 81~82쪽.
54) 다보하시 기요시, 앞의 책, 44~45쪽.

비판하고 하야를 주장한 부분과 일치한다.[55]

다보하시는 이러한 주장 끝에 최익현이 청일전쟁 이후 국왕(고종—
글쓴이 주)의 등용을 거절한 것으로 보아 민씨 척족과는 직접 관련은
없었을 것이라고 부연 설명을 하고는 있지만, 앞부분에 최익현이
왕비에게 받았다는 언문 교서의 내용을 장황하게 제시한 것과 견줄
때 다소 궁색한 결론이다. 실증을 지니지 못한 재야 2류 사학자 기
쿠치의 사실무근의 논리와 경성제대 교수로서 최고의 학문적 권위
를 인정받던 다보하시의 논리가 다르지 않음을 확인할 수 있다.

또 다보하시는 고종이 대원군 집권 시기는 물론 친정 체제로 들
어가서도 무능했음을 주장하고 있는데, 이 부분은 기쿠치가 고종을
나무 인형에 비교한 것과 흡사하다.

　　정무가 민승호에게 넘어가고, 국왕은 두 손을 맞잡고 바라볼 뿐 대원
　군 집권 때와 큰 차이가 없었다.[56]

　　왕궁의 나무 인형 마냥 침묵한 채 어떤 일에도 관여하지 않았다.[57]

다보하시와 기쿠치는 약간의 표현에서 차이만 있을 뿐 고종의 무
능함을 강조한 면에서는 동일하다. 사실 대원군 시기에 대한 서술
은 학문적으로 자료의 수집과 해독 못지않게 권력 상층부로의 접
근성 여부도 중요했다. 기쿠치는 동학농민운동과 청일전쟁이 일
어났을 때 《고쿠민신문》 특파원으로 조선에 온 이래 자주 대원군

---

55) 《대원군전》, 73~75, 85~87쪽.
56) 다보하시 기요시, 앞의 책, 29쪽.
57) 《대원군전》, 314쪽.

을 개인적으로 방문하고, 조선의 현안에 대하여 담소를 나누며 친
분이 있던 인물이다.[58] 게다가 을미사변에 직접 가담하는 등 그 시
대 역사의 현장에 있던 인물이다. 비록 정통 역사학자가 아닌 관계
로 기쿠치의 글이 실증적이지 않다고 다보하시에게 비판 받기도 했
지만,[59] 한편으로는 그가 가진 현장성과 권력 상층부로의 접근성은
다보하시 같은 후학 처지에서는 무시할 수 없는 중요한 구술 자료
였을 것이다. 그런 점에서 다보하시의 대원군 서술 부분은 상당 부
분이 기쿠치의 《대원군전》과 매우 유사함을 보인다. 《대원군전》에
서 기쿠치는 이 시기 역사를 '대원군과 명성황후'의 양자 대결 구도
로 파악하고, 고종은 그 틈바구니에서 우왕좌왕하는 나약한 군주라
는 논리로 조선 망국의 필연성을 강조하였다.[60] 이러한 망국적 한
말의 정치상을 기본으로 한 한국 근대사 인식면에서 비역사학자이
자 실증성을 지니지 못한 재야 역사가 기쿠치와, 철저한 실증사학
에 기반했다고 하는 다보하시, 이 두 사람의 한국 근대사 인식은 차
별성이 없다고 할 것이다.

   병인양요와 신미양요 등 대원군의 대외 정책에 대해서는 '배외 정
책'이라고 일컬으면서 프랑스와 미국 등의 사료까지 직접 인용하여
매우 자세하게 소개하였다. 그러면서 대원군의 국방력 강화와 대외
정책에 대해서 성과 없는 저급한 수준의 군사력 양성이었고, 세계
정세를 읽지 못한 한심한 정책이라고 혹평하고 있다.

---

58) 하지연, 〈韓末·日帝강점기 菊池謙讓의 문화적 식민활동과 한국관〉, 《동북아역사논
   총》 21호, 220~221쪽.
59) 田保橋潔, 〈書評 : 朝鮮雜記 第二卷 菊池謙讓 著〉, 161쪽.
60) 하지연, 앞의 글, 237쪽·241~243쪽.

강화 관문 방비는 대원군이 최근(병인양요 이후—글쓴이 주) 5년 동안 재력과 지력을 기울여 경영한 것으로 그 준비된 병기는 가장 우수하다고 자부했고, 탄약은 완전히 충분했으며, 수비병은 가장 정예로웠다. 그렇지만 구미의 일류 국가의 군대에 대해서는 이야기가 달라졌다. 그 소부대의 공격을 받는 것만으로도 즉시 패퇴하고 수비병은 전멸하고 말았다. 따라서 대원군이 이러한 종류의 배외 정책을 계속한다면 조만간 조선 민중이 무서운 참화를 입으리라는 것은 자명했다. 대원군은 정치·군사적 식견이 결여되어 있었고, …… 그는 오직 미국 함대가 철수한 사실만 보고 크게 기뻐했다. 이 전투가 진행되는 도중에 직접 글을 짓고 돌에 새겨 전국의 대로에 세운 신미척사비辛未斥邪碑는 곧 배외 정책의 묘비로 변했다.[61]

한편 한일 사이 국서의 서식을 둘러싼 분쟁 부분에 상당한 분량을 할애하여 상술하고 있는데, 정한론의 원인과 책임을 국서 형식 문제를 두고 접수 자체를 거부한 대원군 정권에 그 책임을 돌리고 있다. 더욱이 1868년 일본의 왕정복고를 통고하는 국서를 훈도 안동준安東晙이 '조신朝臣', '봉칙奉勅', '황실皇室' 등의 문자, 새 인기印記 사용 등을 이유로 거절한 사건에 대해서는 조선 정부의 명령까지 안동준이 어겨 가면서 무리하게 한일 국교에 중대한 위기를 초래한 것이었다고 주장하고 있다. 그러면서 안동준과 동래 부사 정현덕鄭顯德, 경상도 관찰사 김세호金世鎬가 모두 대원군의 당으로, 이 모든 것은 대원군의 지령으로 조선 정부의 뜻을 무시하고 이루어진 일이라고 결론짓고 있다.[62] 그러나 역사적 사실은 조선 정부의 서계 거

---

61) 다보하시 기요시, 《근대일선관계의 연구》 상권, 99~100쪽.
62) 앞의 책, 180~182쪽.

정한론 논쟁 삽화(중앙이 사이고 다카모리)

부 때문에 정한론이 일어난 것이 아니라, 메이지 이전 에도시대부터 과잉된 황국 의식이 마침내는 대외 침략론으로 발전해 나가고 있었던 상황이었다.[63] 따라서 대원군의 오만한 태도로 말미암아 정한론이 일어났다는 다보하시의 논리는 일본의 침략주의적 속성을 은폐한 책임 전가라 할 수 있다. 또한 이 것은 앞서 살펴본 바와 같이 제2장 오다 쇼고의 인식, 그리고 현재 일본 역사 교과서의 서술과 동일하다.

다보하시는 대원군에 대하여 상당히 부정적 평가를 하고 있는데, 그것은 대원군의 대일 강경책 때문이었다. 다보하시는 대원군으로 말미암아 조선과 일본 사이에 거의 국교 단절에 이르는 상황이 왔다고 비난했다.

일본은 강력한 이웃이다. 만약 조선의 도전에 응해서 일어난다면 조선의 국도國都가 다시 한 번 병화에 휩싸일 것이라는 것은 아직까지 사라지

63) 이원우, 〈일본 중학교 역사교과서와 '정한론' 문제: 2011년도 검정합격본 중심으로〉,《역사교육논집》 47집, 역사교육학회, 2011, 282쪽.

지 않은 임진년의 기억으로도 알 수 있다. 대원군이 병인년과 신미년의 양요를 전례 삼아 일본군도 격퇴할 수 있다고 무분별하게 믿고 있지만, 바다 멀리서 파견된 프랑스나 미국의 소함대와 수십 해리밖에 떨어지지 않은 피안彼岸에서 강력한 병력을 보유한 인국隣國을 견줄 수 없음은 군사의 일을 알지 못하는 조선 양반들의 눈에도 명백한 사실이었다.[64]

다보하시는 임진왜란의 참화까지 거론하면서, 다시 한 번 조선이 병란에 휩싸일 수 있다는 침략적이고 위협적 발언을 서슴지 않고 있다. 임진왜란 침공을 비롯하여 일본의 침략 전쟁에 대하여 침략자의 잘못이나 책임에 대한 일체의 언급 없이 침략당한 상대국에 대하여 원인과 책임을 미루는 태도는 오늘날 일본의 굴절되고 왜곡된 역사 인식과 그 뿌리가 같다고 할 것이다.

(2) 강화도조약

다보하시는 강화도조약을 "미개 또는 반개국半開國에 대한 앵글로색슨족의 무력 외교를 모방한 것으로, 23년 전에 미국 동인도 함대 사령관이자 특파대사 해군대장 매슈 페리Matthew C. Perry가 행했던 바를 그대로 이웃 나라에 시행하려 한 것"이라고 평가하였다.[65] 꽤 객관적으로 평가한 것 같으나 이후 강화도조약의 본 조항 분석에서는 일본을 적극 옹호하는 해석을 하고 있다. 예를 들어 대표적인 불평등 조항 제7관 해안 측량권에 대해서는 본래 영해 자유항행권과 측량권의 두 가지 조건이 있었는데, 조약 체결 과정에서 자유항행권이 빠진 부분을 지적하며 왜 이것을 뺏는지 모르겠다며 안타까워

---

64) 다보하시 기요시, 《근대일선관계의 연구》 상권, 545쪽.
65) 앞의 책, 433~434쪽.

하고 있다. 곧 다보하시는 일본이 구미 열강에게 당한 불평등조약
은 부당하다고 여기면서, 일본이 이웃 국가들에게 강요한 불평등조
약의 체결은 그 부당성을 지적하기는커녕, 왜 철저하게 일본의 권
익을 더 관철하지 못했냐는 아쉬움까지 내비치고 있다.

또한 제10관 영사 재판권에 대해서 "일본이 구미 열강에게 영사
재판권을 편무적으로 당했으면서 이번에는 이웃 조선에 이를 강제
하고 있다."고 지적하였다. 상당히 객관적이고 날카로운 지적이라
고 평가받을 수 있는 부분이나, 이것은 다보하시의 진정한 역사관
이 아니다. 그는 곧이어 일본의 영사 재판권에 대한 정당성을 주장
하고자 다음과 같은 의견을 자세히 서술하고 있다.

> 구 쓰시마번 시대에는 민형사를 불문하고 조선국 내의 일본인 범죄는
> 반드시 왜관 관수館守에게 인도했다. 관수는 범죄자의 신분에 따라 직접
> 심리해서 처형에 처하거나 혹은 본국 쓰시마로 송환해 번주藩主의 직재直
> 裁를 청했다. 그 형률의 적용은 오직 쓰시마번의 법령과 관례에만 의거했
> 고, 설령 조선의 지방 관헌이 타당하지 않다고 여겨 항의해도 거부하는
> 것이 통례였다. …… 강화도조약에서는 이를 성문화한 것에 지나지 않는
> 데 이 부분을 특히 주의를 해야 한다.[66]

곧 다보하시는 구舊 쓰시마번 시대에 조선에서 범죄를 저지른 일
본인을 왜관에 인도하여 처리하거나 쓰시마로 송환했었음을 사례
로, 이미 전통 시대에도 일본의 치외법권이 시행되고 있었음을 주
장하였다. 따라서 강화도조약에서 영사재판권은 불평등 침탈 조항

---

66) 앞의 책, 489~490쪽.

이 아니라 기존 관례의 성문화에 지나지 않는다고 적극 강변하고 있는 것이다. 일본이 구미 열강에게 당한 영사재판권은 부당하고 따라서 당연히 개정되어야 할 불평등 조약이지만, 일본이 조선과의 조약에서 얻은 영사 재판권은 기존의 쓰시마 번주가 행사했던 당연한 관례이고, 권리라는 이중 잣대를 들이대고 있다. 여기서 다보하시의 자국 중심적이고 일본의 침략을 어떤 식으로라도 합리화하려는 왜곡된 역사관을 여실히 확인할 수 있다.

또한 강화도조약 체결이 평화적으로 진행되었음에도, 물정을 모르는 대원군과 배외사상을 가진 최익현 같은 유생들이 소란을 연일 일으켜, 새로운 한일 관계 수립이 쉽지 않았다고 하였다.[67] 그리고 이 조약으로 말미암아 조선이 이제 쇄국의 은둔 상태에서 벗어나 근대국가의 반열에 들 수 있게 되었음[68]을 들어 조약 체결 과정에서 불법적인 부분은 의도적으로 생략하고, 일본이 선의를 가지고 조선을 개방시켰다고 주장하고 있다.

다보하시는, 〈부록 3〉에서 확인되듯이 강화도조약의 체결 과정을 주로 일본 측 사료에 바탕을 두고 서술하다보니, 일본이 운요호 사건을 의도적으로 일으켜 개항의 구실을 만들어 낸 상황을 제대로 규명하지 못하고 있다.[69]

한편 다보하시는 뒤에 기술할 바와 같이 《근대일선관계의 연구》에서 '청한 종속 관계론' 문제를 강화도조약 이전, 이후, 임오군란기, 갑신정변기, 이후 청일전쟁과 갑오개혁기까지 여러 번 상세하게 거론하고 있다. 개항 전후 시대 부분에서는 일본 모리森 공사와

---

67) 앞의 책, 511쪽.
68) 앞의 책, 739쪽.
69) 김종학 옮김, 《근대 일선관계의 연구》상, 11~12쪽.

청 총리아문 사이의 교섭을 상술하면서 청한 종속론을 설명하고 있다.[70] 곧 '청한 종속 관계론'을 강조함으로써 이후 일본의 청일전쟁 도발과 한국 강제 병합에 이르는 침략의 역사를 '청으로부터 조선 독립'이라는 논리로 상쇄하려는 왜곡된 역사 인식이 기본적으로 이 책의 밑바탕에 흐르고 있다고 할 수 있다.

2) 임오군란과 갑신정변에 대한 서술과 인식

(1) 임오군란

다보하시는 1881년 대원군의 서장자 이재선李載先 역모 사건을 두고, 대원군이 남인을 수족으로 삼아 영남만인소를 이용해 민씨 척족을 타도하려다가 실패하자 병력으로 정권 회복을 꾀하려 한 사건으로 규정하였다.[71] 그리고 이 때 "서자와 심복들이 희생된 비분을 품고 있던 대원군이 1년 뒤 임오군란에서 복수할 기회를 얻었다."[72]고 하여 역사소설에 가까운 표현을 쓰고 있다.

한편 대원군의 개인적인 성향까지 근거 없는 소문을 들어 매도하고 있다. 임오군란 직후 청의 심양으로 압송된 대원군에 대하여 다음과 같이 설명하였다.[73]

> 대원군이 집정하는 동안 온갖 가렴주구로 축적한 재물로 베이징과 톈진의 관계官界로 가져와서 뇌물로 뿌린다.

---

70) 다보하시 기요시, 앞의 책, 490~514쪽.

71) 앞의 책, 765쪽.

72) 앞의 책, 770쪽.

73) 앞의 책, 881쪽.

임오군란

　　그러나 다보하시는 이를 입증할 근거 사료는 제시하고 있지 않다. 이어 임오변란 이후 고종은 생부가 해외에서 죄인의 생활을 하는 것을 묵과하기 어려워 대원군의 석방을 청원을 했는데, 민씨 척족과 신정대비의 조카 조영하, 조승하 등은 고종과 상반된 태도를 보였다고 설명하고 있다. 게다가 "민씨는 왕비뿐만 아니라 왕세자빈과 대원군 부인의 생가였음에도 대원군과 양자 사이에 원수에 가까운 감정이 흐르고"[74]있다고 하여 마치 고종은 대원군의 석방을 추진했지만 민씨 척족이 결사반대한 것으로 사실을 왜곡하고 있다. 이렇게 명성황후 민씨를 비롯한 민씨 척족과 대원군에 대해 '원수', '원망', '복수' 등의 단어를 써 가며 극단적 대립 구도로 설정하고,

74) 앞의 책, 882~883쪽.

치열한 당쟁의 역사로 서술하고 있다.

당시 고종의 태도는 과연 민씨 척족과 달랐는가, 고종은 생부의 석방을 원했지만 민씨 척족의 반대로 성사하지 못했는가에 대해서는 다보하시의 자의적 해석이 강하다. 1884년 한로수호통상조약이나, 한러밀약 같이 조선 정부가 다각도의 외교적 활동 범주를 넓혀가는 가운데 이노우에 가오루井上馨는 민씨 세력을 견제하기 위해서 대원군 석방을 권유하는 편지를 이홍장에게 썼고, 이를 받아들인 이홍장은 1885년에 대원군을 석방했다. 석방된 대원군은 곧바로 운현궁에서 다시 유폐되면서 정치적 견제를 받았다. 사실 대원군 문제에서는 고종과 민씨 척족의 생각이 크게 다르지 않았던 것이다. 이러한 역사적 사실에도, 다보하시는 이 책의 곳곳에서 대원군에 대한 자의적 추측과 해석을 남발하였다. 이른바 '실증사학자'라는 평가가 무색한 부분이 아닐 수 없다.

한편 제17장 〈청한 종속 관계의 진전〉과 제47절 〈청의 종주권 강화〉에서는 임오군란 이후 청의 종주권 강화가 마침내 갑신정변을 유발했다고 하면서, 청말민국淸末民國 초기의 정치가 장건張騫과 장패륜張佩綸의 '조선 속국화론'을 장황하게 소개하고 있다.[75] 곧 다보하시의 논지는 일관되게 일본의 조선에 대한 침략적 속성을 외면한 채, 다만 조선에 대한 청의 종주권 강화를 강하게 비난하고 이를 강조해서 일본의 침략을 호도하고 있는 것이다.

(2) 갑신정변

제49절의 제목은 〈일본 세력의 진출과 독립당〉이다. 다보하시는

---

75) 앞의 책, 864~873쪽.

세간에서 홍영식·박영효·김옥균 등을
'혁신당' 또는 '독립당'으로 불렀고,
자신은 편의상 이를 답습한다고 했
다.[76] '독립당' 등의 용어는 오다 쇼고
나 또는 다른 일본인의 저술에서 자
주 나오는 용어이다. 그 시대에 문명
개화론에 바탕을 둔 개화 세력이 스
스로를 '개화당' 또는 '독립당'이라고
불렀고, 일본인들도 그렇게 불렀기
때문에 시대성을 담은 표현이기는 하
지만, 다분히 일본인의 시각에서 청

김옥균金玉均(1851~1894)

의 양무운동을 모델로 삼았던 개화 세력과 비교하여 더 긍정적 의미
에서 붙인 이름이다. 반대 개념으로 김윤식, 김홍집, 어윤중 등에게
'사대당' 또는 '수구당'이라는 부정적 의미의 용어를 사용한 것을 보
면 그 표현을 사용한 의도가 분명하게 드러난다.[77]

정변의 진행 과정에서 다보하시가 가장 상세하게 다루고 있는 부
분이 고종의 어서 문제이다. 어서 문제는 정변 당시 일본 군대의 동
원 근거를 정당화하고, 청과 조선에 대하여 당시 일본군의 개입이
고종의 어명에 따른 합법적 행위였음을 주장하려면 꼭 짚고 넘어가
야 할 대목이었기 때문이다.

다보하시는, 정변이 일어날 당시 고종이 일본 공사를 황급히 부

---

76) 앞의 책, 897쪽.

77) 하지연, 〈오다 쇼고(小田省吾)의 한국근대사 연구와 식민사학〉, 《한국근현대사연
구》 63집, 84~85쪽. 개화 세력을 일컫는 용어에 대해서는 〈고등학교 근현대사 교
과서 개화기 관련 서술에 보이는 문제점과 제언〉(허동현, 《한국민족운동사연구》 44,
한국민족운동사학회, 2005) 315~319쪽 참조.

르고자 난리 가운데 연필본 초서체로 '일사래위日使來衛'라는 네 글자
를 써 주었는데, 여기에는 어명御名이나 어보御寶가 찍혀 있지 않았
고, 내관 유재현柳在賢이 갖고 와 일본 공사에게 입궐을 요청했다고
서술하고 있다. 그러면서 김옥균이 정변 1년 뒤 망명지 일본에서
쓴 《갑신일록甲申日錄》에서처럼 '일본공사래호짐日本公使來護朕'의 일곱
글자가 아니었다고 주장하고 있다.[78] 또 어서는 어보가 없는 초서
체 연필본과 해서체 정서본, 이렇게 두 가지로, 정서본에는 왕명과
대군주의 어보가 검인되어 있었다고 하면서 조선 측 독판 조병호趙
秉鎬가 이 정서본을 보고 경악했다고 주장했다.

이에 대해 다보하시는 김옥균이 상습적으로 위조에 능한 자로,
정서본에 찍힌 대군주의 어보는 김옥균의 사기 행각이었음을 주
장하고 있다. 그 사례로 예전 김옥균의 심복이었던 백춘배白春培
라는 자의 증언도 인용하고 있다.[79]

　　김옥균의 심복 중에 백춘배라는 자가 있었다. 김옥균이 동남제도개척
　사東南諸島開拓使에 임명되자 그 하속 관리가 되어 울릉도의 목재를 벌목
　해서 일본에 수출하는 임무를 맡았다. 김옥균이 망명한 이후 고베에서
　만난 뒤로 그의 명에 따라 행동했는데, 메이지 18년(1885) 12월에 본국
　정세를 탐지하기 위해 잠입했다가 체포됐다. 그의 진술에 따르면 김옥균
　이 몇 해 전 3백 만 엔 국채 모집의 명을 받고 도일했을 무렵 그에게는
　국왕에게서 하사받은 백지 위임장 몇 통이 있었다. 그런데 그는 외채 모
　집의 사명을 달성하지 못하고 귀국했지만, 그것을 반납하지 않고 망명할

---

78) 다보하시 기요시, 앞의 책, 952~960쪽. 이상 고종의 어서에 관한 문제에 관해서는
　　〈1884년 갑신정변의 허위성〉(이태진, 《고종시대의 재조명》, 태학사, 2003) 참조.
79) 다보하시 기요시, 앞의 책, 1013~1038쪽.

때도 소지하고 있다가 필요할 때마다 여백에 적은 다음에 국왕의 밀지라고 하면서 일본인에게 보여줬다는 것이다.

덧붙여 말하자면 메이지 27년(1894) 4월에 김옥균과 박영효 암살의 임무를 띠고 도일한 조선인 이일식李逸植이 일본 관헌에게 체포되었을 당시 압수 물품 가운데 국왕의 칙유를 사칭한 위조문서와 옥새가 발견되었다. 도쿄 지방 재판소의 예심 판사가 그 진위 여부를 박영효에게 묻자, 그는 "김옥균은 인장도 잘 새기고, 성격도 그런 일을 하는 것을 좋아하기 때문에 나는 김옥균과 이일식 등이 오미와 조베에大三輪長兵衛를 속이기 위해 마련한 것은 아닐까 하는 의심이 든다."고 진술해서 김옥균이 국왕의 친서를 상습적으로 위조했음을 입증했다.[80]

이러한 근거를 바탕으로 다보하시는 김옥균이 갑신정변 당시 국왕에게 친서 연필본을 받아 일본 공사에게 보냈는데, 나중에 그 형식이 불완전함을 느끼고 자신이 갖고 있던 백지 위임장 한 통에 스스로 '일사래위'라는 네 글자를 쓴 다음, 국왕의 친서라고 다케조에 신이치로竹添進一郎 공사에게 전달한 것이라고 주장하였다. 또 정서본의 친서의 왕명과 국보는 진짜이지만 '일사래위'라는 글자는 김옥균의 위조라고 추정했다.[81] 곧 다보하시는 일본 공사가 김옥균의 사기 행각에 이용당했다는 것이고, 그러므로 책임이 없다는 것을 설명하고자 이렇게 백춘배와 박영효의 증언까지 인용하며 매우 상

---

80) 앞의 책, 1034~1035쪽.

81) 이에 대해 이태진은 김옥균이 예전 일본으로부터 차관 도입을 위해 고종에게 어새가 찍힌 문서를 상당량 받았는데, 이를 일이 끝난 뒤에도 반납하지 않고 갖고 있다가 갑신정변 때 이 문서를 사용했다고 설명하고 있다. 이 결론은 다보하시의 주장과 일치한다. 그러나 이태진은 김옥균이 제공한 이 어새가 찍힌 문서에 다케조에 공사가 일본식으로 고종의 이름을 써넣어 위조했다고 당시 상황을 정리하고 있다(이태진, 앞의 글, 187쪽).

세하게 정황을 설명을 한 것이다.

또한 다보하시는 갑신정변 자체가 다케조에 공사가 본국 정부의 명령 없이 김옥균 세력을 적극 후원하여 일어난 것이라고 여러 번 강조하여 일본 정부의 개입을 부정하고 있다.[82]

공사가 대개 공무로서 공사관 외에 출입한 경우 군대를 인솔하는 것은 의장의 의미를 가지는 것으로 본래 다수를 요하지는 않지만, 이번 변란에 경비대 1중대가 전원 전시 무장하여 공사관에 집합한 것은 누구의 눈도 속일 수 없다. …… 생각건대 조선국왕의 친서에 '입위入衛'라고 명기되어 있으니, 일본 공사에게 보호를 청구한 것이고, 때문에 '대병帶兵'이라는 글자가 있고 없고를 떠나 필요한 군대를 인솔한 것은 당연하다.[83]

곧 다보하시는 경비대 1중대가 전원 무장하고 개입한 사실 자체는 인정하였다. 그러면서 다케조에 공사의 개입은 의전 상황에서 동원한 군사의 숫자 치고는 많다고 하더라도 국왕의 어서에 따른 것이므로 법적으로 하자가 없다고 주장하였다. 국왕의 어서에 '입위'라고 되어 있음을 근거로 조선 측이 일본에 보호를 청구한 것이라고 해석 한 것이다. 더 나아가 다보하시는 조선의 통리아문에서 고종의 경우궁 이어移御와 재상 여섯 명을 살해한 책임을 일본 공사에게 돌린 것을 다케조에 공사가 강경하게 반박하지 못해 스스로 잘못을 인정한 것 같은 결과를 자초했다고 비난하면서,[84] 정변에 대해서 일본의 책임이 전혀 없음을 강조하고 있다.

---

82) 다보하시 기요시, 앞의 책, 916~942쪽.

83) 앞의 책, 1002쪽.

84) 앞의 책, 1002쪽.

양화진에 버려진 김옥균의 시신(경성부사 제 1권 629쪽)

　위 내용을 볼 때 다보하시는 김옥균이 고종의 문서를 위조하여 다케조에 공사를 속여 군사를 동원하게 했다는 식의 논증을 펴서 일본 측 군사동원의 책임을 김옥균에게 돌리고 있다. 곧 그는 치밀한 고증으로 갑신정변에 대한 일본 정부의 개입을 부정하고, 다케조에 공사의 개인적 판단에 따른 가담으로 정리했으며, 일본군의 개입도 김옥균의 위조문서에 바탕을 두었다고 하여 법적 책임이 없다고 결론지은 부분에서 실증사학자로서의 위력을 잘 보여 주고 있으나, 이 부분에 사료 선별의 자의성과 주관성은 심각하다. 곧 백춘배의 증언을 근거로 하여 김옥균이 위조했을 가능성을 미루어 짐작하고 있는 개인적 추측을 마치 사실관계인 양 서술하고 있고, 더 중요한 것은 다보하시가 보았다고 하는 고종의 어서 두 개의 사진본은 이후 본 사람이 아무도 없고 남아 있지도 않다.[85] 오직 다보하시의 기억에 의존했을 뿐이다. 다보하시 자신도 자신이 본 친서 원

---

85) 앞의 책, 1033~1034쪽.

본의 사진이 크게 퇴색해서 알아보기 힘들고, 검사하기에 적당하지 않다며 슬그머니 추가 설명을 하고 있다. 그러면서도 여전히 정서본의 어보는 분명하므로 간당(김옥균 등을 가리킴─글쓴이 주)에게 일본 공사가 속았음을 강변하고 있다. 따라서 과연 다보하시의 학문적 성향을 두고, 객관적이고 실증적이며, 양심적이었다고 하는 일본인 후학들의 평가를 한국 사학계에서 무비판적으로 받아들일지는 좀 더 신중하게 파고들어야 할 문제로 생각된다.

4. 《근대일선관계의 연구》하권의 분석

1) 청일전쟁의 원인으로서의 '동학변란' 인식

다보하시는 《근대일지선관계의 연구》에서 〈동학당의 변란〉을,[86] 《근대일선관계의 연구》에서 제23장 〈동학변란〉을 다루고 있다. 그는 〈동학변란〉을 다시 66절의 1893년 동학변란, 교조신원운동과 보은집회, 67절의 갑오동학변란으로 나누어 서술하고 있다.

다보하시는 〈동학변란〉에서 복합 상소, 일본국 영사의 거류민 내유內諭, 일본 영사관 문에 붙어 있던 동학 궤서, 이 궤서를 좌포청 대장에게 제출했던 문서, 그리고 이에 대한 회답 문서, 보은집회 창의문, 양호 선무사 어윤중의 전교와 이에 대한 동학교도들의 불복 문장, 보은집회 이후 신임 전라도 관찰사 김문현을 사폐할 때 김문현이 왕에게 아뢴 동학 초토 방법, 전봉준이 무장에서 내건 창의문과 이에

---

86) 田保橋潔, 《近代日支鮮關係の硏究─天津條約日支開戰至》, 경성제대 법문학부 연구
조사책자 제3집, 44~72쪽.

대한 전교, 동학비도의 전주 입성 이후 6월 4일의 효유문, 이에 대한 전봉준의 6월 5일의 원정寃情과 6월 7일의 회답 등 관찬 사료들을 그 대로 본문에 인용하여 《조선사》의 경우처럼 자료집 같은 성격을 보여 주고 있다.[87]

먼저 제66절 동학의 연혁, 계사(1893년) 동학변란에서는 상제 교주의 후계자로서 요절한 문학사 김문경金文卿으로부터 많은 도움을 받고, 1935년 조선총독부 촉탁 무라야마村山智順가 발표한 《조선의 유사종교》를 참고하였으나,[88] 자신의 전공이 외교 관계사인 까닭에 이 책에서는 한일 관계사에 중심을 두어 검토하겠다고 전제하고 있다. 그러나 다보하시가 꼭 외교사적 관점에서 서술한 것만은 아니다. 그는 동학의 기원, 교조 최제우에 대해서도 꽤 자세히 서술하고 있다. 그런데 최시형에 따른 교세 확장과 동학교도에 관해서는 무라야마의 영향을 받아 동학은 유사종교로 단정했고, 최시형은 무리를 모아 오로지 정치적 야심을 채우려는 파렴치한 세력으로 규정함으로써 평가절하의 차원을 넘어 폭도의 무리로 몰아붙였다.

> 오직 가난한 농민을 수탈하여 거대한 재산을 쌓는 지방관만을 동경하는 무리일 뿐이었다. 교주는 교도들에게 지방관의 자리를 대량으로 예약할 수는 없었다. 교주 자신은 국왕이나 척신은 아니었다. 신도의 채워지지 않는 욕망의 일부를 만족시키고 자신의 위신을 유지하려면 오직 직접 행동, 즉 반란에 호소하는 것 외에는 방법이 없었다. …… 최시형의 문하에 모인 무수한 무지한 교도들 모두가 현세에 직접적이고 가장 유리한

---

87) 차미희, 〈일본인에 의한 동학농민전쟁 연구〉, 《동학농민전쟁 연구자료집(1)》, 여강 출판사, 1991, 102~103쪽.

88) 村山智順, 《朝鮮の類似宗敎》, 조선총독부 조사자료 제42집, 1935.

보상을 기대하는 무리였고, 문하로서 교주를 보좌하는 자들은 동학의 집
단 세력을 이용하여 직접 행동을 일으켜 야심을 채우려는 위험분자들이
차지하고 있었다. 이러한 상태에서는 최시형의 의지 여하에 관계없이 유
사 종교의 길을 걷지 않을 수 없음이 명확하다.[89]

동학농민운동의 반反봉건적이며 반외세적 성격, 그리고 민중운동
의 개혁적 성격 부분에 관해서는 일절의 설명도 없고, 오로지 사리
사욕을 채우기 위한 반란으로 규정한 것이다.

또한 교조신원운동에 관해서는 '신원'의 개념을 "당론을 배경으
로 중대한 정치적 의의가 부가되는 것으로 신원은 그 은전이 자손,
문하에 이르러 일단 조정에 들어가면 다시 반대당과 투쟁을 개시한
다."고 하여 '당쟁', '당론'의 의미로 풀이하고 있다. 말할 것도 없이
"동학교도의 신원은 동학도의 공인과 자유로운 전도가 목적이므로,
양반들의 당론과는 그 목적과 수단이 달랐지만, 그렇기 때문에 양반
들이 이용하는 상소의 수단과 달리 직접 행동으로 호소하여 위험성
을 갖고 있다."[90]고 설명하였다.

한편 이 책에는 동학농민운동의 반봉건성을 설명할 수 있는 전주
화약, 폐정개혁안 문제, 집강소의 설치 부분, 제2차 농민전쟁에 대
한 설명이 없다. 다보하시는 "한국 병합의 단서를 마련한 것은 갑
오동학변란이었다."는 자신의 주장을 입증하고자 의도적으로 필요
한 자료만을 선별하여 실었다. 곧 고종이 청병을 차용하려 했던 부
분을 상세하게 부각하고 있다.[91] 또 이미 폐정개혁안의 내용이 실

---

89) 다보하시 기요시, 《근대일선관계의 연구》 하권, 215~216쪽.
90) 앞의 책, 216~217쪽.
91) 앞의 책, 234~238쪽, 272~286쪽.

린 《일청전쟁실기(1894~1895)》와 같은 기존 자료를 참고 자료로 인
용했음에도 아랑곳하지 않고, 폐정개혁안을 누락한 것은 다보하시
가 목적과 의도를 가지고 사료를 취사선택했음을 확인하게 한다.[92]
이런 식의 사료의 주관적 선별은 식민사학자들의 공통적인 점인
데,[93] 동학농민운동 서술에서 일본군 파병과 철병 거부에 결정적으
로 반박 논리가 될 수 있는 민감한 부분이라 의도적으로 자료를 뺀
것으로 보인다.

또한 제67절 갑오동학변란에서는 1893년 충청도 보은집회에 모인
동학교도 가운데 전라도 출신이 가장 많다는 것을 강조하고 있다.

> 남도이와南道易訛는 근대 조선 위정자의 한탄이다. 전라도는 반도 가
> 운데 가장 천연의 은혜를 입은 지방으로 따라서 인구도 조밀하고 인지도
> 개발되어 있었다. 그 반면 다스리기 어려운 곳으로 움직였다 하면 집단
> 적으로 위정자에게 반항하는 경향이 강하다. 남도가 잘못되기 쉬운 것은
> 이조시대 뿐만 아니라 통감부, 조선총독부를 통해서도 당국이 경험한 것
> 이다. 이런 전라도에 동학교도가 가장 많은 것은 가벼이 보아 넘기기 어
> 려운 것으로, 보은집회 다음의 동학변란이 전라도에서 발생할 위험을 경
> 고하는 것이라 할 것이다.[94]

실증사학자로서 위상이 무색할 만큼 편파적인 지역감정을 반영

---

92) 차미희, 앞의 글, 101쪽.

93) 菊池謙讓·田內蘇山 공저, 《近代朝鮮裏面史》, 東亞拓植公論社, 1936, 216~230쪽;
    菊池謙讓, 《近代朝鮮史》下, 鷄鳴社, 1939, 195~248쪽; 하지연, 〈韓末·日帝강점기
    菊池謙讓의 문화적 식민활동과 한국관〉, 《동북아역사논총》 21호, 247쪽; 하지연,
    〈오다 쇼고(小田省吾)의 한국근대사 연구와 식민사학〉, 《한국근현대사연구》 63집,
    88쪽.

94) 다보하시 기요시, 앞의 책, 242쪽.

한 역사 인식을 보이고 있다. 더욱이 일제의 침략에 가장 저항이 심했던 호남 지역에 대한 비논리적 지역감정의 조작은 기쿠치와 같은 일본인 재야 2류 사학자로 말미암아 이미 조성되었던 침략 논리인데,[95] 동일한 인식을 경성제대 교수이자 실증사학의 상징적 인물이라고 평가 받는 다보하시에게서도 확인할 수 있다. 게다가 통감부와 총독부가 전라도 지역의 반항을 경험했다고 주장하는 부분은 동학 농민운동 이전의 경험이거나 최소한 동시대의 일이 아닌 미래의 일이다. 다보하시는 식민지 시대 전라도 지역의 의병항쟁과 여러 저항운동을 근거로 제시하고 있는데, 실증주의 학자로서 동학농민운동 당시 아직까지 일어나지 않은 미래의 일을 근거로 과거 사실을 입증하는 역사연구 방법에서의 심각한 오류를 범한 것이다. 게다가 전라도 지역에서 왜 동학농민운동이 극렬하게 일어날 수밖에 없었는지, 그 당시 왜 식민지 지주에 대한 저항과 식민 통치에 대한 저항이 강렬할 수밖에 없었는지에 대한 정치·사회·경제적 배경 검토는 도무지 이루어지지 않았다.

전주화약에 대해서도 일절 설명 없이 다만 "동학농민군은 경군이 곧 공격해 올 것이라는 풍문이 들리자 경악하고 황급히 해산을 결정한 것이 아닌가 생각된다."[96]는 어설픈 추측성의 설명을 하고 있다. 다보하시의 주장에서는 전주화약과 조선 정부의 개혁 약속, 폐정개혁안, 집강소 운영 등에 대한 설명이 있다면 당연히 동학의 개혁적이고 자주적 성격에 대한 입증이 되므로, 전주화약 이후 농민군의 해산을 겁이 나서 해산했다는 식으로 슬그머니 얼버무린 것이다.

---

95) 菊池謙讓, 〈各種の朝鮮評論(時論)〉, 細井肇, 《鮮滿叢書》 制1卷, 自由討究社, 1922~1923, 6~15쪽.

96) 다보하시 기요시, 앞의 책, 268쪽.

또한 다보하시는 동학교도들은 이후 반半비적화하여 폭동을 일
으켜 관청 및 지방 토호를 습격하고 약탈하였다고 하였는데, 이렇
게 '변란', '폭도', '도적', '비도', '폭동'이라는 표현 또한 동학농민운
동에 대해 식민사학에서 흔히 사용하던 용어였다.[97] 결론적으로 다
보하시는 한국 근대사에서 일어난 동학농민운동을 조명한 것이 아
니라 일본의 '청일전쟁의 원인이자 한국 병합 전사前史로서의 동학
변란'을 서술하였다. 곧 동학농민운동이 청일전쟁의 원인을 제공하
고, 나아가 한국 병합의 단서를 마련했다는 것이 그의 시각이었다.

2) 병합 전사로서의 청일전쟁 인식

다보하시는 제24장과 제25장에서 청일 양국의 출병과 톈진조약
天津條約을 자세하게 설명하고 있다. 여기서 그는 "일본 정부가 제물
포조약 제5조에 바탕을 두어 1894년 5월, 청국 병력의 세 배에 달
하는 혼성 여단을 파견한 것은 정당성을 인정받기 어렵다."[98]고 하
면서도, 한편으로는 당시 일본군의 조선 출병의 근거에 대해서 "제
물포조약과 톈진조약의 어느 것에 따라서도 일본국 정부는 출병권
을 갖는다."[99]고 하였다. 그러나 사실 톈진조약 제3조의 전문을 보
면 청일 양국의 출병의 법적 근거는 찾아볼 수 없다.

    제물포조약 제5조 : 일본 공사관에 병원兵員 약간을 두어 경비를 맡게

---

97) 하지연, 〈오다 쇼고(小田省吾)의 한국근대사 연구와 식민사학〉, 《한국근현대사연
　　구》 63집, 87~88쪽
98) 다보하시 기요시, 앞의 책, 340~341쪽.
99) 앞의 책, 340쪽.

할 것. 병영의 설치·수선은 조선국에서 담당한다. 만약 조선국 병민兵民이 1년간 법률을 준수한 후, 일본 공사가 경비가 불필요하다고 간주하면 철병해도 무방하다.

텐진조약 제3조 : 장래 조선국에 변란 등 중대 사건이 생겨서 중일 양국 혹은 일국이 파병할 필요가 생기면, 사전에 상호 공문을 보내서 지조知照하며, 그 일이 진정되면 즉시 철수해서 다시 유방留防하지 않는다.

곧 조선국에 변란 등 중대 사건이 생겨서 청일 양국 또는 일본이 파병할 필요가 생기면, 사전에 상호 공문을 보내서 알리고, 사건이 진정되면 즉시 철수할 것을 명시했지, 출병의 언급은 없다. 그렇기 때문에 다보하시는 제물포조약까지 포함하여 일본군 출병의 근거를 찾았던 것이다.

한편 청일전쟁 발발 부분에서 다보하시는, 청국 해군이 청불전쟁 당시 그 군사력을 거의 상실하여, 남아 있는 근대적 국방력은 북양대신 이홍장이 이끄는 북양 함대 정도였으나 그나마도 지도자의 부패와 무능, 낡은 병기와 선체 때문에 열악한 상황이었음을 설명하고 있다. 따라서 이홍장이 전쟁 발발 직전 최후까지 개전을 피하려 한 원인이 바로 여기 있었다고 청일 양국의 군사력을 비교하고 있다.[100] 그러면서 양국 가운데 어느 쪽에서 먼저 발포했는가의 문제에서는 청의 부장副將 방백겸方伯謙의 추록追錄인 《원해기문寃海紀聞》을 인용하여 일본 군함의 선제공격이라고 논증하고 있다.[101]

---

100) 앞의 책, 606~609쪽.
101) 앞의 책, 621~622쪽.

미즈노 토시카타水野年方가 그린 평양전투. 1894년 9월 15일 일본군과 청군이 치른 두 번째 주요 전투로서 일본군이 승리함에 따라 한반도 안의 모든 청군 세력이 소멸하게 된 계기를 마련했다.

    …… 청국 함대는 군대 운송선의 호송을 본 임무로 하면서 이 임무를 수행 중이었고, 따라서 전투는 가급적 피하지 않으면 안 되었다. 또 청국 군함은 일본국 군함에 비하여 현저히 열세였고 속도도 떨어졌으며, 공해公海에서의 전투에서 우세한 일본국 군함에 어떤 손해도 입히지 못하고 전멸당할 수 있었다. 전투는 대체로 판단한대로 진행되었다. 청국 군함 제원濟遠의 방백겸이 전투준비를 명하지도 못했는데, 요시노吉野가 발포한 첫 번째 포탄이 함교에 명중하였고, 적함의 행동을 주시하고 있던 대부도사大副都事 심수창沈壽昌을 죽였다. ……

    이 부분을 두고, 많은 일본인 후학들이나 심지어 한국 역사가들도 다보하시를 실증에 충실한 객관적 학자로서, 나아가 양심적 학자로서 높이 평가하고 있다.[102] 그리고 앞서 서술한 바와 같이 다보하시의 박사 학위논문이 도쿄제대에서 거부된 건으로 말미암아

---

102) 서민교, 〈청일전쟁기 이토 히로부미(伊藤博文) 내각의 조선에 대한 군사·외교정책〉, 《일본연사연구》 32집, 35쪽.

더욱더 다보하시가 아카데미즘에 충실한 학자라는 모습으로 부각
된 것도 사실이다.

그러나 이 책을 저술할 당시 다보하시가 처음부터 박사 학위논문
으로 저술한 것이 아니다. 앞에서도 나왔듯이, 조선총독부의 식민
지 통치의 정책 자료로서 일반에 미공개를 원칙으로 지원받아 쓰인
것이다. 때문에 다보하시는 사실에 충실하게 쓸 수 밖에 없었을 것
이다. 말 그대로 일제의 통치 자료이고 요샛말로 '대외비' 자료였으
니, 당연히 역사적 사실을 그대로 쓴 보고서였던 것이다. 현재 우
리가 눈여겨볼 것은, 청일전쟁 도발 부분에서 다보하시가 선제공격
주체를 다룬 부분이 아니다. 다보하시가 이 전쟁, 곧 청일전쟁의 성
격을 어떻게 인식했는지가 다보하시의 동아시아 외교사와 한국 근
대사를 바라보는 역사관인 것이다. 그는 분명 동학농민운동을 청일
전쟁의 원인인 '변란'으로, 그리고 청일전쟁을 제국주의의 침략 전
쟁이 아니라 청의 종속국이었던 조선의 독립을 가능케 한 전쟁으
로, 게다가 일본이 희생을 감수한 전쟁으로 인식했다. 이러한 논
리에 타당성을 주고자, 그는 제17장에서 임오군란 이후 조선과 청
나라의 관계를 서술하면서 '청한 종속 관계' 또는 '조선 속국화론'
을,[103] 제26장과 제27장에서도 '청한 종속론'을[104] 상당 부분 할애
하여 강조하고 있다. 청일전쟁은 청한 종속 관계의 청산이고, 일본
이 이를 실현해 주었다는 인식이다.

다보하시는 제26장과 제27장에서 조선의 내정개혁을 둘러싼 청
일 양국의 지도, 일본군의 경복궁 점령 사건과 개화 정권의 수립 문
제 등에 대하여 설명하고 있다. 그는 여기서 일본이 청일 양국 공동

---

103) 다보하시 기요시, 《근대일선관계의 연구》 상권, 865~873쪽.
104) 앞의 책, 하권, 353쪽, 362~365쪽.

코바야시 키요치카小林淸親가 묘사한 황해해전. 1894년 9월 17일 청일전쟁 중기 일본해군 연합함대와
청나라 북양함대 사이에 벌어진 해전으로 '압록강 해전'으로도 불린다.

으로 조선의 내정개혁을 추진할 것을 제안할 경우 청이 거부할 것
을 미리 예측하고 있었고, 만약 청이 일본의 독자적인 조선 내정개
혁을 간섭할 경우 청에게 그 책임을 물어 전쟁의 구실을 만들 수 있
을 뿐만 아니라, 조선의 사정에 밝지 못한 서구인들에게 일본은 마
치 조선을 개혁해주는 우호적 국가라는 좋은 인상을 줄 수 있었다
고 분석했다. 또한 조선의 내정개혁에 청이 동의하지 않고 계속해
서 일본군의 철병을 요구하여 전쟁이 발발하더라도 개전의 이유를
청에게 전가할 수 있었기 때문에 어떤 수단을 써서라도 일본은 개
전의 구실을 만들었다고[105] 당시의 일본 상황을 있는 그대로 서술
하고 있다. 이 정도의 서술이라면 상당히 사실에 접근했다고 평가
할 만한 부분이다. 그러나 다보하시는 일본군의 철병 문제를 설명
하면서 철병요구 주체를 위안스카이袁世凱로 설명하고,[106] 조선 정
부의 주체적 입장은 완전히 배제했다.

---

105) 앞의 책, 354쪽.
106) 박종근, 《淸日戰爭과 朝鮮》, 일조각, 1989, 35~36쪽.

또한 다보하시는 갑오개혁을 서술하면서 시기적으로 청일전쟁 발발 직후까지를 잡았으므로, 제1차 개혁 정도까지를 다루고 있는데, 조선 정부의 교정청 설치 상황, 1차 갑오개혁 진행 당시 김홍집의 제1차 내각과 대원군의 섭정 상황에서 실질적으로 동학농민운동에서 주창된 많은 요구들이 개혁에 반영된 상황, 뒤에 진행되는 2차 갑오개혁에 견주어 김홍집 내각이 비교적 일본의 간섭 없이 개혁을 추진할 수 있었던 갑오개혁의 자율적 측면을 전혀 언급하고 있지 않다. 오히려 제1차 김홍집 내각이 사실은 대원군 정권이라고 보고 있는 오류도 보인다.

다보하시는 '청한 종속 관계'가 1894년 7월 25일 비로소 청산되었음을 강조하고 있다.[107] 일본은 기본적으로 조선과 청의 종속 관계 문제에 가장 관심이 컸다. 그것은 일본 세력의 조선에 대한 영향력 확보와 직결된 문제이기 때문에, 당연히 조선에서 중요한 사건이 일어날 때마다 체결된 각종 국제조약에서 청한 종속 관계는 일본에게 늘 제1의 관심사였다. 또 청일전쟁을 일으킨 일본의 대의명분도 청으로부터의 조선 독립이고, 이를 위해 일본이 희생을 해가며 대리전을 치러 주었다는 식의 억지 논리까지 펼치는 실정이었으므로, 그 명분을 합리화할 논리의 출발점이 바로 청한 종속 관계 문제였던 것이다. 그러므로 다보하시 또한 당연히 이 문제를 깊이 있게 다룰 수밖에 없었다. 이 부분에서 다보하시가 청일전쟁에서 누가 먼저 선제공격했는지를 객관적으로 썼다고 하여 실증적이고 객관적이라고 평가할 것이 아니라, 그가 청일전쟁을 일본이 조선을 청으로부터 독립시켜주고자 일으킨 '선의의 전쟁'으로 인식했음을

---

107) 다보하시 기요시, 앞의 책, 447~448쪽.

프랑스 언론인 비고가 19세기 말~20세기 초 한반도를 둘러싼 열강을 풍자한 그림. 청일전쟁에서 승리한 일본이 조선을 짓밟고 진군하는 것을 러시아가 주시하고 있다.

읽어 내고, 향후 일본과 한국 역사학계에 미친 독소적 영향력에 주의를 기울일 필요가 있다고 본다.

5. 맺음말

다보하시는, 일본의 한국 강제 병합 이후 구한국 정부 기록이 조선총독부로 이관됨에 따라, 조선의 관문서를 직접 정리하면서 당시로서는 쉽게 접근할 수 없었던 조선 정부와 왕실의 사료를 섭렵하여 《근대일선관계의 연구》를 엮어 냈다. 따라서 이 책은 그 시대는 말할 것도 없이 이후 한동안 한국 근대사에서 가장 대단하고 권위 있는 학술서로서 그 지위를 누렸다.

다보하시가 몸담았던 경성제대는 일본의 나머지 다른 제국대학과 마찬가지로 '국가의 학교'로서,[108] 대학에서의 근대 학문과 지식 체계는 '국익'에 공헌하는 '실용'적 도구로 강조되었고, 기본적으로 '국가기관'이었다.[109] 그러므로 다보하시의 학문적 성격은 국익에 기반을 둔 관변 사학이 될 수밖에 없었던 것이다. 도쿄제대 출신의 경성제대 교수로서 근대적 실증에 충실하다는 '아카데미즘'의 자부심도 있었다.[110] 다보하시의 제자 다가와는 다보하시 이전의 근대사 연구를 "부정확한 일방적 사료를 사용하고, 왜곡된 견해에 서 있는 것"이라고 하여, 다보하시의 연구가 "냉정하고 공정한 과학적 연구에 기초한 것"으로 구분하고 있다.[111] 그러나 다보하시의 연구가 이렇게 '실증적 아카데미즘'으로서 그 위상과 권위를 인정받았다고 하더라도, 그것이 결코 한국사에 대한 역사 인식에서 객관성을 담보하지는 않는다. 그는 기본적으로 식민지 종주국 일본인으로서 일본의 대외 팽창의 역사를 썼다. 따라서 그가 서술한 일본의 조선 침략이나, 병합 과정, 조선의 망국 과정은 그 침략 주체나 책임 소재 등에서는 일본을 옹호하고, 조선에 대한 멸시관, 망국이 불가피했다는 인식에 바탕을 둘 수밖에 없는 한계를 드러내고 있었다.

다보하시는 식민지 조선의 다른 일본인 역사학자들에 견주어 철저하게 기본 사료에 바탕을 둔 실증적 성과물을 내놓았는데, 이는 일본의 조선 침략을 논리적으로 합리화하는 논증의 과정이었다고 할 것이다. 따라서 실증주의로 포장한 《근대일선관계의 연구》는 더

---

108) 정선이, 《경성제국대학 연구》, 48쪽.

109) 제국대학의 국가 기관적 성격에 대해서는 정준영, 《경성제국대학과 식민지 헤게모니》, 37~48쪽.

110) 김종준, 〈식민사학의 '한국근대사'서술과 '한국병합'인식〉, 《역사학보》 217, 253쪽.

111) 田川孝三, 〈京城帝國大學法文學部と朝鮮文化〉, 京城帝國大學同窓會 編, 《紺碧はるかに》, 1974, 137쪽.

욱더 식민사학의 독소적 요소가 강했고, 그가 경성제대에서 양성해
낸 조선인 후학들과 해방 이후 한국 역사학계에 끼친 영향력은 매
우 컸다.

예를 들어 갑신정변 당시 고종이 일본 다케조에 공사에게 보낸
어서 문제라든가 동학농민운동 당시 조선 정부의 청병설[112] 등 현
재까지 학계에서 이어지고 있는 논란은 분명 다보하시의 연구에서
자유롭지 못함을 보여 주고 있는 사례이다. 또한 그가 이 저술에
서 치밀하게 주장해 온 '일본에 의한 조선의 근대화' 곧 갑오개혁에
서 일본의 '긍정적 구실'이라는 부분은 이후 일본인 역사학자는 말
할 것 없고 해방 이후 한국 역사학계에도 그대로 받아들여져 갑오
개혁의 타율성과 일본의 침략적 속성 은폐라는 측면에서 결정적인
구실을 해 왔다. 청일전쟁에 대해서도 그가 개전 당시 상황을 일본
측 발포에 따른 것으로 서술하여 당시로서는 관찬 자료로서 획기적
이었다는 평가를 받았다. 그러나 《근대일선관계의 연구》 자체가 비
공개 식민 통치 자료용으로 저술되었고, 당연히 사실관계의 여부를
명확하게 서술해야 했었다는 점을 감안할 때 청일전쟁의 최초 발포
주체를 객관적으로 기술했다고 하여 다보하시와 그의 저술이 양심
적이고, 객관적이라고 평가할 수 있는지는 조금 더 숙고해야 할 부
분이라고 보아야 한다. 게다가 다보하시는 청일전쟁의 성격을 논할
때, 일본이 조선을 중국으로부터 독립시키고, 자주적 근대화를 도
모해 주기 위한 과정에서 피할 수 없이 터진 전쟁으로 서술하고 있
어 그 침략성을 은폐하고 합리화하고 있다. 이러한 청일전쟁에 대
한 합리화는 이후 많은 식민사학자들뿐만 아니라 일본인 학자들 사

---

112) 이태진, 〈1894년 6월 靑軍 出兵 결정 경위의 眞相 ― 조선정부 청병설 비판〉,
    《한국문화》 24, 1999.

이에서도 주장되었고, 오늘날 일본의 우익 교과서나 일반교양 개설
서류에서 등장하는 '청일전쟁=비팽창전쟁'[113]의 뿌리를 확인할 수
있는 부분이기도 하다.

결론적으로 다보하시의 학문은 '실증'을 연구 방법론으로 하되 일
제 관변사학 또는 어용사학의 성격을 동시에 갖고 있었던 식민지
시기의 전형적인 강단사학이었다. 따라서 실증에 충실한 역사 연구
라고 하여 그것이 반드시 객관적이고 과학적인 학문이 될 수 없다.
이는 다보하시가 《근대일선관계의 연구》를 쓰면서 보여준 자신의
본국인 일본의 제국주의 침략을 옹호하고, 합리화하기 위한 사료
선별의 주관적 기준, 해석 관점, 결론 도출 과정, 이를 종합한 그의
역사 인식에서 확인할 수 있다.

---

113) 최석완, 〈비팽창주의론의 확산과 문제점 : 정한론과 청일전쟁을 바라보는 시각〉,
    《기억의 전쟁》, 이화여자대학교출판부, 2003.

〈부록 1〉경성제대 사학과 교수진

강좌명		강좌 담임	재임 기간	교수 임용	출신교(졸업 연도) 및 전공	기타 경력
조선사학 제1강좌		今西龍 (1875~1932)	1926.5.7 ~1932.5.20	1926.5.7	도쿄제대(1903) 사학과	京都帝大 교수 겸
		藤田亮策 (1892~1960)	1932.6.25 ~해방	1926.6.23	도쿄제대(1918) 사학과(國史學專修)	전 총독부 修史官
조선사학 제2강좌		小田省吾 (1871~1953)	1926.4.1 ~1932.3.30	1926.4.1	도쿄제대(1899) 사학과	경성제대 예과부장
		末松保和 (1904~1992)	1938.11.30 ~해방	1935.6.18	도쿄제대(1927) 국사학과	전 총독부 修史官
국사학	강좌 제1강좌	田保橋潔 (1897~1945)	1927.1.10 ~1928.4.17 1928.4.18 ~1945.2.26	1926.4.1	도쿄제대(1921) 국사학과	
	제2강좌	松本重彦 (1887~1969)	1929.7.1 ~해방	1929.7.1	도쿄제대(1912) 사학과(國史學專修)	전 大阪外大 교수
동양사학	강좌 제1강좌	大谷勝眞 (1885~1941)	1926.4.1 ~1927.3.11 1928.12.2 ~1941.12.7	1926.4.1	도쿄제대(1908) 支那史學	전 學習院 교수
	제2강좌	鳥山喜一 (1887~1959)	1928.3.31 ~1929.2.1 1931.3.30 ~해방	1928.3.31	도쿄제대(1911) 사학과 (동양사학專修)	전 新潟高校 교수
서양사학 강좌		金子光介 (1888~?)	1926.1.4 ~1941.5.15	1926.4.1	도쿄제대(1914) 사학과(서양사학專修)	전 高知高校 교수
		高橋幸八郎 (1912~?)	1941.10.28 ~해방	1941.10.28	도쿄제대(1935) 서양사학과	

출전 : 장신, 〈경성제대 사학과의 磁場〉,《역사문제연구》26, 역사문제연구소, 2011, 51쪽 〈표 2〉와 〈표 3〉에서 재작성.

〈부록 2〉경성제대 사학과 개설 강좌 중 다보하시 기요시의 담당 강좌

담당 강좌명	개설 기간	비고
國史學槪說	1931~1933, 1935, 1937, 1939	1934, 1938년은 松本담당. 1936년은 개설 안 됨.
近代日本外國關係史	1931, 1938	
近代日露關係의 硏究	1932	
近代日鮮關係의 硏究	1933, 1934	
江戸時代史	1938	
明治史	1937	
日淸戰役 硏究	1940	
國史硏究法	1932	
國史學演習(2)	1931~1932, 1934, 1936~1940	
國史講讀	1935~1936	

출전 : 장신, 〈경성제대 사학과의 磁場〉, 79쪽 <부록 3>에서 재작성.

〈부록 3〉《근대일선관계의 연구》의 목차 및 주요 인용 사료

卷	編	章	節	인용사료 주요 사료	기타
상권	제1편 근대조선사 총설	제1장 근대조선의 政情	제1절 척족세도정치의 발달 제2절 이태왕 즉위, 대원군의 집정 제3절 계유정변, 대원군 정권의 종말	朝鮮國政府記錄 《日省錄》,《華西集》,《勉庵集》	기타
		제2장 대원군의 배외정책과 열국	제4절 병인양요, 프랑스 함대의 강화 점령 제5절 병인양요, 제너럴셔먼호 격침사건, 미국 함대의 강화 공격 제6절 일본의 조정 아토 마사요시의 정한설	《순조실록》《헌종실록》《일성록》《近世朝鮮政鑑》,《同文彙考》,《右捕廳謄錄》,《巡撫營謄錄》,《黃海監營謄錄》	Ch. Dallet, Histoire de l'Eglise de Coree, vol. II, Launay, Memorial, 2e partie, Abbe A. Piacentini, Mgr. Ridel Eveque de Philippolis, Vicaire apostolique de Coree, d'apres sa Correspondence. Lyon, 1890, Korean Repository.《宗重正家記》《宗重正履歷集》
	제2편 일선신관계	제3장 메이지 신정부의 성립과 일한 국교의 조정	제7절 타이슈 번의 일한 외교 관장 제8절 大修大差使의 파견 제9절 大修大差使의 거부	일본국정부기록 對州藩廳記錄 《宗重正家記》《宗重正履歷集》,《大藏省沿革志》,《大修參判御用手續書》,《朝鮮交際始末》	조선국정부기록 《東萊府啓錄》,《日省錄》
		제4장 외무성의 일한외교 접수	제10절 版籍奉還과 일한외교 제11절 廢藩置縣과 일한외교의 접수 제12절 조정외관의 접수	일본국정부기록 《宗重正家記》,《朝鮮交際始末》書,《大政官日誌》,《花房外務大丞朝鮮行日涉	
		제5장 일한교섭의 정돈	제13절 외무성 사원의 파견, 통사 우라세 히로쓰의 시인 제14절 외무성 파견원의 직접 교섭 제15절 일한교섭의 정돈 제16절 일한 일한교섭의 정돈, 차사 사가라 마사키의 동래부 난입	《宗重正家記》,《大日本外文交》書,《宗重正家記》,《大日本外文交取》《大政官日誌》《征韓論の舊夢談》,《浦瀬最助訓導之應對書取》《大政官日誌》《大修參判御使往復書狀況》,《明治五年壬申朝鮮日記》	《日省錄》

구분	장·절	典據
그 반동	제16장 임오변란, 제물포조약의 체결 제42절 임오변란 제43절 일본 정부의 대한방침 제44절 하나부사 공사의 교섭 제45절 제물포조약의 성립 제46절 청의 간섭, 대원군의 구치	《日省錄》,《花房公使朝鮮關係記錄》,《善隣始末》,《清光緒中日交涉史料》 / 《統理交涉通商衙門日記》,《일성록》
	제17장 청한종속관계의 진전 제47절 청의 종주권 강화 제48절 조선조약의 동요	《李文忠公全集》,《朝鮮史》,《漢城之殘夢》,《清光緒朝中日交涉史料》
	제18장 갑신변란, 한성조약의 체결 제49절 일본세력의 진출과 독립당 제50절 다케조에 공사의 적극정책 제51절 갑신변란 제52절 일청 양국군의 충돌, 다케조에 공사의 경성 철수 제53절 일한교섭의 개정 제54절 이노우에 외무경의 조선 파견 제55절 한성조약의 체결, 김옥균 등의 인도요구	《岩倉公實記》,《福澤諭吉傳》,《甲申日錄》,井上外務卿書翰,《漢城之殘夢》,《善隣始末》,使朝鮮京城事變始末書,井上外務卿京城事變査明事實書 / (일성록)
	제19장 톈진협약의 성립 제56절 이토 대사의 청국 파견 제57절 톈진협약, 일청 양국군의 철수	《清光緒朝中日交涉史料》,《善隣始末》,伊藤大使復命書,《世外井上公傳》
	제20장 갑신변란 후의 정세 제58절 묄렌도르프와 제1차 한러비밀협정 제59절 대원군의 석방 귀국/제2차 한러비밀협정	《光緒中日交涉史料》,《李文忠公全集》,《일성록》,《善隣始末》,《統理衙門日記》
	제21장 조선국 방곡배상사건 제60절 방곡사건의 연혁 제61절 방곡배상안의 중지 제62절 오이시 공사의 최후통첩/순해배상의 획정	《統理衙門日記》,《李文忠公全集》
제4편 조선에서의	제22장 김옥균 암살사건 제63절 독립파 간부의 일본망명 제64절 김옥균과 이일식 제65절 김옥균의 암살/박영효의 암살미수	《李文忠公全集》,《統理衙門日記》,李逸植謀殺未遂被告事件檢事聽取書
	제23장 동학변란 제66절 동학의 연혁/개시동학변란 제67절 갑오동학변란	《일성록》,全琫準供草,全羅道東學亂調査報告,兩湖招討謄錄
	제24장 일청 양국의 출병 제68절 청국의 출병 제69절 일본국의 출병 제70절 조선출병 후의 정세 제71절 어담리 공사와 원세개	杉村濬《明治二十八年在韓苦心錄》,《中東戰紀》本末卷一北洋大閔海軍記》,《日清戰史》 / 《光緒中日交涉史料》
	제25장 일청출병과 톈진협약 제72절 일청출병과 톈진협약	《日清韓交涉事件記事》,《中日交涉史料》

	장	절		
일 청 의	제26장 조선국 내정 개혁 문제	제73절 공동개혁과 단독개혁 제74절 내정 개혁과 일청개전론 제75절 내정 개혁의 중단	《日淸韓交涉事件記事》, 《明治二十八年在韓苦心錄》	《일성록》
일 청 의	제27장 조선국 내정 개혁 과 청국	제76절 조선국 내정 개혁과 청국	《中日交涉史料》, 《蹇蹇錄》, 《日淸韓交涉事件記事》	
항 전 쟁	제28장 갑오정변	제77절 오토리 공사의 최후통첩 제78절 대원군의 제 3차 집정/청한종속관계의 폐기	《明治二十八年在韓苦心錄》, 《일성록》	
항 전 쟁	제29장 열강의 조정	제79절 러시아의 조정 제80절 러시아의 제 1차 조정(속) 제81절 영국의 제 1차 조정 제82절 영국의 제 2차 조정 제83절 미국, 이탈리아 양국의 조정	Telegram of the Minister at Tokyo to the Minister of Foreign Affairs, June 25, 1894, 外 각국 외교 문서	《中日交涉史料》
	제30장 일청의 위기와 청의 정세	제84절 북양함대 이홍장과 그의 외교 제85절 청조정과 북양의 대립 제86절 북양의 전쟁준비	《李文忠公全集》, 《中日交涉史料》	《淸史稿 列傳》
	제31장 일청개전	제87절 풍도와 성환의 전투 제88절 국교 단절과 선전	《中日交涉史料》, 《二十八年海戰史》	《日淸戰史》
別編	타이슈 번을 중심으로 한 일한관계 별편1 조선국통신사 역지해빙고 별편2 메이지유신기의 타이슈 번 재정 및 번제에 관하여		생략	생략

참고문헌

—사료—

田保橋潔, 《近代日鮮關係の研究》上·下, 東京, 1940.

_____, 《近代日支鮮關係の研究：天津條約より日支開戰に至る》, 東京, 原書
房, 1972.

_____, 《日淸戰役外交史の研究》, 東京, 東洋文庫, 1965.

_____, 《朝鮮統治史論稿》, 東京, 1945.

—연구서—

김종준, 《식민사학과 민족사학의 관학아카데미즘》, 인하대 한국학연구소 기
획, 소명출판, 2013.

김종학, 《근대 일선관계의 연구》 상, 일조각, 2013.

도면회, 《역사학의 세기: 20세기 한국과 일본의 역사학》, 휴머니스트, 2009.

동학농민전쟁100주년기념사업추진위원회 편, 《동학농민운동전쟁연구자료
집》, 여강출판사, 1991.

박종근, 《청일전쟁과 조선》, 일조각, 1989.

정근식 외, 《식민권력과 근대지식: 경성제국대학 연구》, 서울대학교 출판문화
원, 2011.

정선이, 《경성제국대학 연구》, 문음사, 2002(연세대학교 박사학위논문, 1998).

나가하라 게이지永原慶二 지음·하종문 옮김, 《20세기 일본의 역사학》, 삼천리, 2011.

旗田巍 지음·이기동 옮김, 《일본인의 한국관》, 일조각, 1983.

─연구논문─

김성민, 〈朝鮮史編修會의 組織과 運用〉, 《한국민족운동사연구》3, 한국민족운동사연구회, 1989.

김의환, 〈田保橋潔教授의 韓國學上의 功過檢討〉, 《한국학 제11집 ─외국인의 한국학상의 공과 검토 특집(3)》, 중앙대학교 영신아카데미 한국학연구소, 서울, 1970.

김종준, 〈일제 시기 '역사의 과학화'논쟁과 역사학계 '관학 아카데미즘'의 문제〉, 《한국사학보》49, 고려사학회, 2012.

_____, 〈식민사학의 '한국근대사'서술과 '한국병합'인식〉, 《역사학보》217, 역사학회, 2013.

김태웅, 〈일제 강점기 경성제국대학의 규장각 관리와 소장자료 활용〉, 《규장각》33, 규장각한국학연구소, 2008.

박성수, 〈편년사료의 문제점과 극복을 위한 제안 ─ 조선사편수회 편 《朝鮮史》를 중심으로〉, 《한국학편년사료대계》, 한국정신문화연구원, 1997.

박광현, 〈한국의 문화: 경성제국대학 안의 동양사학 ─ 학문제도, 문화사적 측면에서〉, 《한국사상과 문화》31집, 한국사상문화학회, 2005.

박찬흥, 〈《朝鮮史(조선사편수회 편)》의 편찬 체제와 성격: 제1편 제1권(조선

사료)를 중심으로〉, 《사학연구》 99, 2010.

이만열, 〈근현대 한일관계연구사〉, 《한일역사공동연구보고서》 제4권, 한일역
　　사공동연구위원회, 2005.

이원우, 〈일본 중학교 역사교과서와 ‘정한론’ 문제: 2011년 검정합격본 중심
　　으로〉, 《역사교육논집》 47, 역사교육학회, 2011.

이태진, 〈1884년 ‘日使來衛’ 御書 眞僞考〉, 《한국근현대의 민족문제와 신국가
　　건설》, 지식산업사, 1997.

＿＿＿, 〈1894년 6월 靑軍 出兵 결정 경위의 眞相 ― 조선정부 청병설 비판〉,
　　《한국문화》 24, 1999.

장 신, 〈조선총독부의 조선반도사 편찬사업 연구〉, 《동북아역사논총》 23,
　　2009.

정상우, 〈1910~1915년 조선총독부 촉탁(囑託)의 학술조사사업〉, 《역사와 현
　　실》 68, 한국역사연구회, 2008.

＿＿＿, 〈조선총독부의 《朝鮮史》 편찬 사업〉, 서울대학교 국사학과 박사학위
　　논문, 2011.

＿＿＿, 〈《朝鮮史》(朝鮮史編修會 간행)의 편찬과 사건 선별 기준에 대하여 ―
　　《조선사》 제4·5·6편을 중심으로〉, 《사학연구》 107, 한국사학회,
　　2012.

조동걸, 〈식민사학의 성립과정과 근대사 서술〉, 《역사교육논집》 13·14합호,
　　역사학교육학회, 대구, 1990.

차미희, 〈일본인에 의한 동학농민전쟁 연구〉, 동학농민전쟁100주년기념사
　　업추진위원회 편, 《동학농민운동전쟁연구자료집(1)》, 여강출판사,
　　1991.

최석완, 〈비팽창주의론의 확산과 문제점 : 정한론과 청일전쟁을 바라보는 시
　　각〉, 《기억의 전쟁》, 이화여자대학교출판부, 2003.

하지연, 〈韓末·日帝강점기 菊池謙讓의 문화적 식민활동과 한국관〉, 《동북아역
　　　사논총》 21호, 동북아역사재단, 2008.

_____, 〈오다쇼고(小田省吾)의 한국근대사 연구와 식민사학〉, 《한국근현대사
　　　연구》 63집, 한국근현대사학회, 2012.

허동현, 〈고등학교 근현대사 교과서 개화기 관련 서술에 보이는 문제점과 제
　　　언〉, 《한국민족운동사연구》 44, 한국민족운동사학회, 2005.

나가시마 히로키永島廣紀, 〈日本의 근현대 일한관계사연구〉, 《한일역사공동연
　　　구보고서》 제4권, 한일역사공동연구위원회, 2005.

_____, 〈朝鮮總督府 學務局의 역사교과서 편찬과 '國史/朝鮮史' 교육
　　　― 小田省吾에서 中村榮孝 그리고 申奭鎬로〉, 《제2기 한일역사공
　　　동연구보고서》 제6권, 교과서위원회 편, 한일역사공동연구위원회,
　　　2010.

田川孝三 外, 〈座談會―先學を語る―田保橋潔先生〉, 《東方學》 65, 東方學會,
　　　東京, 1983.

제4장

니토베 이나조新渡戶稻造(1862~1933)의
식민주의와 조선 인식

1. 머리말

일본은 메이지유신을 거치고 난 뒤 대륙 국가로 팽창해 간다는 국가적 과제를 설정하고, 첫 번째 단계로 청일전쟁을 치름으로써 중화 체제라는 아시아의 전통적 권력 구도를 무너뜨렸다. 청일전쟁 이후 일본의 제국주의 사상은 정치권이야 말할 것이 없고, 재야, 그리고 일반 국민에게까지 광범위하고, 또한 열광적으로 풍미한 이른바 대중적 제국주의였다.[1] 이 대중적 제국주의를 만들어 내고 지속적으로 확대·심화한 주체가 바로 메이지시대 일본의 언론·교육·사상계 등에서 활약한 지식인들이었다. 이들은 일본 제국주의의 정치·군사적 침략을 정당화하는 사상적 명분을 만들어 냈고, 침략의 방향을 제시했다. 이들 가운데는 실제로 일본의 조선 및 중국 침략에 직접 가담해, 대對아시아주의라고 포장된 일본의 침략, 곧 식민주의를 몸소 실현해 나갔던 이른바 '낭인'도 있었다.[2] 또한 일찌감치 미국이나 유럽으로 유학을 떠나 서구 선진 문물을 직접 체득하고, 19세기와 20세기를 풍미하던 사회적 진화론을 일본적 오리엔탈리즘으로 변모시켜 일본의 식민주의 정책을 구상하고 실현한, 그리하여 일본의 침략 전쟁을 이론적으로 정당화한 그 시대 일본 최고의 지식인도 있었다.

---

1) 피터 듀우스 지음·김용덕 옮김, 《일본근대사》, 서울, 지식산업사, 1983, 146~148 쪽.

2) 근래 이 부분에 대해서는 강창일, 조항래, 한상일 등에 의해 상당한 연구 성과가 축적되었다. 강창일, 앞의 책; 韓相一, 《日本帝國主義의 한 硏究: 大陸浪人과 大陸膨脹》, 까치, 1980; 《아시아 연대와 일본제국주의》, 오름, 2002; 《일본지식인과 한국》, 오름, 2000; 조항래, 《한말 일제의 한국침략사연구》, 아세아문화사, 2006 등.

이 책의 제4장에서는 그 대표적 사례로 니토베 이나조新渡戶稻造
(1862~1933)를 살펴보고자 한다. 니토베는 식민정책의 두뇌 구실을
했던 도쿄東京제국대학(이하 '도쿄제대'라고 함)의 교수이자 일본 식민학
의 비조로, 그 학문적 영향력과 파급 효과가 곧바로 일본의 식민정
책의 기조를 형성했다. 구미 유학파(1884~1891년 유학)로서는 일본 최
초의 교환교수로 미국의 6개 대학 강단에서 강의까지 한 그는, 당
시 일본 최고의 지성인이었으며 미국의 대아시아 정책에도 상당한
영향력을 행사했다. 그것은 20세기 초 일본이 러일전쟁에서 미국
의 전폭적 지원을 얻어 아시아의 맹주로 부각하는 데 결정적인 역
할을 했다고 할 것이다. 이는 또한 미국이 일본의 을사늑약 강제와
한일 강제 병합을 인정하게 한 일본 민간외교의 큰 성과였다.

니토베는 교육자, 저널리스트, 외교가, 농정학자, 식민정책학자
등 다양한 방면에서 활동했다. 또한 그는 국제연맹 창설부터 7년
(1920~1926) 동안 사무차장으로 일하는 등 당시 일본이 배출한 가
장 세계적인 국제주의자였다. 그가 미국에서 영문으로 쓴 《무사도
武士道(The Spirit of Japan)》(1900)는 당시 세계적으로 커다란 반향을
불러일으켜 각국어로 번역되었다. 미국 대통령 루즈벨트Theodore
Roosevelt(1858~1919)는 이 책에 감명을 받고 수십 권을 구해 제자들
과 우인들에게 나누어 주고, 읽기를 권했다고 한다.

한편 니토베가 삿포로札幌 농학교, 교토京都제국대학(이하 '교토제대'),
도쿄제대, 제일고등학교第一高等學校(이하 '일고') 교장, 니혼여자대학 초
대 학장 등을 지내면서 청년 학생들에게 끼친 영향과 일본 근대 교
육의 본질을 변혁한 공로는 실로 지대했다고 할 것이다. 그의 강의
로 배출된 도쿄제대 출신 엘리트들이 일본 제국주의의 팽창정책과
식민지 조선에 대한 지배정책을 입안·실행한 주체로 자리 잡았고,

그의 식민학 강의 이후 일본의 각 대학에서 식민학을 개설·강화한 점에서 볼 때, 니토베의 식민지 인식과 정책론이 일본의 정치·사회에 끼친 영향력은 여러 번 강조해도 지나치지 않을 것이다.

이번 장에서는 니토베의 성장과 학문 습득 과정, 그리고 유학 등에 대한 검토를 먼저 하고, 메이지 일본을 뒤덮었던 일본적 오리엔탈리즘과 니토베의 식민학에 대하여 살펴보겠다. 그리고 니토베의 저술《일미관계사》, 〈망국〉, 〈고사국조선〉 등의 분석3)을 통해 그의 멸시적 조선 인식과 그에 따른 일본의 조선 침략 정당화론(옹호론), 그리고 식민 통치 합리화론·찬미론에 대하여 살펴볼 것이다. 이로써 이제까지 일본인 연구자들에 의해 부각되었던 니토베의 국제주의자, 자유주의자로서의 면모와는 전혀 다른, 그의 국가지상주의, 사회진화론에 바탕을 둔 식민주의, 더 나아가 일본 제국주의 침략 옹호론자로서의 실체를 밝히고자 한다.

구한말과 일제 식민 통치 아래, 일본 우익 지식인의 조선 역사 연구나 그들의 조선 인식을 검토한 연구들은 최혜주, 이규수, 하지연 등의 연구4)를 주축으로 하여 적지 않은 연구 성과가 축적되어 왔다. 이들 연구는 주로 재조在朝 일본인들에 관한 연구이다. 그러나 일본에서, 그것도 일본의 주요 대학에서 직접 최고의 지식인을 길

---

3) 이 글들은《新渡戶博士植民政策講義及論文集》(矢內原忠雄 編, 岩波書店, 1943)과 1965년 초간, 1985년 재간된《新渡戶稻造全集》(教文館) 등에 수록되어 있다.

4) 최혜주, 〈시데하라(幣原坦)의 顧問活動과 한국사연구〉,《국사관논총》79, 국사편찬위원회 , 1998; 〈시데하라(幣原坦)의 식민지 조선 경영론에 관한 연구〉,《역사학보》160, 역사학회 , 1998; 〈한말 일제하 샤쿠오(釋尾旭邦)의 내한활동과 조선인식〉,《한민족운동사연구》45, 한국민족운동사학회, 2005; 〈일제 강점기 아오야기(靑柳岡太郎)의 조선연구와 '內鮮一家'論〉,《한국민족운동사연구》49, 한국민족운동사학회, 2006; 이규수, 〈일본의 국수주의자, 시가 시게타카(志賀重昻)의 한국인식〉,《민족문화연구》45, 2006; 〈야나이하라 타다오(失內原忠雄)의 식민지 정책론과 조선인식〉,《대동문화연구》46, 성균관대 대동문화연구소, 2004; 하지연, 〈韓末·日帝강점기 菊池謙讓의 문화적 식민활동과 한국관〉,《동북아역사논총》21호, 동북아역사재단, 2008.

러 낸 니토베 이나조의 조선 인식과 식민정책론을 다룬 연구는 많
지 않다.

　일본에서 나온 니토베에 관한 초기 연구는 주로 전기적인 저술이
었다.[5] 이들은 대체로 니토베의 평화주의자와 인권주의자, 그리고
국제주의자적인 면모를 부각시키고 있다. 이후 니토베 연구의 일인
자라고 불리는 사토 마치히로佐藤全弘는 "《니토베 이나조 전집新渡戶
稲造全集》 제4권에 수록된 《니토베 이나조 박사 식민정책강의 및 논
문집新渡戶博士植民政策講義及論文集》은 니토베 자신의 식민관이 아니라
그 제자 야나이하라 타다오矢內原忠雄의 왜곡된 생각이며, 니토베는
제국주의자가 아니라 진정한 자유주의자, 인격주의자, 평화주의자"
라고 단언하고 있다.[6] 이에 대하여 이이누마 지로飯沼二郎[7]는 니토
베가 인종 사이의 우열을 긍정하고 있다고 지적하면서 니토베의 그
리스도교는 일본 제국주의와 완전히 결합된 것이었다고 지적했다.
한편 히라세 테츠야平瀬徹也[8]는 이이누마와 사토의 주장을 모두 비
평하면서 니토베의 식민사상을 원주민관, 인종 우열관으로 나누어
살펴보고 있다. 니토베의 식민사상에 대한 비판적 연구로 다나카
신이치田中愼一의 여러 논문을 살펴볼 필요가 있다.[9] 그러나 다나카

---

5) 전기적인 저술로는 1934년에 간행된 石井滿의 《新渡戶稲造》가 있다. 그 밖의 저술은
　 다음과 같다.
　　宮部金吾, 〈小伝〉(전집 24권에 수록); 石上玄一郎, 《太平洋の橋-新渡戶稲造伝》,
　　1968; 松隈俊子의 《新渡戶稲造》, みすず書房, 1969; 佐藤全弘, 《新渡戶稲造 - 生涯
　　と思想》, 1980; 內川永一郎의 《永遠の青年 新渡戶稲造》, 新渡戶稲造基金, 2002 등.

6) 《矢內原忠雄全集》 24권, 722쪽. 니토베의 도쿄제대에서의 식민정책 강의는 제자 야
　 나이하라의 편집에 따라 니토베의 사후인 1943년 《新渡戶博士植民政策講義及論文集》
　 (전집 4권에 수록, 1943)으로 岩波書店에서 발간되었다.

7) 飯沼二郎, 〈新渡戶稲造と矢內原忠雄〉, 《近代日本社會とキリスト教》, 同朋社, 1989.

8) 平瀬徹也, 〈新渡戶稲造の植民思想〉, 《東京女子大學比較文化研究所紀要》 47 , 東京女
　 子大學比較文化研究所, 東京, 1986.

9) 田中愼一, 〈新渡戶稲造について〉, 《北大百年史編集ニュース》 第9号, 北海道大學

역시 〈식민정책과 니토베 이나조植民政策と新渡戸稻造〉(삿포로시교육위원회 문화자료실편札幌市教育委員會文化資料室編, 1985)에서는 니토베를 제국주의자라고 하기에는 무리라며 비판적 연구 경향을 수정하고 있다.

1990년대에 들어와서는 아사다 교지淺田喬二가 니토베의 식민론에 대해 조선 지배 긍정론이라는 관점에서 검토하고 있다.[10] 기타오카 신이치北岡伸一도 니토베는 제국주의자와 국제주의자의 양면을 가진 인물로, 니토베의 식민정책은 일본의 지배를 정당화하는 논리였고, 그는 기본적으로 조선을 정체된 사회라고 보는 견해를 가졌다고 파악했다.[11]

위 내용에서 볼 때 일본 연구자들은 대체로 1990년대 이전까지 이견이 없이 니토베를 옹호하였고,[12] 1990년대 일부 연구에서는 니토베가 국제주의자임과 동시에 제국주의자로서의 양면성이 있었다는 식으로 약간의 한계성 지적에 그치는 등 니토베의 제국주의자로서의 모습을 밝히는 데 상당한 부담을 갖는 경향이 있었다.

한국에서는 최근 양현혜, 배춘희가 각각 기독교 분야 한일 관계사 연구와 니토베의 종교관·식민관을 조명하였다.[13] 그러나 역사학

百年史編集室, 1979; 〈新渡戸稻造の植民地朝鮮觀〉, 《北大百年史編集ニュース》第11号, 北海道大學百年史編集室, 1980; 〈新渡戸稻造と朝鮮〉, 《三千里》34, 三千里社, 1983; 〈植民政策と新渡戸稻造〉, 《新渡戸稻造》, 札幌市教育委員會文化資料室 編, 1985.

10) 淺田喬二, 〈新渡戸稻造の植民論〉, 《日本植民地研究史論》, 未來社, 1990.

11) 北岡伸一, 〈新渡戸稻造における帝國主義と國際主義〉, 《岩波講座 近代日本と植民地》卷14, 岩波書店, 1993.

12) 落合造太郎, 〈滿洲事變肯定派の自由主義者と批判派の自由主義者 -新渡戸稻造と吉野作造一〉, 《法學政治學論究》12, 法學政治學論究編輯委員會, 東京, 1992 등, 90년대 들어서서도 일본에서는 근대 사상가, 교육자, 선구적 국제인으로서 니토베에 대한 연구와 전기류가 많았다.

13) 양현혜, 《근대 한일관계사 속의 기독교》, 서울, 이화여자대학교출판부, 2009; 원지연, 〈니토베 이나조와 오리엔탈리즘〉, 《동아문화》40호, 서울대학교 동아문화연구소, 2002; 배춘희, 〈니토베 이나조(新渡戸稻造) 연구 — 식민지 조선관을 중심으로〉,

계에서 그의 식민관과 조선 인식을 검토하고, 그것이 일본의 조선 침략을 어떻게 정당화했는지에 관한 연구는 아직까지 없다. 따라서 니토베에 대한 연구는 그가 일본 최고 학부의 교수로서 식민학을 강의하면서, 일본적 오리엔탈리즘에 바탕을 둔 일본의 식민 통치 정당화라는 침략 논리를 확산·강화해 나갔다는 점에서, 당시 일본의 제국주의적 침략 논리를 읽어 낼 수 있는 중요한 주제가 될 수 있다고 보는 것이다.

2. 니토베 이나조의 생애와 주요 경력

1) 니토베 이나조의 서구 학문 습득 과정

니토베는 1862년 9월 1일 오늘날 이와테岩手현 모리오카盛岡(옛 남부번南部藩)에서 출생하였다.[14] 1868년 5세 때 니토베는 보신戊辰전쟁(1868~1869)으로 아버지를 잃고 작은 아버지 오오타太田時敏의 양자가 되었다. 숙부는 니토베를 도쿄의 츠키지築地 외인영어학교와 교칸 기주쿠共慣義塾에서 교육시켰고, 1873년에는 도쿄 외국어학교(후에 대학 예비교, 일고)에 입학시켰다. 니토베는 영어에 열중하였는데, 그것은 영어가 니토베의 동북 지역 방언을 극복하고 출생지인 변방

한양대학교 일본언어문화학과 박사학위논문, 2008; 〈新渡戸稲造의 朝鮮觀〉, 《한양 일본학》 7, 한양일본학회, 1999.

14) 니토베의 증조부 덴조伝蔵는 유학자이며 병학兵學의 대가였고, 조부 伝은 도와다 호수[十和田湖]에서 물을 들이대어 황무지를 개간한 인물이었다. 부친인 주지로十次郎는 번의 재무담당관인 간죠부교(勘定奉行, 직할지의 조세와 호적, 소송을 맡아보는 관직)였다. 北岡伸一, 〈統治と支配の論理〉, 岩波講座, 《近代日本と植民地4》, 岩波書店, 1993, 180쪽.

에 대한 열등감도 해소할 수 있는 수단이었기 때문이었다. 또한 메이지유신 이후 서구 문물이 쏟아져 들어오고, 서구 열강과 각종의 조약 체결과 외교 업무가 국가적으로 매우 중시되었던 때라, 영어는 출세할 수 있는 매우 유익한 기술이었다.[15] 그런데 니토베가 다녔던 외국어학교는 일본의 문화나 역사와 관련된 교육은 최소한으로 제한하는 일종의 식민지적 모습을 띠었다. 때문에 일찌감치 일본 문화를 서구에 소개한 니토베의 영문 일본 문화 관련 저작에서 많은 오류가 보이고 있다.[16]

1876년 메이지 천황이 동북 지방을 시찰하다가, 니토베 가문에 머물려 니토베의 조부가 황무지를 개간한 공로에 대해 치하한 것을 계기로, 니토베는 15세에 홋카이도北海道로 건너가 삿포로 농학교 제2기로 입학하였다. 그는 이 학교에서 삿포로 농학교 초대 교장인 윌리엄 클라크Clark W.S(1826~1886) 박사의 신앙 서약에 서명하고 세례를 받았다. 클라크 박사는 1877년 교장 임기를 마치고 미국으로 귀국할 때 '소년들이여 야망을 가져라 Boys be ambitious.'라는 말을 학생들에게 남긴 것으로 유명한 인물이다.

니토베 이나조

삿포로 농학교는 1875년 국내 식민지, 곧 홋카이도 개척을 목적으로 클라크를 비롯한 외국인 교사 휠러William Wheeler, 펜할로우David P. Penhallow를 초빙하여 세운 학교이다. 학생들은 국어(일본어), 영어, 산술, 지리, 역사로 4

15) 《新渡戸稲造全集》 卷19, 教文館, 1970, 624쪽.
16) 太田雄三, 《太平洋の橋としての新渡戸稲造》, みすず書房, 1986, 14쪽.

년 과정을 수료한 뒤 5년 동안 홋카이
도 개척사에 근무해야 하는 조건으로
입학한 관비 유학생들이었으며, 전체
정원은 50명이었다. 교과과정은 한때
클라크가 재직했던 미국의 매사추세
츠Massachusetts 농과대학을 모방하였
고, 외국인 교사에 따른 전공 수업은
모두 영어로 이루어졌다.[17]

윌리엄 클라크 박사

니토베는 1881년 농학사로 졸업
한 뒤 개척사관업과開拓使觀業課, 농상
무성어용계農商務省御用係, 영어 교사 생활을 거쳐 1883년 도쿄대 예
과에 입학하였으나 삿포로 농학교에서 서구 학문에 눈뜬 니토베에
게 도쿄대 강의는 잘 맞지 않았던 것 같다. 도쿄대를 자퇴한 니토
베는 미국 유학을 결심, 1884년 알게니 대학에 입학하였으나 농학
교 선배인 사토 쇼스케佐藤昌介의 권유로 곧 존스 홉킨스 대학Johns
Hopkins University 대학원에서 공부하게 되었다. 그러나 그 대학에서
세미나 중심의 수준 높은 교육을 따라가는 데 매우 힘겨워 했던 니
토베는 1885년 무렵부터 퀘이커교Quakers 신앙에 몰두하였다.[18]

2) 교육자 및 관료 경력

1887년 니토베는 사토의 노력으로 삿포로 농학교 조교수로 임
명되었고, 이어 독일 등지에서 6년 동안 유학하며 본Bonn, 베를

---

17) 배춘희, 앞의 논문, 26~27쪽.
18) 배춘희, 〈新渡戶稻造의 朝鮮觀〉, 《한양일본학》 7, 29~30쪽.

린Berlin, 핼리Halley 대학에서 학위(Magister artium=문학사, Doctor Philosophie=철학박사)를 받았다. 1891년 볼티모어에서 알게 된 메리 엘킨톤Mary P. Elkintons과 결혼하고 그해 2월에 귀국하여 삿포로 농학교 교수가 되었다. 또 독일 유학으로 미루었던 존스 홉킨스 대학 대학원 과정을 마치고, 1891년 《일미관계사日米關係史》로 학위(Bachelor of Arts=문학사)를 받았다. 귀국 직전 큰형의 죽음으로 오오타에서 다시 가문의 성씨인 니토베로 돌아온다.[19]

1891년부터 삿포로 농학교에서 니토베는 교장 대리인 사토(1894년부터 교장)를 도와 교수 생활을 시작했다. 그는 농정, 농사, 농학총론, 식민론, 경제학, 독일어, 그 밖에 예과의 영어와 논리 등 합계 주 20시간이 넘는 강의 시간을 담당하였다. 또 도서관 주임, 기숙사 사감, 예과 주임, 교무부장 등의 일도 하고, 그 밖에도 과외 강의, 홋카이도 도청 업무, 사립 호쿠메이北鳴학교 교장까지 겸임하면서 1894년 원우야학교遠友夜學校를 설립하였다. 끝내 과로로 건강을 해친 니토베는 1898년 미국으로 건너가 요양 생활을 하면서 《농업본론農業本論》을 완성하였고, 1900년에는 《무사도》를 영어로 출간하였다.[20]

1899년 말 미국에 체류하던 니토베는 당시 농상무 대신 소네 아라스케曾禰荒助에게서 대만 총독 고다마 겐타로兒玉源太郎(1852~1906)가 그를 초청하기를 희망하므로 대만에 가보는 것이 어떤가 하는 제안을 여러 차례 받게 되었다.[21] 니토베는 같은 이와테 현 출신의 대만 민정장관 고토 신페이後藤新平(1857~1929)가 고다마兒玉와 함께

---

19) 배춘희, 앞의 논문, 13~14쪽.
20) 北岡伸一, 〈統治と支配の論理〉, 《近代日本と植民地4》, 184쪽.
21) 田中愼一, 〈植民政策と新渡戸稻造〉, 《新渡戸稻造》, 211쪽.

대만에서 식민지 경영에 주력하고 있다
는 것을 알고 있었다. 니토베는 이 제
의를 받아들이는 대신 대만 부임에 앞
서 유럽 시찰을 희망하였다.[22] 니토베
는 식민지 경영의 실무 관료로 부임하
기 전에 유럽 국가들의 식민지 경영을
우선 시찰하고 배우려는 목적에서 이를
요구했던 것으로 보인다.

고다마 겐타로

　니토베는 대만총독부의 촉탁 신분으로 약 1년 동안 유럽을 시찰
하고, 1901년 2월 대만총독부 기사, 5월에 민정부 식산과장이 되
었으며 11월에는 신설 식산국殖産局 국장 대리가 되었다. 또 1902
년 6월에는 임시 대만 당무국이 신설되자 그 국장을 겸했다. 당시
니토베는 세계 각지의 식민지 농업 경영의 실정을 정리하여 새로운
품종과 기술을 개량하고자 총독부가 적극적으로 개입할 것을 권유
하는 〈당업개량의견서糖業改良意見書〉를 제출하였다.[23]

　한편 니토베는 고토와 유럽 시찰을 수행하며 친교가 깊어졌고,
이는 오스트리아 주재 공사 마키노 노부아키牧野伸顯(1861~1949)를 만
나는 계기로 이어졌다. 대만총독부에서 보낸 관료 생활로 니토베
는 고토와 고다마 겐타로라는 유력 정치가를 평생의 후견인으로 확
보하게 된 것이다. 건강을 해쳐 대만을 떠난 이후에도 1906년까지
촉탁의 신분으로 대만총독부와의 관계는 계속 유지되었다. 1903년
10월, 니토베는 고토의 후원으로 교토제대 법과대학에 강좌를 얻
고 1904년 6월 전임 교수가 되었다. 또 고토가 키노시타 히로지木

22) 원지연, 〈니토베 이나조(新渡戸稲造)와 오리엔탈리즘〉, 《동아문화》 40호, 54쪽.
23) 田中愼一, 〈新渡戸稲造と朝鮮〉, 《季刊三千里》 34, 91쪽.

下廣次 총장에 부탁하여 1906년 교토제대에서 법학 박사 학위를 취득할 수 있었다.

고다마와의 친분 관계도 주목된다. 고다마는 만주판 동인도회사를 구상하여 남만주철도주식회사(이하 '만철') 탄생의 산파역을 맡은 인물이었는데, 만철설립을 계획할 때 니토베도 동참했고, 이후 일본의 봉천성奉天省농업시험장을 세우는 데에도 관여하였다. 1900년대 내내 니토베의 잦은 중국 출장 비용을 담당한 것은 대만총독부였던 것이다.

한편 고토와 유럽 여행을 하다가 알게 된 마키노는 메이지유신을 이끌어 낸 오쿠보 도시미치大久保利通(1830~1878)의 둘째 아들로 마키노 가문의 양자가 된 뒤, 1871년 11세의 나이로 이와쿠라岩倉 사절단에 참가해 미국에 갔고, 필라델피아에서 학교를 다녔다. 이후 도쿄제대에 들어갔으나 중퇴한 후 외무성에 들어가 후일 런던 대사로 임명되었고, 그 뒤 문교부 차관, 오스트리아 및 이탈리아 대사를 지낸 인물이다. 마키노의 학력과 구미 유학 과정을 보면 니토베와 마찬가지로 서구식 교육을 받아, 두 인물은 여러 가지 면에서 인식의 공감대가 잘 형성되었을 것으로 추정된다. 1906년 마키노가 문부

고토 신페이

성의 대신이 되면서, 결원이 된 일고 교장직에 니토베를 기용하고자 하였다. 이때 니토베는 도쿄제대 교수 겸임을 조건으로 일고 교장(1906~1913)에 부임하였다. 그런데 일고 부임의 조건으로 이루어진 도쿄제대 부임이 문제를 일으켰다. 문부대신 마키노의 채용 압력은 농과대학 교수진의 반감을 샀고, 결국 니토베는

'척식 정책 담당 교수'라는 이름은 유지하지
만, 실제로는 농과대학에서 강의를 맡지 못
하였다.[24] 사실 니토베는 일본에서 정통으로
일본 농학을 공부한 사람이 아니었다. 미국
존스 홉킨스 대학에서도 농학을 전공한 것도
아니었고, 그나마 독일에 가서 학위를 받았
지만, 도쿄제대 출신의 학자들처럼 일본 안
의 최고 엘리트 과정을 밟아 학계에서 자리

오쿠보 도시미치

잡은 기득권을 가진, 이를테면 토착 학자들과는 그 학업의 경로와
성향이 달랐다. 따라서 도쿄제대 출신 교수들의 처지에서 보면 니
토베는 정통 농학자가 아니었던 것이다. 게다가 학자로서가 아니라
문부대신의 후원으로 이루어진 교수 임용이니 기존 학자 교수들의
반발은 당연한 것이었다.

그러나 이러한 문제를 해결해 준 것도 역시 니토베의 인맥이었다.
1906년 11월 만철의 총재였던 고토는 도쿄제대 법과대학에 2만 1
천 엔을 기부하며 고다마 겐타로 육군대장을 기념하는 식민정책 강
좌를 개설해 달라고 요청하였다. 그 뒤 식민정책 강좌가 설립되었
고, 니토베는 법과대학으로 소속을 옮긴 1912년부터 도쿄제대에서
강의를 시작할 수 있었다. 이때의 강의가 뒤에 제자 야나이하라가
편집·출판한《니토베 이나조 박사 식민정책강의 및 논문집》이다.

니토베는 1911년 8월부터 1912년 5월까지 일고 교장인 채로 제
1회 일미교환교수로 방미하여 6개 대학에서 166회에 이르는 강연
을 하였다.[25] 그러나 잦은 외국 출장과 강연으로 업무를 소홀히 한

24) 원지연, 앞의 글, 63~64쪽.
25) 배춘희, 〈新渡戶稻造의 朝鮮觀〉,《한양일본학》 7, 38쪽.

다는 비난을 받자 1913년에 일고 교장직을 사직하였다.[26] 또한 그는 도쿄제대에서 식민정책을 강의하면서 척식대학 학감(오늘날의 학장, 1917~1922)을 겸했다.[27]

1919년 고토가 척식대학 학장으로 부임하자마자 니토베 등을 중심으로 또 다시 구미 시찰을 했다. 이때 니토베는 당시 신설 계획 중인 국제연맹 사무차장의 적임자로 추천되어 1920년부터 제네바에서 창설된 국제연맹 사무차장으로 7년 동안 활약하였고, 유네스코의 전신이라고 할 수 있는 지적협력위원회知的協力委員會를 운영하였다. 1927년 귀국 전후로 일본학사원日本學士院 회원이 되었고, 귀족원貴族院 의원으로 선발되기도 하였으며, 1929년부터 태평양문제조사위원회Institute of Pacific Relations 이사장으로 근무하였고 도쿄여자대학 초대 학장도 역임했다.

한편 니토베는 1932년 유명한 '송산松山 사건'을 겪는다. 만주사변(1931)을 둘러싸고 일본의 국제적 처지가 차츰 곤란해지자 국가를 위험에 처하게 하는 것은 공산당과 군벌이라고 발언함으로써 재향군인회의 반발을 사게 된 것이다. 이후 니토베는 1년 남짓의 시간을 들여 만주사변에 대한 일본 정부의 정책 옹호에 앞장선다. 니토베는 태평양문제조사회 이사장의 자격으로 1933년 8월 2일 캐나다 밴프Banff에서 열린 제5회 태평양회의 참석을 끝으로 밴쿠버 섬(빅토리아 시)에서 1933년 10월 16일 사망하였다.[28]

---

26) 원지연, 앞의 글, 64쪽.

27) 척식대학은 1900년 대만협회학교로 세워져, 동양협회전문학교(1904), 동양협회식민전문학교(1915), 척식대학(1918), 동양협회대학(1922) 등으로 교명이 거듭 변경된 뒤 1926년 11월 원래의 교명인 척식대학으로 확정되어 오늘에 이르고 있다.

28) 배춘희, 앞의 논문, 17~22쪽.

3. 일본적 오리엔탈리즘과
니토베 이나조의 식민주의

1) 일본적 오리엔탈리즘

근대 유럽인들은 '근대적 유럽'이라는 정체성을 이룩하는 과정에서 유럽과 비교할 상대가 필요했고, 이 과정에서 비유럽 세계는 우월하고 문명화된 유럽과 달리 열등하고 야만적인 타자로 설정되었다. 이로써 백인과 비백인, 문명과 야만, 진보와 정체 등의 개념이 정립되고, 그에 대한 담론이 형성된 것이다. 자유주의자나 심지어 마르크스주의자들까지도 모두 이러한 오리엔탈리즘적 사고에서 자유롭지 못했다. 영국의 자유주의 사상가 존 스튜어트 밀John Stuart Mill(1806~1873)은 인도와 중국을 비롯한 동양 전체가 '시작은 잘했지만' 수천 년 동안 정체 상태에 있었다고 확신했으며, 마르크스 또한 같은 시각에서 인도 사회를 바라보았다.[29]

마찬가지로 일본 또한 자국의 우월성을 확보하기 위한 열등한 타자가 필요했던 것이다. 그 타자가 바로 대만, 조선, 중국 등 동아시아 국가와 민족이었고, 이들 국가들은 일본에 의하여 철저하게 '비문명', '미개화', '열등' 등 부정적 이미지로 그려졌다. 일본은 '열등한 아시아(劣亞)'라는 의식에 괴로워하면서도 동시에 '아시아를 깔보는' 우월감을 팽창시켰다. 그리하여 국책은 아시아에 대한 지정학적인 헤게모니의 확립으로 돌진해 갔다.[30] 이것이 바로

---

29) 박지향, 《일그러진 근대》, 푸른역사, 2003, 55~59쪽.
30) 강상중, 《오리엔탈리즘을 넘어서》, 이산, 1997, 88~90쪽.

일본적 오리엔탈리즘이었다.

일본은 사회진화론을 받아들여 국가란 '우승열패의 자연도태'에 따라 침략을 피하기 어렵다고 판단하였다. 이러한 힘의 논리는, 일본인들로 하여금 전 세계가 서양의 지배를 받고 있는 것이 서양인의 잘못이 아니라 비서양인들의 잘못이라고 판단하게 만들었다. 침략자의 불법적 침략 행위의 비도덕성, 불법성을 논하는 것이 아니라 피지배 민족에게 책임을 전가해서 그 제국주의적 팽창을 정당화하는 침략 논리를 무비판적으로 받아들였던 것이다. 식민사학에서나 현재의 일본 우익 역사 교과서에서 여전히 일본의 제국주의 침략행위에 대하여 그 잘못을 인정하기는커녕 적반하장 식으로 '조선망국론'이나 '식민지 근대화론'을 주장하는 것도 같은 맥락이라고 할 것이다.

이러한 일본적 오리엔탈리즘에는 인종적 이데올로기가 강하게 내재되어 있다. 일본에 다원주의와 생물학적 인류학이 도입되면서 인종론은 가장 선구적인 서양 이론으로 인식되었다. 흥미로운 사실은 사회적 다원주의와 인종주의를 받아들이는 한, 일본인은 백인종의 우월함과 황인종의 열등함을 인정할 수밖에 없었다는 사실이다. 따라서 일본인들에게는 열등감을 극복하기 위한 이론이 필요했다. 여기서 일본인을 백인종으로 분류하는 이상한 인종론이 제시되었다. 이 주장에 따르면 일본인이 서양 문명의 요소들을 너무나 쉽고 빠르게 받아들이는 것은 '일본인이 아리안 족이라는 부정할 수 없는 증거'가 된다. 곧 일본인이 중국인이나 다른 아시아인들에 견주어 지적으로 매우 뛰어난 걸로 보아, 일본인은 유럽인이나 미국인들과 관련 있는 게 틀림없다는 주장이었다. 국수주의 학자들도 일본이 아시아 대륙에서 '인종상으로 완전히 고립'

되었다고 주장하고, 역사를 봐도 아시아의 다른 국가와 견줄 수 없을 만큼 다르다며 일본을 아시아의 다른 지역과 분리하고자 노력하였다.[31]

그들이 '자신들은 인종상 우월하다.'는 일본식 오리엔탈리즘에 학문적 뜻과 위상을 주고자 투자한 노력들은 여러 방면에서 확인된다. 먼저 홋카이도 대학 등지에서 이루어진 인종학과 유골학이 바로 이러한 일본식 오리엔탈리즘에 바탕을 둔 어용 학문이었다. 또한 '근대 척식 사업의 창설자' 고토는 식민 사업에 앞서 반드시 해당 지역의 기초적 학술 조사를 실시하여 치밀하게 기록하고 그 통치를 기획하였다. 그는 대만의 민정장관직을 담당하면서도 니토베 같은 학자들을 고용하고 막대한 비용을 투자해 대만의 옛 관행뿐만 아니라 법률, 제도, 토속, 언어 등 온갖 사항을 학술적으로 조사하였다.[32] 그 의도는 식민주의와 오리엔탈리즘을 결합하기 위한 것이었다. 그는 만철 총재로서 대만뿐 아니라 만주와 조선, 그리고 중국에 대한 조사와 연구로 일본의 식민 통치를 효과적이며 원활하게 자리 잡게 하고 그 정당성을 주기 위한 학술적 바탕을 마련하기도 했다.

2) 니토베 이나조의 식민주의

'식민殖民'이라는 단어는 일본에서 만들어진 것으로 문자는 중국에서 빌리고, 사상은 유럽에서 빌려온 것이며, '사람을 불리는 것(民を殖すこと)', '사람을 심는 것(民を植ること)' 등의 의미로 '식민殖民'과 '식

---

31) 白鳥庫吉, 《白鳥庫吉全集》 卷9, 186쪽.
32) 강상중, 앞의 책, 115~116쪽.

일본 구 5천 엔권의 니토베 이나조

민植民'을 쓰게 되었으나 차츰 '植民'으로 정착하게 되었다.[33]

일본의 식민지 지배 및 식민학 연구의 시작을 홋카이도 개척과 삿포로 농학교 설립으로 들 수 있다. 메이지유신 정부의 중요 안건이었던 홋카이도 개척은 개척사 설치로 구체화되었고, 1875년 삿포로 농학교가 세워졌다.

삿포로 농학교에서는 1887년 이후 식민책, 식민사, 식민론이라는 수업 과목을 설치했다. 그리고 공식적으로는 1907년, 삿포로 농학교를 홋카이도제국대학으로 개편했고, 더불어 〈칙령 240호〉에 따라 국책으로 식민학 강좌를 개설했다.[34] 이는 도쿄제대 법과대학의 식민정책 강좌보다 2년 앞선 것으로 일본 안의 대학이나 전문학교에서는 최초로 개설된 식민학 강좌였다. 삿포로 농학교에서 관학으로 출발한 식민학 강좌는 사토가 시작했고, 그 뒤를 이은 니토베가 1891년부터 1897년까지 강의했다.[35]

---

33) 《植民政策講義及論文集》, 전집 4권, 49~50쪽.

34) 《北大百年史通說》, 581~582쪽.

35) 金子文夫, 〈日本の植民政策學の成立と展開〉, 《季刊三千里41号, 日本の戰後責任と

니토베가 삿포로 농학교에서 한 식민학 강좌의 내용은 고전파 경제학을 이론적 기둥으로 한, 밀의 보호주의적 식민론으로 추측된다.[36] 그는 삿포로 농학교에서 농업경제학, 농정학, 정치경제학, 때로는 영문학, 독일어, 윤리학 등 여러 과목을 담당하였으며, 교토제대와 도쿄제대에서는 식민정책을 담당하였고, 척식대학에서는 식민정책을 중심으로 역사, 수양담까지 담당하였다.[37] 또한 1903~1906년까지 교토제대에서 식민정책을 강의하였고, 1909년 5월 도쿄제대 식민정책학 강좌가 개설되자 이를 담당하기 시작하여 1920년 국제연맹 사무차장이 될 때까지 강의하였다. 이런 점에서 근대 일본 식민정책학의 창시자는 아카데미즘 안에서 최초로 식민정책학 관계의 강좌 과목을 개설한 니토베라고 할 수 있을 것이다.

1910년 4월 식민학회가 설립되었으며, 그 중심 역시 니토베가 맡게 되었다. 식민학회의 설립 취지는 '내외식민에 관한 학술사의 연구와 식민사상의 보급을 목적'으로, 그에 따라 기관지 《식민학회회보》(제1호, 1911년 5월)를 발간하였다. 니토베는 식민학회 안에서 '보고 주임'이라는 임원직을 맡았고, 〈식민학회의 취지植民學會の趣旨〉라는 논설 등을 발표하였다.[38] 또한 1917년에는 대만협회학교臺灣協會學校(1900년 창설, 후일 척식대학)의 2대 학감으로 취임하였다.

니토베가 도쿄제대에서 강의한 식민학 강좌 가운데 다음 표현에서 그의 '식민'에 대한 인식이 함축적으로 극명하게 드러나고 있다.

アジア》, 1984, 47~48쪽.

36) 田中愼一, 〈新渡戸稲造と朝鮮〉, 《李刊三千里》34, 90쪽.

37) 草原克豪, 《新渡戸稲造》, 拓植大學創立百年史編纂室, 323쪽.

38) 배춘희, 앞의 논문, 83~86쪽.

식민은 문명의 전파이다. 제군은 널리 비견을 보이지 않으면 안된다.[39]

이 말은 조선을 비롯한 식민지에 대한 그의 사상의 집약이며, 당시 일본 지식인들이 일반적으로 갖고 있었던 생각이었다. 조선을 식민지화하여 오히려 조선의 근대화를 도왔다는 식의 시혜론적 사고방식은 지금까지도 일본 역사 교과서 서술과 왜곡의 문제, 그리고 식민지 근대화론과 관련하여 한일 관계에서 첨예한 문제들 가운데 하나이다.

니토베에 따르면, 식민지란 새로운 영토를 의미하며, 식민이란 고국에서 새로운 영토로 이주하는 것이었다. 또한 팽창의 궁극적인 목적은 문명화였다.[40] 그는 스스로를 일본인으로서 "일본의 영토가 확장되는 것을 기뻐하는 한 사람의 국민"[41]이라고 하며 근대 제국주의의 식민 활동을 긍정하고, 일본의 제국주의적 영토 확장을 지지하였다.

이러한 니토베의 관점은 1903년에 저술한 〈대만협회학교 학생 제군에게 고함臺灣協會學校學生諸君に告ぐ〉에서도 드러난다. 이 글에서 그는 일본 민족은 역사적으로 이미 도요토미 히데요시豊臣秀吉 시대부터 남방으로 눈을 돌렸고, 조선으로도 눈을 돌렸다고 하며, 더욱이 문명국이라고 하면 어느 나라든 남양南洋으로 눈을 돌렸다고 강조했다.[42] 니토베는 일본의 남양 진출을 경제와 정치의 발전으로 이해하였다. 그의 논리에 따르면 1592년 도요토미 히데요시의 조

---

39) "Colonization is the spread of civilization", 《新渡戸稻造全集》卷4, 167쪽.

40) 《新渡戸稻造全集》卷4, 23쪽.

41) 〈醫學の進步と植民發展〉, 《新渡戸稻造全集》卷4, 전집 4권, 345쪽.

42) 淺田喬二, 《日本植民地硏究史論》, 49쪽.

선 침략은 문명국 일본의 서북 진출인 셈이다. 한마디로 그의 식민
정책론은 일본의 지배를 정당화하는 논리였다고 할 수 있다.

　1904년 잡지 《태양太陽》에 게재한 〈일본 제국의 확장(논설)〉이라는
글에서는 사할린이 본래 일본의 영토였음을 힘주어 강조하면서, 사
할린, 류큐琉球, 대만 등에 대한 일본의 침략을 당연한 것으로 주장
하고 있다. 더욱이 영국은 자그마치 그 영토의 90배에 달하는 지역
을 식민지로 삼았는데, 일본이 이를 따라가는 것은 아득히 멀다는
식으로 팽창을 적극 주장하고 있다. 니토베의 제국주의 침략을 옹
호하는 입장은 더욱이 다음의 발언에서 극명하게 드러난다.

　　　　토지를 가장 유용하게 사용하는 자에게 속하게 해야 한다.[43]

　한마디로 토지를 가장 유효하게 사용할 수 있는 정치·군사적으로
강력한 제국주의 국가가 토지의 주인이 되어야 한다는 '힘'의 논리
로, 침략은 약탈이나 불법이 아니라 합법적이고 정당하다는 식으로
정의한 말 그대로 식민학이다. 덧붙여서 니토베는 무능한 국가가
토지를 점유하고 있는 것은 '토지 소유권의 남용'이라는 표현까지도
쓰면서 '토지 공유론'을 주장하고 있다.

　　　지구의 표면은 한정되어 있는데, 증가하고 있는 인류가 어떻게 생활을
　　영위하는가. 거대한 토지를 점유하고, 이를 이용하는 것에도 불구하고,
　　타인이 이를 사용하는 것을 거부한다면 토지 소유권의 남용이라고 말하
　　지 않을 수 없다.

---

43) 新渡戸稲造, 〈日本帝國の擴張(論說)〉, 《太陽》 제10권 16호, 1904년 12월 1일,
　　86~93쪽.

따라서 근래는 토지 국유론의 학설이 솔솔 주창되고 있는데, 지금 이 의
논을 일진보시켜 토지 공유론이라고도 칭하는 것이 무릇 토지를 세계가
갖는 것이 되고, 어떤 인종도, 가장 유력하게 사용하는 자에게 공여分與하
는 것은 실제상 행해지고 있는 곳이 있다. 이를 도덕적으로 논한다고 …
어떠한 바도 사실은 이를 허락하지 않겠는가. ……

우리들은 한국 병합론이라고 하는 것이 이처럼 야심찬 설이라고 하더
라도 그들 나라에서 그 토지의 이용법을 안다면 그 나라 국민에 대하여
편안하게 하고, 산업에 관하여 조건을 부여하는 것이 가능하다고 본다.
…… 그러므로 중국을 분할하는 것은 차라리 세계 열국이 러시아 특히
시베리아를 분할하는 것이 타당하다고 믿는다.[44]

니토베는 결국 제국주의적 침략 행위를 정당화하고자 '토지 공유
론'이라고 하는 식민 이론까지 설정하고 있다. 게다가 그는 가장 유
력하게 이용할 수 있는 자에게 땅을 나눠 주는 것이 실제로 이루어
지고 있고, 그것이 도덕적이라고까지 주장하고 있다. 이는 식민지
팽창정책에 대한 확실한 정당성을 주고 '식민'에 대한 니토베의 신
념을 나타낸다. 게다가 그는 일본의 조선 침략은 말할 것 없고, 열
강의 중국 분할, 그리고 시베리아 분할까지도 이 '토지 공유론' 개
념 아래에서 타당함을 주장하고 있다. 침략이라는 국가적이고 국제
적인 범죄행위를 '토지 공유'라는 개념까지 써 가면서 호도하고 있
는 것으로, 니토베가 일본 식민정책학의 기원을 이루고 있음을 여
실히 보여주는 부분이다.

니토베는 식민지가 병적인 상태에 있다고 규정했다. 그는 국가학

---

44) 新渡戸稻造, 앞의 글, 86~93쪽.

을 생리학에, 식민정책을 병리학에 빗대어 식민정책을 새로운 영
토에서 국가가 목적을 달성하기 위한 수단으로 규정했다.[45] 생리학
과 병리학이 표리일체表裏一體가 되어 생체의 유지, 발달, 증진에 관
여한다고 할 경우, 국가학과 식민정책학은 국가라고 하는 집합적인
생체, 그 '국민의 힘'의 증강에 공헌해야 한다. 이 발상은 명백하게
니토베의 후원자였던 고토와 친화 관계를 잘 보여주고 있다. 고토
는 '일본 제국의 위생 사무의 중심인 내무성 위생국'에서 의학과 위
생 행정의 경험으로 1890년 《국가위생원리國家衛生原理》를 발표했다.
위생 사상을 사회정책적인 국가론의 일관된 원리에 놓고 국가 이성
과 통치 기술의 합리성을 조합한 이 글은 니토베의 생리학으로서의
국가학과 병리학으로서의 식민정책학이라는 착상의 본보기였다.[46]

또 니토베는 인종관에 따른 식민지관을 갖고 있었다. 그는 "식민
이란 대체로 우등한 인종이 열등한 인종의 토지를 취하는 것", "열
대는 온도뿐만 아니라, 여러 점에서 특이하며 인종은 매우 열등하
다.", "우리들이 보는 바에는 인종간의 우열의 설명은 할 수 없지만
우열이 있는 것은 사실"이라고 하는 등 분명히 인종 사이의 우열을
확신하고 있었다.[47]

일본에서는 니토베를 자유주의자, 국제주의자로 평가했지만, 그
는 강단에서, 그리고 관료의 자리에서 식민주의자, 제국주의자로서
도 맹활약해 왔다. 더욱이 조선과의 관계에서는 비과학적 인종론과
부정확하고 왜곡된 역사 인식과 편견에 바탕을 둔 식민주의자였다.

---

45)《植民政策講義及論文集》, 56쪽.
46) 강상중, 앞의 책, 99~103쪽.
47) 배춘희, 앞의 논문, 102~112쪽.

4. 니토베 이나조의 조선 인식과 식민 통치론

니토베의 조선에 관한 글을 보면 대체로 병합 이전에는 조선에 대한 멸시관을 강하게 드러낸 《일미관계사》, 〈망국〉, 〈고사국조선〉 등이 대표적이다. 이 글들은 조선 민족이 열등하고 미개하다는 논지로 일관하여 일본의 조선 강점의 정당성에 힘을 실어 주고 있다. 조선 병합 뒤 니토베는 〈일본의 식민〉이라는 글로 일본의 식민 통치를 세계에 선전하고, 또 그 식민 지배를 긍정하는 논리를 펼쳐 나가고 있다. 이후 만주사변을 전후해서는 일본에 대한 국제적 여론이 악화되는 가운데, 《일본—그 문제와 발전의 제국면》을 영문으로 출간하여 일본의 조선 식민 지배의 정당성과 당위성을 역설하고 있다.

1) 《일미관계사》, 〈망국〉, 〈고사국조선〉 등에 나타난 조선 멸시관

니토베의 조선 식민지 긍정론과 조선 민족 멸시관은 일본의 왜곡된 역사관을 그대로 반영한 것이다. 또한 그는 제대로 조선의 역사를 배운 적도 없고, 1905년 이전에는 조선에 온 적도 없었다. 그런 그가 《일미관계사》(1891)에서 조선의 수천 년의 역사를 왜곡·폄하하고, 그 글로 존스 홉킨스 대학의 학위를 취득했다는 것에서 이 책이 당시 서구에 조선이 왜곡되어 알려지게 된 중요한 원인 가운데 하나였음을 알 수 있다. 이 책은 일본인의 손을 거친 최초의 일미 관

계의 학술 성과였다.[48] 이 책 제1장에서는 페리 제독 내항 이전의
일본과 외국과의 대외 관계를 다뤘는데, 그 일부가 조선과의 관계
사이다.

　　기원전 157년 '오카라'라고 하는 조선인이 일본에 건너와 글쓰기를 소
개 해주었다. 그 후 기원전 33년에는, 조선인들이 에치젠越前 해안에 도
착했다. 6년 뒤에는 또 다른 일단의 사람들이 상륙했다. 이 지방의 몇 곳
은 지금도 그들이 내왕한 흔적으로 지명이 남아 있다. 일본과 조선의 관
계는 이렇게 평화적이었고, 그리고 공명심이 넘치는 일본인이 이런 지역
들을 속령으로 할 때까지 평온한 관계가 계속되었다. 조선인은 공물 헌
상을 게을리 했기 때문에 기원후 3세기에 진구황후神功皇后에게 재정복
되었다. 이 정복에 이어 수많은 문물이 일본에 소개되고, 조선인의 이민
과 귀화가 7세기, 8세기를 거쳐 9세기까지 일어났다. 그들의 충성심이
다시 없어졌다. 그래서 16세기에 태합太閤의 침입(임진왜란—글쓴이 주) 뒤
겨우 갱신되었다. 태합은 조선을 정복하기보다는 중국제국을 획득하기
위한 징검다리로 이용하기 위한 계획이었다. 일본이 조선으로 침입해 황
폐화한 것은 그 나라의 예술과 과학, 더욱이 종교의 쇠퇴가 그 원인이라
고 한다. 조선에 대한 우리들의 요구는 프랑스에 대한 영국 제왕의 요구
와 같으며, 끊임없는 분쟁의 원천이 되었다. 그래서 조선의 독립 주권을
인정한 1876년의 조약에 따라 겨우 체결된 것이다. 구로다黑田 백작에
의해 체결된 이 우호통상조약은 많은 점에서 1854년에 페리 제독이 우리
나라(일본)에게 했던 일의 반복이었다. 미국은 일본을 세계로 열어주었으
며, 일본은 조선을 미국으로 열어 주었던 것이다. 1876년의 조선은 1854

---

48) 松下菊人,《新渡戶稻造全集》卷17,〈日米關係史 解說〉, 614쪽.

년 일본과 비슷했다. 조선은 일본과 같이, 국가적 재상을 위해 같은 변화를 겪지 않으면 안되었다. 예를 들면 그것은 1882년 7월 보수적인 조선 폭도에 의한 재류 일본인 대학살로, 그 결과 55만 달러의 배상금, 그 반은 고통받는 국가에 대한 동정으로 면제했고, 그리고 교육을 받기 위해 다수의 조선 청년들이 일본으로 유학하는 등 이 모든 것은 앞으로 우리가 보듯이, 일미관계의 역사와 아주 비슷한 대비일 것이다.

이 글에 따르면, 니토베는 진구황후가 가야의 일부 지역을 정벌했다고 하는 이른바 '임나일본부설'을 당연한 역사적 사실로 기록하고 있다. 그러나 이 글 안에서 모순이 명확하게 드러나는 부분은 진구황후의 한반도 남부 정벌 이후 수많은 문물이 일본에 소개되었다는 내용이다. 니토베의 주장대로 군사적으로 우세한 선진 집단이 한반도 남부를 정벌했다고 한다면 어떻게 정벌당한 처지에서 수많은 문물을 일본에 소개해 줄 수 있었는지에 대한 모순점을 니토베 자신은 미처 깨닫지 못하고 있다. '임나일본부설'은 메이지시대에는 말할 것 없고, 지금까지도 일본인에게 사실로 받아들여지고 있는 가장 전형적인 고대 한일 관계사 왜곡의 사례이다. 이것은 그들의 조선에 대한 기본 인식이므로 당시 니토베의 역사 인식 수준에서 이를 주장한 것은 어찌보면 당연한 것이었다.

또한 이 글 가운데 도요토미 히데요시의 조선 침략에 대하여 "일본이 조선으로 침입해 황폐화한 것은 그 나라의 예술과 과학, 더욱이 종교의 쇠퇴가 그 원인"이라고 하여 침략의 책임을 오히려 침략당한 조선에게 떠넘기고 있다. 일제 강점기 일본인 식민사학자들이 일본의 강제 병합을 두고 조선이 무능하고, 열등했기 때문이었다고 하는 '조선 망국론'의 논리와 동일하다. 그야말로 일본인들의 침략

메이지시대 일본화폐의 진구황후

　행위에 대한 궤변적 자기 합리화의 전형을 보여 주는 부분이다.

　또한 이 책을 미국에서 학위논문으로 제출한 관계로 미국인에게 이해를 돕고자 미국의 경우와 견주는 부분이 눈에 띈다. 곧 일본이 조선을 강제 개항시킨 것을 "미국은 일본을 세계로 열어 주었고, 일본은 조선을 미국으로 열어주었다."는 식으로 미국이라는 나라에 빗대어 자신들의 침탈 행위를 국제적으로 공인받으려는 태도를 보이고 있다. 더욱이 니토베는 당시 도쿠가와 막부가 1858년 구미 여러 나라와 맺은 수호통상조약들이 일본에게는 굴욕적인 불평등조약이었음을 알고 있었고, 그가 미국에 유학하고 있을 때 메이지 정부는 미일 불평등조약을 개정하려고 하였다. 그런 그가 조선과 일본 사이의 불평등조약에 대해서는 오로지 자국 중심, 곧 일본 정부의 시점만 있었을 뿐 조선의 처지에 대해서는 전혀 고려하지 않고 있음을 알 수 있다.

　임오군란 부분에 대한 서술도 실제 그 사건의 원인을 마련한 일본의 조선 경제 침탈과 당시 조선의 근대화 정책에 따른 여러 모순의 표출이라는 구조적 이해를 지니지 않은 채, 다만 재조 일본인이 죽은 것과 그에 대한 배상금 문제에 대해 지극히 아전인수 격으로 서술하고 있다.

1906년 10월부터 약 1개월 동안 니토베는 식민국 관리로서 목면과 사탕수수 재배의 조건을 조사하고자 조선을 시찰하고 이를 글로 남기고 있다. 수원에서 집필한 〈망국〉, 군산과 전주에서 집필한 〈고사국조선〉이 그것이다. 다음은 〈망국〉에서 니토베의 조선 멸시관을 볼 수 있는 부분이다.

가장 슬픈 것은 국민의 힘이 쇠잔하고, 그 힘이 남아있는 곳이 보이지 않는다. 노력의 근원까지도 메말랐고, 일을 시켜도 아무런 자극 없이 무력하게 보인다. 남자는 백의를 입고 앉아 장죽(담배)를 피우고 옛날을 추억하는 듯 현재는 관심조차 없고, 미래의 희망은 더욱 없다.

다만 배가 고프면 보잘것없는 식사를 얻기 위해 일할 뿐이며, 가련한 여자들은 인생의 무거운 노고가 무겁게 얹혀 있고, 항상 가족들의 백의를 빨고 있다. 미모의 어린 소년들은 장부도 견디기 어려운 무거운 짐을 지고 있다. 버드나무 아래에서 까닭 없는 비감에 잠겨 폐허가 된 그라나다나 코르도바 같은 느낌을 받았다. 왠지 모르게 눈물이 흐른다. 바람도 상쾌하고 공기도 청명한데 그 무엇이 내 마음을 무겁게 하는지… 나는 매우 지쳐 해를 끼칠 수 없는 인민들의 탓이나 공기, 토양의 탓이 아니라고 생각한다. 다만 역사로써 판단해야 한다.[49]

니토베는 조선을, 쇠퇴해가고 있으며 무료하게 시간을 보내는 장

---

49) 《新渡戸稲造全集》 卷5, 78~79쪽. 明治 39년 10월, 韓國水原にて.

년층이나 과중한 짐을 진 부녀자 소년층이 희망 없는 민중으로 방치된 피폐한 사회이며, 이런 변모의 원인은 기후·풍토나 국민에게 찾을 수 없고 다만 역사의 심판에 맡겨져 있다고 하였다. 〈망국〉이라는 제목 그 자체만으로도 니토베가 당시 조선을 어떻게 바라보았는지를 알 수 있다.

〈고사국조선〉에서도 니토베는 아래와 같이 말하고 있다.

> 조선 쇠망의 죄는 그 나라의 기후도, 토양도 아니다. …… 나는 천 년 전, 신대神代(고대 일본)의 옛날로 돌아간 듯한 느낌을 받았다. …… 이 나라 국민들의 모습은 매우 온화하고 순하며 원시적인 듯 하고, 그들은 20세기가 아닌, 아니 10세기 국민도 아닌, 1세기에 사는 국민인 듯 하고, 역사 이전에 속하는 국민인 듯하다. …… 이 나라처럼 살아있는 자와 죽은 자가 근접하여 생활하고 노동하는 곳은 없는 것 같다. 산야는 분묘로 가득하고 내가 지나는 도로변에도 무덤이 줄지어 있고, 또 매장해야 할 관들이 줄지어 있다. …… 또한 죽음과 밀접한 국민은 스스로 이미 반 이상은 죽은 것이다. …… 한인생활의 풍속은 죽음의 풍속이다. 그들은 민족적 생활의 기한은 다했고, 국민적 생활은 과거의 것이다. 죽음이 이 반도를 지배하고 있다.[50]

이 〈고사국조선〉이라는 수상록 전체를 보면, 염세적 기조를 저변에 깔고 있다. 니토베는 조선 민족을 유사 이전에 속하는 사람들이라고까지 규정하여 극단적인 '정체관'을 표출하고 있다. 이는 식민사학의 대표적 논리 가운데 하나인 '정체성론'의 원형을 확인할 수 있는 부분이다. 또한 조선이 쇠락해가는 원인을 조선 민족의 퇴폐

---

50) 《新渡戸稲造全集》 卷5, 80~82쪽, 明治 39년 11월, 全州にて.

적 자질에 있는 것처럼 강조하고 있다.[51]

니토베는 또한 《동경경제잡지東京經濟雜誌》의 〈한국이민과 농업韓國
移民と農業〉이라는 논고에서 조선은 이르는 곳마다 황폐하고 촌락과
도읍은 피폐했으며 취사하는 연기도 보이지 않고, 논에는 벼가 있
으나 경작자의 부채나 비료의 부족으로 수확하지 못하고 방기한 것
이 적지 않다고 했다. 이어서 조선 토민은 생활이 매우 곤궁하므로
새로운 사업은 처음부터 일으키기 어렵고, 설령 세웠다 하더라도
실패로 돌아갈 것이라고 보았다.[52]

이러한 니토베의 조선 멸시관, 그리고 일본의 조선 강점의 원인
을 일본의 침략이 아닌 조선 민족의 후진성에 찾는 사고는 당시 사
회진화론에 기울어진 조선의 지식인층에게까지 거의 그대로 전염
되었다. 이광수의 경우가 대표적인 사례이다. 이광수가 1922년
《개벽》에 발표한 〈민족개조론〉은 니토베의 주장과 궤를 같이하는
것으로, 조선인은 민족성으로 보아 독립할 능력이 없다는 조선 독
립 불능론에 바탕을 둔 사상이었다. 이 글에서 이광수는 "한민족
은 허위되고 공상과 공론만을 즐겨 나태하고 신의·충성이 없고, 일
에 용기 없고, 빈궁한 등 악점투성이다. 그러므로 이를 극복하기 위
해서는 민족성의 개조가 필요하다."고 주장해 민족성의 개조를 강
조했다. 이광수는 조선 민족이 쇠퇴하게 된 근본 원인이 '허위, 비
사회적 이기심, 나태, 무신無信, 겁나怯懦, 사회성의 결핍' 등 타락한
민족성에 있다고 보고, 우리 민족이 완전한 멸망에 빠지기 전에 살
아남을 수 있는 유일한 길은 민족성을 개조하는 것이라고 했다. 이
어 "거짓말, 속이는 행실 안 하고 공상공론 버리고 의무를 실행하

---

51) 田中愼一, 〈新渡戶稻造と朝鮮〉, 《李刊三千里》 34, 95쪽.
52) 《東京經濟雜誌》, 제1367호, 1906, 12쪽.

고, 표리부동 반복 없이 충성·신의를 지키고, 고식姑息, 준순逡巡, 겁
나를 버리고 만난을 무릅쓰며, 개인보다 단체, 즉 사회에 대한 봉사
를 생명으로 하고, 일종 이상 전문 학술·기술을 갖고 일종 이상 직
업을 가질 민족"[53]으로 개조되어야 한다고 했다. 이러한 논리는 정
확하게 니토베의 〈고사국조선〉과 일치한다. 니토베의 식민관과 조
선 인식이 식민지 조선인에게도 상당한 영향력을 가지고 파급되었
음을 확인할 수 있는 부분이다.

한편 이러한 조선 멸시관과 더불어 니토베는 러일전쟁을 전후하
여 일본의 한반도 및 만주 지역에 대한 침략을 적극 비호하면서 일
본의 팽창은 러시아의 확장 야욕에 그 원인이 있다고 주장하고 있
다.[54] 자신들의 침략 행위에 대한 반성의 여지 없이 외부의 조건으
로 말미암아 일어난 어쩔 수 없는 상황이었다는 식으로 책임을 떠
넘기고, 더 나아가 도둑이 오히려 매들기식으로 그 침략을 합리화
하는 일본인 특유의 사고 체계가 니토베에게도 전형적으로 나타나
고 있는 것이다.

또 니토베는 1905년 10월 〈일본의 신책임日本の新責任〉[55]에서 조
선에 대한 종주권을 강조하고 있다. 러일전쟁에서 일본의 승리는
수억 아시아인을 대표하여 서구의 침략주의와 싸워 이긴 것이라는
세계사적 평가를 하면서 아시아의 패권 종주국으로서의 포부를 말
하고 있다. 현재 일본 역사 교과서의 러일전쟁 서술에서는 러일전
쟁의 원인을 러시아의 군비 확장과 조선 북부 군사기지 건설 등 이
른바 러시아 위협론에 초점을 맞추고, 이 전쟁에서 일본의 승리가

---

53) 이광수, 〈민족개조론〉, 《개벽》 5월호, 1922.
54) 《新渡戶稻造全集》 卷5, 66~67쪽.
55) 앞의 책, 52~64쪽.

식민지 상태에 있던 아시아 여러 나라에게 독립의 희망을 주었다고 기술하고 있는 부분은 니토베의 인식과 일치하고 있다.[56]

1909년에 일본의 만한滿韓 경영에 대한 해외 신문들의 부정적 여론이 거세지자, 이를 두고 "배일 기풍이 퍼지는 것은 매우 유감스럽고, 논자들이 침소봉대針小棒大하여 일본의 상황을 왜곡하고 일본을 비난하고 있다."면서 적극적으로 일본을 두호하였다. 또한 일본은 전혀 "침략의 의도가 없는 나라이고, 일본의 만한 정책에 대해 오해하고 있는 해외 언론에 대하여 일본의 식자층이 적극 나서서 그 오해를 불식해야"한다고 지식인들의 의무를 주장하기도 하였다. 더 나아가 그는 이 글에서 일본이 만주를 차지하면 "설마 일본이 독식하겠느냐", "만주를 개방하고, 내외 균등하게 그 이익을 향유하는 편의를 제공할 것"[57]이라는 식으로 당시 서구 열강에서 일어나고 있는 일본 독주 견제론에 대하여 적극적으로 변론하고 있다.

2) 조선 침략 정당화론과 식민통치론

(1) 조선 침략 정당화론

20세기 초반 일본이 강력한 군국주의 국가로 출현하는 데 큰 영향력을 행사했고, 의회 체제 아래에서 최초의 총리를 지낸 야마가타 아리토모山縣有朋(1838~1922)의 〈외교정략론〉(1890)은 제1회 제국 의회의 시정방침 연설에서 활용되었고, 이후 일본의 한반도 정책과 대륙 침략에서 '국시國是'의 무게를 지니고 하나의 신념으로

---

56) 일본 중학교 역사 교과서 東京書籍, 教育出版, 自由社, 育鵬社 2011년도 검정본 참조.

57) 〈滿韓問題에 관하여 우리들은 이 점을 內外人에게 경고한다.〉, 《實業之日本》 12권 25호, 1909년 12월 1일, 1~2쪽.

자리 잡았다.

야마가타가 일본을 둘러싼 동아시아의 국제 정세에서 중시한 것
은 국가의 독립 자위를 확보하는 방법이었다. 그것은 '주권선主權線
을 수호하는 것과 이익선利益線을 방위하여 자기의 요충지를 잃지
않는 것'이었다. '주권선'이란 '강토疆土(영토)'를, '이익선'은 '인접 국
가와 접촉할 때 우리(일본) 주권선의 안위와 긴밀히 관계되는 구역'
을 가리킨다. 곧 '우리나라의 이익선의 초점은 바로 조선에 있다.'
는 지정학적 전략의 확립을 주창하고 있다. 야마가타의 '주권선 수
호와 이익선 방위'를 골자로 한 주장은 현재 일본 교과서에서도 그
대로 참고 자료로 제시되어 있다. 일본 교과서에서는 원구元寇의 일
본 침략에 대하여 상세한 소개를 하면서 강대국이 조선 반도에 침
입한다면 그 영향력이 일본 열도에 미칠 우려가 큼을 강조하고 있
다.[58] 니토베의 식민지 정책론에서 볼 수 있는 아시아 식민지의 동
심원적 확대에 대한 기대는 이러한 기획의 연장선에서 나타났던 것
이다.[59] 곧 니토베가 이 야마가타의 이른바 '주권선'과 '이익선'에 기
울어진 식민정책론을 발표한 글이 바로 조선 병합 직후인 1910년
9월 13일 《중앙공론中央公論》에 발표한 〈아방토지 최근의 손득我邦土
地最近の損得〉이다. 이 글의 내용은 니토베 자신이 교장으로 있던 일
고의 1910년도 입학식(9월 13일)에서 한 연설의 내용과 같다.

메이지 43년 8월(조선 강제 병합)은 잊을 수 없는 달이다. 이 8월 홍수
는 도시나 시골이나 그 피해를 보지 않은 곳이 없다. 그 수해로 유실된
토지는 수백만 내지 수천 석일 것이며 주로 태평양으로 흘러갔다. ……

---

58) 藤岡信勝, 《新しい歴史教科書:中學社會》(市販本), 自由社, 2011, 102쪽.
59) 강상중, 앞의 책, 91~92쪽.

그러나 하늘은 우리나라를 텅 비게 하지 않았다. 바다로 흘러간 지력보다는 훨씬 많은 토양이 일본해를 건너 연안이 되어 우리 영토로 돌아온 것이다.

일본을 중심점으로 해서 컴퍼스를 갖고 해보라. 지름 속에 있는 것을 대일본이라 하고 그 바깥을 외국이라 보아 외교사를 쓴다면 여러 가지 종류의 문제가 해결되지 않을까 하고 생각한 적이 있다. …… 시험 삼아 노토쿠니能登國(지금의 이시카와石川 현 노토 반도 지역)의 나가테 곶長手崎이나 와지마 곶輪島崎을 중심으로 해서 …… 약 270리를 반지름으로 원을 그리면 정확히 그 원이 압록강 부근에 이른다. …… 만약 이것을 소학교의 지리 연습이라 생각하고 중심점을 20리 정도 서쪽으로 나아가 …… 반지름 330리 정도로 컴퍼스를 돌리면 사할린 남부와 랴오둥 반도가 들어오고 하얼빈哈爾濱과 웨이하이웨이威海衛도 원 안에 들어온다. 이것을 제2의 원이라고 해 두자. 다시 지리 연습을 위해서 제2의 중심에서 50리 정도만 중심을 북쪽으로 이동해서 …… 반지름(그 길이는 거의 350리)으로 제3의 원을 그리면 이 제3의 원 속에는 남만주는 물론이고 북만주도 치치하얼齊齊哈爾과 헤이룽黑龍 강도 포함되며, 남쪽으로는 류큐琉球까지도 들어올 테지만 북쪽만은 쓸모없는 한대寒帶의 드넓은 토지가 들어온다. 아이들 놀이치고는 실로 재미있는 원이 만들어지는 것이다. …… 하물며 무형無形의 국력의 중심을 찾을 때, 섬나라인 일본의 중심점이 바다가 되는 경우가 생기는 것은 전혀 이상한 일이 아니다. 어떤 것은 신영토라 하고, 또 어떤 것은 보호국, 조차지 또는 세력범위라고 하여 국력이 미치는 정도의 후박경중厚薄輕重은 각기 차이가 있겠지만 발전적인 나라의 위세는 아마도 중심 역시 서서히 움직이는 게 아닐까? 지금 세 개의 원을 그려보며 홀로 소일하는 가운데, 인접 국가의 영토를 약탈할 생각 따위는 물론 없지만, 국력이 발달하는 순서는 어쩌면 이와 같은 방향으로 진행되는 것

이 아닐까? 제3의 원에서 반지름을 100리만 늘리면 베이징北京에 다다르
게 되어 있다.[60]

이 글에서 니토베가 일본의 조선 강제 병합에 대하여 '본래 자신
들의 영토였던 것이 다시 되돌아왔을 뿐'이라는 식의 왜곡된 역사
인식과 식민관을 갖고 적극 동조하고 있음을 알 수 있다. 또 그는
컴퍼스를 이용하여 일본을 중심으로 여러 개의 원을 그렸는데, 먼
저 일본을 중심으로 하여 제1의 원 속에 '일본해를 건너 연안이 되
어 우리(일본) 영토로 돌아온' 조선을 넣고 있다. 다음으로 제2의 원
에 랴오둥 반도와 남만주를, 제3의 원에는 만주 전토를 포함하고
있다. 그는 순차적으로 일본의 제국주의 식민지 확대를 구상하였
다. 이 니토베의 팽창적인 식민지 제국적 심상 지리는 이후 전개된
'대동아공영권'이라는 자급적 경제 구역과도 거의 맞먹는 것이다.[61]
이 글 외에도 니토베가 일본의 조선 병합을 천재일우의 당연하고
환영할 만한 일로 서술하며 그의 식민관을 드러낸 글은 여러 군데
에서 확인할 수 있다.[62]

또한 1910년 10월 25일 《동경경제잡지》에 실린 〈기독교를 잘 이
용하자基督教を善用せよ〉에서 그는 한국의 지배를 위해서 "그리스도교
를 특별히 압박하거나 자극하지 말고 오히려 그 종교를 이용하여
피지배 민족에게 마음의 위안을 주고 현 지배 체제에 순응하도록
선용"하라고 권유하고 있다.[63] 곧 망국민을 회유하고 식민 지배 체

---

60) 《中央公論》 제10호, 1910년 9월 13일, 41~44쪽.
61) 강상중, 앞의 책, 102~104쪽.
62) 《矢內原忠雄全集》 24권, 136~137쪽.
63) 田中愼一, 《新渡戸稲造の植民地朝鮮観》, 北大ニュース11号, 17~18쪽.

제에 순응시키는 수단으로 종교를 이용하라는 식민지 지배관을 여지없이 보여주는 것이다.

이어 1910년 11월 3일과 4일 《도쿄마이니치신문東京毎日新聞》의 〈여유로움을 요한다余裕あるを要す〉(上·下)라는 글에서는 "조선 민족은 무학無學으로 시세를 모르고, 시기심이 많아 쉽게 사람을 믿지 않으며, 나태하여 실행의 용기가 없고, 교활하고 사람을 속이며, 빈궁하여 산업을 일으킬 자본이 없다는 등 국민적 결함은 끝이 없이 많다.", "그러므로 독립하여 자존할 수 없고 타국의 통치 아래서만 비로소 생존할 수 있는 나라"[64]라는 멸시로 일관하고 있다.

1911년 2월 12일, 13일 《도쿄마이니치 신문》에 발표한 〈영토 확장의 경제적 기초領土擴張の經濟的基礎〉(上·下)에서는 조선을 대만과 견주면서 "조선은 풍토병의 두려움이 없고 건강한 지역으로 일본인의 영주지로 충분하다."고 하여 일본 척식 사업의 중요성을 강조하고 있다.[65]

니토베는 또한 "조선 병합은 일본 스스로 나라를 지킬 필요가 있기 때문에 정치적 관계에서 단행한 것"이며 세계 여러 나라의 인정을 받았다고 주장하였다. 실제로 당시 일본은 을사늑약은 물론, 조선 강제 병합에서도 서구 열강의 공인을 받아 그 식민 통치의 정당성을 확보하려 했고, 그러한 의식은 현행 일본 교과서에서조차 반영되어 있다. 그러나 자국의 방위는 자국 안에서만 가능한 것이지 자국의 방위를 예측하여 타국을 침략한다는 것은 분명한 제국주의의 침략 논리이다.

이러한 니토베의 자위전쟁 의식과 조선 지배 정당화는 특히 1919년 12월, 런던의 일본협회에서 행한 〈일본의 식민〉이라는 강

---

64) 《新渡戸稲造全集》卷5, 292쪽. 〈余裕あるを要す〉(上), 292쪽.
65) 배춘희, 앞의 논문, 129~142쪽.

연에서 더욱 적나라하게 나타나 있다.

> 한반도는 일본해에 돌출한 핀과 같은 모양을 하고 있다. 그 핀에서 우유와 봉밀이 일본의 입으로 주입되는 것이다. 과거에 있어서 조선의 정치적 독립이라고 한다면, 조선이 어느 정도 독립을 향유하였는가는 중대한 의심이 든다. 어떤 세기도 조선은 잠재적으로 중국의 종주권 아래에 있었고, 북경에 조공을 바치고, 중국의 사절을 군주부터 받아들이고 있었다. …… 조선이 강력하고, 양호하게 통치되고, 진실로 독립국이었던 적이 있었는지, 그것은 완충국이라고 할 만한지. 그 나라가 중국의 세력 아래에 말하자면 로마의 세력 아래에서 …… 극동에는 평화의 보장은 없을 것이고, 일본에게도 안전은 없다. 지리적으로 비유를 용이하게 하면 조선 반도를 일본의 심부를 향해 겨눈 검에 견줄 수 있다. …… 조선이 (일본의) 통치 아래 들어가는 것은 자기 보전의 조건이라고 할 만하다. …… [66]

> …… 조선 반도는 일본의 심장을 겨눈 칼날과 같다. …… 조선이 우리의 통치 아래에 들어 온 것은 우리나라 안전의 조건이라고 할 수 있다. …… [67]

니토베는 조선을 일본의 심장을 겨눈 칼에 빗대어 이것이 중국이나 러시아라는 외국 세력 아래에 들어가면 일본의 국가 존립을 위태롭게 하기 때문에 기선을 제압하여 병합했다고 주장하였다. 곧 그는 일본의 팽창은 주로 안전보장의 문제로 보는 것을 강조하고

---

66) 《新渡戸稲造全集》 卷21, 487~488쪽.
67) 앞의 책, 137쪽.

있다. 니토베의 이러한 주장은 이른바 '역사 지리 결정론'으로 자국의 안전 보장을 자국 방어 차원을 넘어, 대외 침략으로 확보하고자하는 침략 논리를 합리화하기 위한 억지 이론이라고 할 것이다.

그럼에도 현재 일본의 지유샤 교과서에서도 이런 식의 일본의 안전을 보장하기 위한 팽창 논리는 더욱 강조되고 있다.

> 일본 정부는 일본의 안전과 만주의 권익을 방위하기 위하여, 한국의 안정이 필요하다고 생각하였다. 일러전쟁 후, 일본은 한국 통감부를 설치하여 보호국으로 하고, 근대화를 진전시켰다. …… [68]

1919년 3·1운동이 일어나자 니토베는 지금 조선 민족에게 정치적 자치는 불가능하며, 한두 사람의 일본인 관리가 잘못하여 3·1운동 문제가 불거진 것이고, 이는 일본 전체의 잘못이 아니라고 주장하였다. 그리고 조선이 정치적으로 미숙하여 테러나 암살, 외국의세력이나 국제 정세를 빌려 독립하려는 어린아이 놀이 같은 발상을하고 있다고 주장하였다. 니토베는 조선 민족에 대한 편견과 무시로 일관하고 있고[69], 조선을 독립이 불가능한 나라로 인식하고 있었다.

조선이 무능력하여 자치 가능성이 없다는 조선 멸시관은 그대로식민 통치 정당화로 이어졌다. 니토베는 런던 강연에서 조선을 벨기에, 웨일즈, 아일랜드에 견주며 설명하고 있다. 곧 벨기에는 독일의압박을 막아낼 만큼 강하였지만 조선은 상황이 달랐고, 일본의 심장을 겨눈 칼로써 지정학적 위험이 높기 때문에 합병하지 않을 수 없

---

68) 藤岡信勝, 『新しい歴史教科書:中學社會』(市販本), 自由社, 2011, 190쪽.
69) 淺田喬二, 《日本植民地研究史論》, 106~108쪽.

었다고 하였다. 게다가 합병도 '상호 교환적'인 부분이 많다고 합리
화하고 있다. 또한 앞으로 자치 또는 동화가 이루어지면 웨일즈와
같이 될 것이고, 독립이 된다면 아일랜드와 같이 될 것이라고 설명
하고 있다.[70]

그러나 니토베는 기본적으로 일본 식민지 지배정책의 기조인 '동
화주의'에 근본적으로 동의하지 않았다. 그가 가진 강한 조선 멸시
관에 따르면, 조선인은 결코 우월한 일본인에게 동화될 수 없는 열
등체이기 때문이다. 따라서 니토베의 조선관에서 조선은 자치도 불
가능하고 동화는 더더욱 불가능한, 다만 식민지에 지나지 않을 뿐
이었다. 그런데 이 '동화' 문제에서 니토베는 모순된 면을 보이고
있다. 곧 '동화'를 주장하고 인정하는 듯하면서도 기본적으로 갖고
있는 조선 멸시관에 바탕을 두어서 궁극적으로는 그것이 불가능하
다고 보는 혼란스러운 면을 글 속에서 드러내고 있는 것이다.

니토베는 1906년 조선 여행에서 돌아온 뒤, 조선인과 일본인은
생체학상 아주 작은 차이만이 있을 뿐, 더욱이 규슈인과 한국인의
차이는 규슈인과 일본 동북인과의 차이보다 작다고 했다. 또한 조
선인이 일본인과 동화되지 못한다면 그 이유는 자연적 조건에 따
른 것이 아니라, 오히려 일본인에게 있다고 하며 동화주의를 당연
시하였다.[71] 그러면서도 동시에 〈식민의 근본 뜻植民の根本義〉에서는
"동화를 이루기 위해서는 800년이라는 시간이 필요하고, 식민정책
을 실행하려면 시간이라는 요소를 고려할 필요가 있다."고 하여[72]
동화주의에 반대하는 입장을 드러내고 있다. 기본적으로 강한 조선

---

70) 田中愼一 편저, 《36人の日本人 韓國·朝鮮へのまなざし》, 明石書店, 2005, 44쪽.
71) 《新渡戸稲造全集》卷21, 657쪽.
72) 앞의 책, 163쪽.

멸시관을 가진 니토베가 조선을 일본과 동격으로 동화시키는 문제
에서 그것이 불가능하다고 판단한 것이다. 그것은 후쿠다 도쿠조福
田德三가 그의 저서 〈한국의 경제조직과 경제단위韓國の經濟組織と經濟
單位〉에서 조선에 대해 "더럽고 탁하며 불결하기가 이루 말할 수 없
는 흙덩이 속에 유유자적하게 살며 길이가 자기 키의 절반이나 되
는 담뱃대를 빨아 대면서 하는 일도 생각도 없이 소일하는 한국인
을 낙천가의 훌륭한 표본이라고 할 수 있을까? 무차별한 평등은 마
침내 악惡평등인 까닭을 알 수 있을 것이다."고 표현한 식민주의,
그리고 일본식 오리엔탈리즘과 동일한 결론이었다.[73]

한편 니토베의 활동 말기에 해당되는 1931년 만주사변 시기의
조선관은 《일본-그 문제와 발전의 제국면》이라는 책에서 잘 드러
난다. 이 책은 니토베가 국제연맹에서 일하던 시절부터 영국의 어
니스트 벤Ernest Benn에게 의뢰 받아, 귀국한 뒤 4년 남짓의 집필 시
간을 들여 1931년 9월에 영문으로 편찬한 책이다. 이것은 그의 대
표적 저술 《무사도》와 함께 서구에 '우월한 일본과 열등한 조선'이
각인되게 한 일본적 오리엔탈리즘의 전형이었다. 전체적 내용은 일
본의 역사와 문화, 정치, 경제 등 다방면에 걸쳐 소개한 것인데, 니
토베의 강한 조선 민족 멸시관과 '정한론'적 사고방식 등이 여과 없
이 그대로 드러난다.

　학문적 역사가는 언제부터인가 일본의 조선 계획을 일본 국력의 성쇠
　의 지표라고 말한다. 가장 현저하나 도중에 포기한 정복 시도는 도요토
　미 히데요시豊臣秀吉가 행하였다. 그 이후 반도에는 손이 미치지 않았다.

---

73) 강상중, 앞의 책, 97~98쪽; 박지향, 《일그러진 근대》, 268~282쪽.

그러나 일본은 동면冬眠하고 있을 때조차 조선이 한때 자신의 속국이었다는 사실을 결코 잊지 않았다. ……

일본 고대의 반도 모험은 절대적으로 성공적이라고는 할 수 없으나 일본의 논리는 이미 세워진 것이므로, 1811년 이후 조선의 정기적 조공이 정지되자 이것을 도전적 행위로 받아들였다. 그래서 1870년대 초에 국내 사정이 어느 정도 안정되자, 사무라이 사이에서 불만과 불평의 배출구로 조선을 징벌하자는 문제가 전면에 도출되었다. 개전파와 평화파 사이에 격렬한 논쟁 끝에 1872년 정부 안에서 분열이 일어났고, 평화파의 승리로 반대파는 자신들의 주장을 폭력에 호소하는 방법을 택해 1877년, 이른바 '사쓰마 반란薩摩叛亂'이라는 봉기를 일으켰다. 그 사이 조선은 중국 세력에 굴복하고, 19세기 말에는 아시아의 음모에 희생되었다. 회유 작전과 금권이 일본의 위협과 강경 외교보다 성행했다. 그리하여 극동 정치의 지평선 위에 두려운 위험이 급박하게 생겨났다. 조선이 중국 손에 떨어지는 것도 매우 좋지 않은 일이지만, 러시아의 손에 들어가는 날에는 일본에게 매우 적극적인 위협이 된다. 지도에서 반도가 남동으로 튀어나와, 그 끝이 제국의 심장을 찌를 듯한 모양을 보라. 러시아는 이것을 알고 있었다. 지리학은 그 나라에서 가장 발달한 학문 가운데 하나였다. 그리고 착착, 18세기와 19세기 사이에 러시아는 그 국경을 동으로 동으로 밀고 나갔다. 마침내 중국의 아무르 강과 우수리 강 지역을 얻고 군사를 남쪽으로 이동시켰다. …… 그러나 조선은 러시아와 중국이 쥐락펴락하고 있었다. 아무튼 관리들은 금이 내는 찰랑찰랑 소리에만 귀 기울이고 있었다. 그때 조선이 실제로 대원군 손안에 있는 것은 가장 큰 불운이었다. 대원군은 서양은 일절 싫어하고 일본을 동양 전통의 배신자이며 서양 열강의 앞잡이라고 멸시하고 있었다. 그는 점점 중국의 손에 나라를 맡겼다. …… 그 사이 러시아는 그 마수를 반도에 뻗었다. 1876년 초

일본의 노력은 훌륭하게 성공을 이뤄 통상조약이 서명되고, 그것은 세계 다른 모든 나라가 배워야 할 선례로 남았다. ……

그러나 조약을 맺는다 해도 서명자들의 기질을 변화시키기는 어렵다. 반도의 '보수적' 요소는 '궁정' 안에서 내무를 공공연히 선동하고 있었다. 묘안들이 잘 맞아 들지 않고, '선왕先王'의 자녀들은 왕국의 정치를 돈으로 고용한 암살자나 선동자, 폭도들을 내세워 뒤에서 조종하였다. 그들은 내부적으로 중국의 지원을 받고 있었으므로 그 반대파인 혁신파는 자연 일본의 원조와 동정을 구했다. 중국이나 일본 어느 한편이 조선을 지도하지 않는다면 제3자인 러시아가 취할 것은 공공연한 비밀이었다. 조선이 자력으로 구할 수 없는 것은 분명하였기 때문이다.

…… 조선이 강력하고 훌륭하게 잘 다스려지는 진정한 독립국이라면 완충국이라고 할 수도 있지만, 그 나라가 때로는 중국의 세력 아래에, 또 때로는 러시아의 세력 아래에서 흔들거린다면 극동에는 평화의 보장이 있을 수 없으며, 일본의 안전은 없게 된다. …… 쉽게 지리적 위치를 빗대자면 조선 반도는 일본의 심장을 겨눈 칼날과 같다. …… 조선이 우리의 통치 아래에 들어온 것은 우리나라 안전의 조건이라고 할 수 있다. …… [74]

그는 이 글에서 "일본은 동면하고 있을 때조차 조선이 잠시 속국이었던 것을 결코 잊지 않았다."고 하면서 뿌리 깊은 일본의 정한론적 사고방식을 여과 없이 노골적으로 드러내고 있다. 또한 니토베의 역사 왜곡은 계속되었다. 곧 1603년 이래 도쿠가와 막부의 요청에 따라 1811년까지 200여 년 동안 총 12차례에 걸쳐 왕래했던

---

74) 《新渡戶稻造全集》 卷18, 134~137쪽.

조선통신사는 분명 선진 문물을 전파해주기 위한 문화사절단이었음에도 이를 조공사절단으로 왜곡하였다. 또 조선이 중국 손에 들어가는 것도 좋지 않지만 러시아의 손에 들어가는 것은 더더욱 위험하다고 하여 러시아에 대한 강한 적개심을 표현하고, 일본의 조선 병합을 정당화하고 있다. 더욱이 이 글의 말미에 '보수적', '암살자', '선동자', '폭도' 등 지극히 추상적이고 막연한 부정적 단어들을 동원하여 조선의 당시 정치 상황을 심각하게 왜곡해 역시 식민지화를 정당화하고 있다. 결론 부분에서는 더군다나 중국이나 일본, 또는 러시아가 어떻게든 조선을 취할 것은 공공연한 상황이었고, 게다가 조선은 일본을 향한 칼과 같으니 일본의 안전을 위해서라도 조선을 식민지화하는 것은 당연한 귀결이었다고 주장하고 있다. 자국 방어를 이웃 국가 침략과 식민지화로 실현하겠다는 노골적인 침략성을 마치 정당방어인 양 호도하고 있는 것이다.

한편 그는 만주사변 이후로는 조선인의 동화 문제에 대해서 상당히 회의적 입장을 보이던 기존 태도에 변화를 보이기도 한다. 1933년 7월 11일 《영문 오사카 마이니치英文大阪每日》의 〈조선인의 동화〉에서 그는 "일본 민족과 조선 민족 사이에 생체학상의 차이는 있을지 모르지만 그것은 아주 작은 것에 지나지 않으며, 그 차이는 조선인과 게이한(교토와 오사카 주변) 지방의 일본인 사이에서는 더욱 작다."[75]고 말하고 있다.

1933년 7월 9일 《영문 오사카 마이니치》에 〈조선과 일본-스코틀랜드와 잉글랜드〉에서는 일본인과 영국인, 조선인과 스코틀랜드인을 설정해 놓고 조선과 일본이 후일 스코틀랜드와 영국의 관계와 같이

---

75) 앞의 책 卷20, 657쪽.

될 것을 확신한다고 하고 있다. 더욱이 스코틀랜드와 영국이 1903년 합병하여 서로 비방하거나 우열을 다투면서도 스코틀랜드가 결코 독립을 꿈꾸지 않고 있다[76]고 하여 '동화와 자치'가 실현되는 식민 통치가 식민지 조선에서도 이루어질 수 있다는 식으로 설명하고 있다.

니토베는 이 무렵 일본의 국제연맹 탈퇴를 지지하였다. 니토베를 연구한 일본 학자들은 이것을 두고, 니토베가 '전향' 행위를 했다고 지적하기도 하지만 실제로 니토베의 기본적인 사고 체계는 '국가주의', 사회진화론에 바탕을 둔 '식민주의자'였다. 그는 1930년대에 전향을 한 것이 아니고, 기본적으로 그가 갖고 있었던 제국주의적 사고방식을 더 구체화하고 체계화했으며 또한 국제사회에서 국익을 위해 적극적으로 표현했을 뿐이다. 앞서 살펴본 것처럼, 1930년대가 아니라 이미 그 이전부터 니토베는 이미 일본의 만한滿韓 정책, 곧 일본의 대외 팽창정책을 적극 옹호하고 있었다.

(2) 식민통치론

니토베는 1906년 통감부 촉탁으로 조선의 농업 상황을 시찰하고, 식민 가능성 조사했다.[77] 그는 이때 통감부를 방문하여 당시 일본 가쓰라桂太郎 내각의 척식 정책에 대한 방침을 이토 히로부미伊藤博文에게 권유·설득하였다.[78] 이때 니토베는 조선인만으로 이 나라를 과연 이끌어갈 수 있을 것인가 하는 의문을 제기했다. 당시 이토가 조선에서 편 통치책에 대해서는 '조선 본위의 통치', 또는 '유화적 통치'라는 식으로 규정하여 일본 안의 군부 세력은 물론

---

76) 앞의 책, 656쪽.

77) 新渡戸稲造, 〈三たび伊藤公爵と語りの當時の追懷〉, 《實業之日本》 제12권 제24호.

78) 《新渡戸稲造全集》 卷5, 543~554쪽.

가쓰라 내각의 즉각적 병합론에 견주어 점진적 병합론이라는 상대
적 개념을 써서 많은 비난이 쏟아지고 있던 상황이었다.[79] 니토베
는 조선을 정체 사회라고 보았고, 이토에게 조선의 발전을 위해 일
본의 농민을 이식할 필요가 있다[80]고 강조하는 적극적 식민론을
주장하였다.

한편 니토베는 1909년 이토의 죽음에 대하여 장문의 추모 글을
남기기도 했다. 이 글에서 그는 일본인에게 위인을 존경하는 관념
이 결핍되어 있다고 하면서 이토를 가장 위대한 위인으로 추모하였
고, 세계에 내놓을 만한 위인으로 사보이 왕가 주도의 이탈리아 통
일을 이룩한 카보우르Camilio Benso, conte di Cavour에 견주고 있다.
이 장황한 추모 글 끝에 니토베는 이토를 위한 신사神社까지 세워
추모하자는 주장을 하고 있다.[81] 그가 과연 진실한 기독교인이었는
지조차 의심이 되는 부분이다. 결국 개인적 종교는 별개의 문제이
고, 니토베는 철저한 국가 지상주의에 기울어진 제국주의 시대의
군국 일본인이었던 것이다.[82]

---

79) 이 부분에 대해서는 다음을 참조.
   한명근, 《한말 한일합방론연구》, 국학자료원, 2002; 운노 후쿠쥬 지음·정재정 옮김,
   《한국병합사연구》, 논형, 2008; 정재정, 〈일제의 한국 강점의 역사적 성격〉, 《한국
   사연구》 114, 한국사연구회 , 2001; 이태진 외, 《한국병합의 불법성 연구》, 서울대
   학교출판부, 2003; 하지연, 〈일제의 한국강점에 대한 일본 언론의 동향〉, 《한국민족
   운동사연구》 64, 한국민족운동사학회, 2010; 〈'한국병합'에 대한 재한일본 언론의 동
   향 — 잡지 《朝鮮》을 중심으로〉, 《동북아역사논총》 30, 동북아역사재단 , 2010.

80) 《新渡戸稻造全集》 卷15, 551쪽; 《東京經濟雜誌》 1367호, 1906년 12월 15일.

81) 〈五十年後에 있어서 伊藤公의 역사적 가치는 어떠한가〉, 《實業之世界》 6권 13호,
   1909년 11월 15일, 16~18쪽.

82) 이 밖에도 이토를 추모하는 글은 다음과 같다. 〈3번 이등 공작이라고 말하여 상시
   추모한다.〉, 《實業之日本》 12권 24호, 1909년 11월 15일, 1~8쪽.

5. 맺음말

일본 제국주의의 정치·군사적 침략에 일제 국가권력이 주체가 되었음은 물론이다. 그리고 그 일본의 침략 행위를 '비문명국에 대한 문명의 시혜'로 포장하여, 열강의 지지를 이끌어내는 데 주도적 역할을 했던 지식인들은 일본의 제국주의 침탈 행위를 밖으로 정당화하고, 안으로는 대중적 제국주의를 만들어냈으며, 식민지 조선에 대한 멸시관과 역사 왜곡, 그리고 폄하를 논리 정연하게 학문이라는 이름으로 체계화하는 이른바 문화적 식민 활동을 했다고 할 것이다. 끝내 근대 일본의 대외 정책과 사상은 이들의 '붓'으로 그려지고 만들어 졌던 것이다. 더 말할 것도 없이, 대對조선 정책 역시 이들에 의하여 크게 좌우되었다. 이 글은 당시 일본의 '식민주의' 사상을 형성하고, 더 나아가 실제 식민정책을 입안하는 데 결정적 구실을 한 일본 식민학의 비조 니토베 이나조를 분석했다.

일본 역사에서 커다란 근대 사상가이자 교육학자, 더욱이 식민론의 대가였던 그가 당시 일본 정부에서 조선 침략과 식민 통치를 직접 이끌어 가는 정부 관료들을 길러냈다. 또 그 자신이 직접 대만총독부 관료로서 식민정책을 현장에서 실현했다는 점은 한국과 대만 같은 일본의 식민지를 겪은 나라의 처지에서 그에 대한 평가가 일본과 극명하게 다를 수밖에 없다.

니토베 이나조는 농학·법학 박사, 교토제대 교수, 일고 교장, 그리고 도쿄제대 교수를 역임하고 《무사도》를 영문으로 집필해 국제적으로 이름을 널리 알린 인물로 일본의 구 5천 엔권(2004년 개정)에 그의 초상이 올라갔을 정도로 일본 근대사에서 교육자이자 사상가로서 큰 위상을 차지하는 인물이었다. 일본에서 그는 당시 국제적 시야도 넓고 대단한 지식인이었으며, 경건한 기독교인이기도 하였다. 그러나 그가 일본의 대외 침략과 식민지정책에 적극적으로 이바지하고 있었던 점에서 당시 일본의 최상위 지식인층의 침략 사상과 식민주의 인식을 분명하게 볼 수 있다.

그의 학문적 계통은 식민학이었다. 그는 사회진화론적 사고방식에서 일본의 침략을 정당화하는 일본적 오리엔탈리즘을 식민학이라는 학문의 이름을 걸고 정립했다. 그러한 식민주의 인식은 당연히 당시 일본의 식민지였던 조선, 대만에 대한 멸시관과 식민 통치 정당화론으로 이어졌다. 그의 조선에 대한 비하적 인식, 그에 따른 식민지 정당화의 침략 합리론은 〈고사국조선〉, 〈망국〉, 《일미관계사》 등에서도 분명히 드러난다. 더욱이 그의 글은 식민지 조선에서도 상당한 파장을 일으켜 조선인의 자기 비하관과 자멸론에 적지 않은 불을 질러 독립운동 전선을 분열시키고, 이광수와 같은 친일 지식인을 양산해 내었다는 점에 그 독소적 폐해가 매우 심각한 논리였다. 또한 그는 《일본—그 문제와 발전의 제국면》(1931)에서 역사 왜곡으로 식민 통치 합리론을 역설하기도 했다. 이 글은 영국에서 출판되어 일본의 역사와 문화, 정치, 경제 등을 구미에 알린 책이다. 따라서 그의 이러한 사고방식과 저술이 식민지 조선과 일본의 식민 통치에 대한 구미 열강의 인식에 가장 결정적으로 작용했다는 것은 자명한 일이다.

니토베와 같은 그 시대 지식인의 일본적 오리엔탈리즘과 식민 통치 정당화론 등은, 현재까지도 일본의 역사 왜곡과 과거사에 대한 책임 회피와 같은 역사 인식의 문제를 불러 일으키고 있고, 현행 일본 우익 교과서에서는 공공연하게 이를 다시 강조하고 있는 추세이다. 19세기부터 노골적으로 지속되어 온 일본인들의 주변국 침략에 대한 합리화와 도덕적 자각의 결여, 책임의 회피, 그리고 은폐의 문제점이 여전히 일본 사회에 상당한 영향력을 가지고 투영되고 있음을 확인할 수 있는 부분이다.

참고문헌

―사료―

《太陽》

《中央公論》

《東京經濟雜誌》

《實業之日本》

新渡戶稻造,《新渡戶稻造論集》, 東京, 岩波書店, 2007.

新渡戶稻造先生沒後五十周年記念事業委員會 編,《新渡戶稻造 ; 新渡戶稻造先
　　　　生沒後五十周年記念誌》, 1983.

矢內原忠雄 編,《新渡戶博士植民政策講義及論文集》, 岩波書店, 1943.

《新渡戶稻造全集》, 敎文館, 1965.

太田雄三,《太平洋の橋としての新渡戶稻造》, みすず書房, 1986.

自由社,《新しい歷史敎科書》, 2011년 검정본.

―연구서―

강상중,《오리엔탈리즘을 넘어서》, 이산, 1997.

박지향,《일그러진 근대》, 푸른역사, 2003.

양현혜,《근대 한일관계사 속의 기독교》, 서울, 이화여자대학교출판부, 2009.

이태진 외,《한국병합의 불법성 연구》, 서울대학교출판부, 2003.

운노 후쿠주 지음·정재정 옮김, 《한국병합사연구》, 논형, 2008.

田中愼一 편저, 《36人の日本人 韓國·朝鮮へのまなざし》, 明石書店, 2005.

─연구 논문─

배춘희, 〈新渡戸稻造의 朝鮮觀〉, 《한양일본학》 7, 한양일본학회, 1999.

배춘희, 〈니토베 이나조 연구: 식민지 조선관을 중심으로〉, 한양대학교 일본
　　　　언어문화학과 박사학위논문, 2008.

원지연, 〈니토베 이나조와 오리엔탈리즘〉, 《동아문화》 40호, 서울대학교 동아
　　　　문화연구소, 2002.

하지연, 〈일제의 한국강점에 대한 일본 언론의 동향〉, 《한국민족운동사연구》
　　　　64, 한국민족운동사학회, 2010.

_____, 〈'한국병합'에 대한 재한일본 언론의 동향 ─ 잡지 《朝鮮》을 중심으
　　　　로〉, 《동북아역사논총》 30, 동북아역사재단, 2010.

北岡伸一, 〈新渡戸稻造における帝國主義と國際主義〉, 《岩波講座 近代日本と
　　　　植民地》 14卷, 岩波書店, 1993.

平瀬徹也, 〈新渡戸稻造の植民思想〉, 《東京女子大學比較文化研究所紀要》 47,
　　　　東京女子大學比較文化研究所, 東京, 1986.

田中愼一, 〈新渡戸稻造と朝鮮〉, 《季刊三千里》 34, 三千里社, 東京, 1983.

_____, 〈新渡戸稻造について〉, 《北大百年史編集ニュース》 第9号, 北海道
　　　　大學百年史編集室, 1979.

_____, 〈新渡戸稻造の植民地朝鮮觀〉, 《北大百年史編集ニュース》 第11号,
　　　　北海道大學百年史編集室, 1980.

_____, 〈植民政策と新渡戸稻造〉, 《新渡戸稻造》, 札幌市敎育委員會文化資

料室 編, 1985.

落合造太郎, 〈滿洲事變肯定派の自由主義者と批判派の自由主義者 －新渡戶稻造と吉野作造一〉, 《法學政治學論究》 12, 法學政治學論究編輯委員會, 東京, 1992.

淺田喬二, 〈新渡戶稻造の植民論〉, 《日本植民地研究史論》, 未來社, 1990.

찾아보기